「英国音楽」とあのころの話 1986-1991

小出亜佐子

DU BOOKS

はじめに

パステルズ・バッヂを付けた少年　１９８７年夏

私は、１９８６年から１９８９年まで「英国音楽」（以下、「エーコク」とも「英国」とも表記）というミニコミを主宰していました。まだ、携帯電話もインターネットもない時代です。今ではミニコミはＺＩＮＥとも呼ばれて、おしゃれなデザインでアートなものも多いですが、私たちが作っていた「英国音楽」は主に手書きです。そういうものだと思っていました。文章をワープロで打ちだして切り貼りする方法もありましたが、当時の学生にはワープロすら高価でした。

その頃の私がとりわけ夢中になったのは、ザ・パステルズという、イギリスはスコットランドのグラスゴー出身のバンドでした。１９７６〜7年の英パンク・ムーヴメントに乗り遅れた自分にとって、パステルズをはじめて聴いた時の衝撃はまさにパンクでした。ガチャガチャした調子っぱずれな歌。オモチャの楽器まで使って可愛らしさも生意気っぽさもある楽曲たち。従来のパンクのマッチョなイメージとは対極のキュートさ。古着でお金のかかってなさそうな学生っぽいファッション。いかにも美術学校生の製作したレコード・ジャケットのデザイン。雑貨のように集めたくなる手作り感溢れるパッケージ。これぞＤＩＹ。

「自分でもできる」「何か始めたい」という啓示を得たという意味では、パステルズはリアルパンクでした。パステルズの魅力については、本書でもたびたび語ってしまうと思います。

「英国音楽」９号（１９８７年６月20日に完成）の自分の連載コーナーでパステルズの特集をしました。同じ号に、友人の佐鳥さんのバンド、ペニー・アーケード（以下ペニー）のインタヴューとライヴ告知も大々的に載せました。パステルズもペニーも、ほとんど誰にも知られていないけれど、自分にはとても重要で、もっとたくさんの人に知ってほしいと心底思っているバンドでした。

その翌月、７月31日下北沢屋根裏で、告知したペニー・アーケードのライヴがありました。お客さんは何かしらメンバーとつながりのある人ばかりでしたが、そこにみんなから離れて、階段に座っている見慣れぬ少年がふたりいたのです。

小洒落たあの子たちは一体誰だろう？としばしざわついて、早速ペニーの佐鳥さんが声をかけました。なんとふたりは……手、手作りのパステルズ・バッヂを付けてるじゃあないですか（泣）。

「英国音楽」９号を見てライヴに来たという彼らは、そのパステルズ・バッヂを私にくれました。なんじゃそれ。書いてて惚れそうだわ。みんな何気に気になってたので周りに人が集まり、まさしく友だちの輪が広がったというか、これをきっかけに話したことのなかったほかの人とも仲良くなれました。

この流れでふたりはペニーのサイド・ギターとして参加するようになります。ずうずうしい自分はふたりを実家に呼んでビデオ会を催したりしていました。私の師匠からの秘伝ビデオや、自分が渡英した時の写真を披露などしたのでしょう……弟と同じで楽器ばかり見てるんだなと思ったのはよく覚えてます。申し遅れましたが、そのふたりはいうまでもなくのちのフリッパーズ・ギターの小山田君と小沢君でした。

早速この話はエーコクの仲間や文通友だちにも自慢しまくりました。

「『英国音楽』9号を見てペニーのライヴに可愛い男の子ふたりが来てくれた！　しかも手作りパステルズ・バッヂを付けて！」と。しばらくして誰かから「あの子よく『オリーブ』に載ってる子だよ」と教えられました。今なら読者モデルといえるかもしれませんが、小山田君は街角スナップ的なページに何度か載っていたのです。彼らが渋谷でレコードを買ってたら、声をかけられてテレビに出たって話も聞きましたっけ。当時からまあ目立つふたりでした。

そんな子たちとなんで知り合えたのか考えてみると、「パステルズ」という言葉を日本語で冊子に印刷した最初（のひとつ？）がエーコクだったからだと思うんです。つまりパステルズが偉いんです。いまだに一部のファンのなかで、パステルズはある意味で象徴というかシンボライズされているのに、世間ではパステルズのことなんて誰も知らなかった。そんななかで「パステルズ」という共通言語、あるいはヒミツの合言葉を見つけた時の高揚感たるや。イギリスでインディやパンクという言葉が形骸化しつつあった時代の希望の光だったんです。

それから「英国音楽」11号と12号の付録ソノシートに、のちにフリッパーズ・ギターとなるロリポップ・ソニックの曲を収録しました。あの2枚のソノシートから、何か大きなものに飲み込まれたような、そんな気がします。皆さんもよくご存知の通り、フリッパーズ登場の以前と以後とではいろんなことが変わりました。とてつもない影響力がありました。

……なんて今さらいうまでもありませんよね。この本は、シブヤ系よりずっとずっと前のお話。音楽評論家でもジャーナリストでもない私が書けることは、私が体験したことだけです。自分が見て、聞いて、感じたことだけ。

初期ラフ・トレード、ＵＫポストパンク以降のファンジンやレーベルやバンドたちの影響を受けて登場した、Ｃ86などのＵＫインディ、「ネオアコ」という言葉の起源、東京ネオモッズ・シーン、ロンドンタイムス、ネオＧＳ、フリッパーズの前身のロリポップ・ソニックとの出会い、その出会いに仲間たちも触発されて、身内のシーンが広がってどんどん活性化していったわくわくする感じ……。とにかく「好き」という気持ちと、心から面白い！　目が離せない！と思えることをオッカケてきました。記憶の怪しい部分もあるかもしれませんが、可能な限りお伝えしたいと思います。

CONTENTS

出会った時、ふたりからもらった
パステルズ・バッヂ

第１章

No one's Little Girl in the Beginning

サザン、ホール＆オーツ、
デュラン・デュラン、ザ・ジャム解散

1965-1984

わたしの音楽遍歴

私が「英国音楽」に参加して、UKインディ・シーンやらアノラックやらネオアコやらなんやらに青春を捧げるのは、大学生から社会人4年目くらいまでになります。1984年から1991年くらいの間です。なぜ、そこまでそのシーンに夢中になっていったのか？　私個人の音楽体験や、世代的な時代背景も関係していると思い、まずは、幼少期から中高校生時代のことを書かせてください。インターネットもタワーレコードの試聴機もない時代のいち音楽ファンの話に、まずは、お付き合いください（個人的すぎるので後の章から読んでいただいてもいいです）。

私の生まれた1965年は、東京オリンピックの翌年で、ビートルズ来日の前年です。出生地は新宿です。小さい頃テレビのザ・スパイダースを見てフリフリ踊っていた、と母から聞いた時には心の中で小さくガッツポーズしました。**グループ・サウンズ（GS）ブーム**は最初の記憶としてうっすら残っています。正確にはGSブームは1967年から69年でその頃私は2〜4歳ですので、その後ソロ活動するジュリーやショーケン……それよりも

グループ・サウンズ・ブーム
日本におけるビートルズ旋風の影響のひとつの形。欧米でガレージ・バンドが多数現れたことと重なります。美空ひばりまでもがGSを取り入れた〈真っ赤な太陽〉なんて歌ってヒットさせてるほど影響力があったといえましょう。

マチャアキや井上順ちゃんの方がお茶の間的には親しみがあって、彼らを通じてＧＳを知ったのでしょう。その後、私がはまる80年代末のネオＧＳシーンの原点にグループ・サウンズがあります。

私の両親の世代（戦中～戦後生まれ）にはアメリカ信仰があり、洋楽はカッコいいイメージで、ビートルズやプレスリーやカーペンターズは世の中的にも人気がありましたが、私の周囲には熱心な洋楽ファンもおらず、親しむ機会もありませんでした。唯一、年上のいとこが「**キッス**って知ってるか」と話していた記憶はありますが、あくまでイロモノ的な話題だったと思います。

ベイ・シティ・ローラーズの流行を認識したのは小学5年生の頃でした。町中の女子中高生のお姉さんたちがタータン・チェックの紙袋を持ち歩いていたのを覚えています。同級生でもちょっとおませな感じの子はファンだったと思います。自分は草刈正雄のファンになり、彼の出ていたテレビドラマ「新選組始末記」の原作を無理して読んだりしましたが、それよりも新選組メンバーを模した名の登場人物がいることで読み始めた『マカロニほうれん荘』に夢中でした。もちろん少女漫画も読んでました。我々世代の女性は必ず影響されてます。

キッス
当時「ミュージックライフ」では、今再評価されているクイーンとエアロスミスとともに「3大バンド」といわれていたそうです。

ベイ・シティ・ローラーズ
私の世代だとこのあたりの洋楽バンドに最初にはまる人が多い印象です。それくらい女子の文化として社会現象になっていました。

中学生になるとクラスにもビートルズやクイーンが好きな子はいて、その子たちの猛プッシュもあり合唱コンクールで〈オブ・ラ・ディ、オブ・ラ・ダ（*Ob-La-Di, Ob-La-Da*）〉を歌いました。それでも自分は洋楽に興味を持つことはありませんでした。おおよそ薄ぼんやりとした子だったんでしょう。長髪ファッションが苦手だからあの頃（70年代）の**洋楽にひかれなかった**のではないか、と後になって友人に指摘され、さもありなんとは思っています。少し年下世代の人たちと話が合うのはそのおかげのようです。

中学時代は週に何日も塾に通わされて、漫画とラジオだけが楽しみでした。立派なラジカセは中学入学とともに「基礎英語」を聴くために買ってもらったのですが、中2になるとそのラジカセで**「オールナイトニッポン」**を聴くようになります。なかでも水曜日のタモリと木曜日の桑田佳祐がお気に入りでした。第2部の坂崎幸之助や明石家さんままで聴くようになっていたので、１２０分のカセットテープをオートリバースで録音したりもしましたが、常に睡眠不足で顔面蒼白、フラフラでした。なかでも夢中になったのは桑田佳祐です。自分にとってはあの番組での彼の言動がパンクだったのかもしれません。**ウルフマン・ジャック**の物真似だったのか、常に意味もなく吠えていたような印象があります。そして自分にはまったくわけのわからな

洋楽にひかれなかった
洋楽コーナーがあったらしい「ヤングおー！ おー！」を実家であまり見せてもらえなかったことも原因のひとつかもしれません。

「オールナイトニッポン」
当時は第1部が深夜1時から3時、第2部が3時から5時の放送だったと思います。第1部月曜が中島みゆき、火曜が所ジョージ、水曜がタモリ、木曜が桑田佳祐、金曜は誰だっけ？？？（ググった）長渕剛！ そして土曜は笑福亭鶴光でした。しばらくして桑田佳祐がやめた後にビートたけし。

ウルフマン・ジャック
60年代は海賊放送、70年代から80年代にかけて「ウルフマン・ジャック・ショー」で一世を風靡したアメリカのラジオDJ。日本では米軍放送のFEN（現在のAFN）で聴くことができ、小林克也もモノマネをしていた。映画『アメリカン・グラフィティ』に本人役で出演し、日本でのテレビ放送時には小林克也や桑田佳祐が吹替えを担当。

い音楽……ビートルズやエリック・クラプトン、ザ・バンド、リトル・フィート、レオン・ラッセル……それらへの情熱をありったけまくし立てる。何だかわからないけどスゲー！ということだけは伝わってきました。たまに自分でも知っていたビリー・ジョエルのような当時ヒットしていた人の話も出てくると身近に感じられてうれしかった。サザンオールスターズを聴いてバンドやりたいとは思いませんでしたが、もしかしたらリスナーとして、音楽へののめり込み方はこうあるべき、と桑田さんから教わったのかもしれません。

あの頃ツイスト、ゴダイゴ、オフコースなど、ニュー・ミュージックといわれた、歌謡曲ではない、バンド・スタイルのグループがたくさんヒットしていましたが、なかでもアイドル的なルックスはなく、男は才能だろ、とばかりに曲の勢いがあるサザンは面白かったし、ピカイチでカッコよく思えました。

なかなか洋楽にはまれなかった私

当時の自分の唯一のパンク体験は、中1の頃の小学校の同窓会で、別の中学へ行った友人に「セックス・ピストルズって知ってる?」と意味深に言われたことです。1978年でした。1980年12月8日にはジョン・レノンが射殺されるという衝撃的な事件がありました。自分は中3でしたが、「桑田さんが好きなジョン・レノンが亡くなった」と思いました。直前にリリースされた**《ダブル・ファンタジー(Double Fantasy)》**がラジオでもたくさんかかり、自分もよく知っていた現役のミュージシャンでしたが、どうしても「桑田さんたちのもの」という感覚でした。

そういえば中3の頃には**ザ・モンキーズ**のテレビドラマの再放送が始まり、高校時代にかけてリバイバル・ブームがあったのですが、4つ下の弟の方が熱心に見ていましたね。洋楽ファンになるチャンスだったのに、と後日思いますが、自作自演の桑田佳祐に夢中でしたから、自分で曲を作らない=たのきんトリオのようなアイドル、というレッテルをモンキーズには貼っていました。青かった。そのうえ、昔にたどって名盤を聴くみたいな発想はまったくなくて、同じ時代の空気を吸って生きているアーティストにリアリ

John Lennon & Yoko Ono
"Double Fantasy"

ダブル・ファンタジー
先行シングルカット〈スターティング・オーヴァー〉はラジオなどでよく耳にしましたが、そのB面がオノ・ヨーコの〈キス・キス・キス〉で、タモリの「オールナイト・ニッポン」でおもしろ曲扱いされていた記憶があります(笑)。

モンキーズのリバイバル・ブーム
平日夕方の再放送ドラマって見ちゃいますよね。父親に邪魔されないし(笑)。〈デイドリーム・ビリーバー〉は繰り返しCMに起用されてますが、最近は清志郎のカヴァーで聴くことが多いかも。あの訳詞も素晴らしいですね。

ティを感じる年頃でもありました。でも帽子のお兄さん（マイク・ネスミス）は好きでしたよ。

小学校から通っていた付属校は頭の良い子が多く、ついていくので精一杯でどうにかして抜け出したくて、高校は私立の付属校ばかり受験しました。サザンのファンとして青学はもちろん夢でした……でも成績的には高嶺の花だったのが、冬休みの間だけ死ぬほど勉強して何とか引っかかりました。地味な私が青学なんかでやっていけるのか？と心配されましたが、10クラスある大きな付属高校でしたから何とかなるものです。

高校生になってもサザンのファン・クラブのメンバーだったので、コンサート・チケットを優先的に購入でき、部活の友だちを引き連れて見に行ってました。高1の終わり頃、**マッドネス**がホンダシティのテレビCMに起用されて、ドリフも真似するくらいのブームになっていますが、それがかえってイロモノっぽく感じられ、マッドネスの良さに気づくのはずっと後になってしまいました。**ツートーン・ブーム**なるものはファッション誌「mc Sister」でも読んだような気がしますが、音楽というよりかは単なる市松模様のファッションのブームだと捉えていました。高1の時は高校生活に慣れるので精一杯だったんですね。それでもレンタルレコード屋さんが流行って

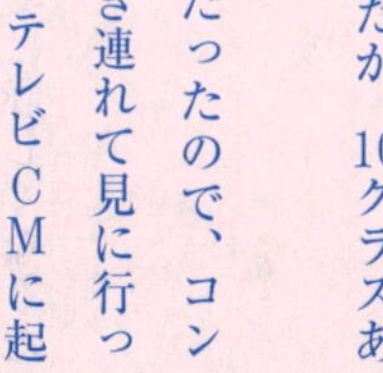

MADNESS
"In The City"

マッドネス
♪ホンダホンダホンダホンダ……のシティ！CM。80年代は洋楽がたくさん日本のCMに使われて、そのための独自オリジナル曲まで録音されていましたね。その先駆けみたいなものでしょうか。

ツートーン・ブーム
ザ・スペシャルズのジェリー・ダマーズの2トーン・レコードによる、パンクを下敷きにしたスカ・ブームのこと。

いたので、**最寄りの「友&愛」**へ通い、ラジオで流れていたナイアガラや佐野元春などのアルバムを借りてカセットテープに録音して聴いていました。レンタルレコード店のおかげで、我々は幅広く気軽に音楽を聴けるようになりました。我々世代にとって、コレクター気質の下地となったのではないでしょうか。

親からの圧力と受験から解放されたためか、睡眠を削ってまで「オールナイトニッポン」は聴かなくなり、高2になってやっと、洋楽に詳しくなりたい、という気持ちが大きくなっていました。

ダリル・ホールからポール・ウェラーへ

時代はMTVです。**「ベストヒットUSA」**です。ここでダリル・ホール&ジョン・オーツやリック・スプリングフィールドを見て、カッコいい♡となったのがひとつの転機でした。部活の友人よっこととともにラジオ関東（現ラジオ日本）の**「全米トップ40」**を聴いて毎週チャートをノートにつけるようになります。よっこが誘ってくれてホール&オーツの82年の武道館公演

最寄りの「友&愛」
もしかしたら「黎紅堂」だったのかもしれないです……。

「ベストヒットUSA」
現在もBS朝日で放送中の老舗洋楽番組ですね。当時は今でいう地上波で放送されていました。普通のテレビで洋楽を見ることのできる数少ない番組でした。

「全米トップ40」
ラジオ関東（のちにラジオ日本）にて1972年から1986年されていた、アメリカのラジオ番組「American Top 40」の日本版。その週のビルボードのシングル・チャートを40位から1位までカウントダウンしたものに、音楽評論家の湯川れい子さんが解説をしていました。土曜の夜（確か）10時から翌1時までの長時間番組。各地の大学に全米トップ40研究会なるものもあったらしい。チャート紹介番組なのでロック臭は薄く、もともとはポップス、時代によってはディスコやAORや産業ロックの人気があった印象です。当時から「ロッキング・オン」などには軽視されるジャンルでしたね（恨み節）。

にも行きました。この時はダリル・ホールがアイドルでした。この公演は動画サイトでも見ることができます。

FM誌をチェックして**エアチェック**もしましたが、「友&愛」で全米全英チャートで気になるものを借りて聴きまくりました。当時の情報源はなんといっても雑誌ですから、ホール&オーツが表紙の「ミュージックライフ」1982年11月号をはじめて購入します。これが運命の出会い。ちょうど解散を発表したザ・ジャムの写真が載っていて、ポール・ウェラーの眼差しのあまりのカッコよさに打たれてしまいます。このカッコいい人は何？　パンク？　怖いの？　この頃の洋楽誌に載っていた**ジャムの解散宣言**がまたカッコよくて、ポール・ウェラーにひきつけられることになります。出すレコードすべてが全英1位の人気絶頂期にジャムを解散させた、その決意表明です。何度も読んだし衝撃的でした。

全米チャートから洋楽にはまり、「全米トップ40」の後の時間に放送していた**「全英トップ20」**も聴くようになります。ジャム解散の話題から代表的なヒット曲**〈ゴーイング・アンダーグラウンド（Going Underground）〉**がかかりました。当然イントロから持っていかれますよね。**ジャム最後のシングル《ビート・サレンダー（Beat Surrender）》**は全英シングル・チャートで初

エアチェック
エアチェックって、ググればわかるかな？　欲しいレコードを全部買えないので、FMラジオが1曲全編を流してくれたのを、カセットテープに録音して個人で楽しむのですよ。

「全英トップ20」
土曜夜（確か）1時から「全米」の後放送されていた1時間番組。さらにこの後夜2時（たぶん）からは、伊藤政則さんの「ROCK TODAY」というヘヴィ・メタルの1時間番組もありました。そこでかかる音楽に興味はないのですが、「帯叩き」（帯に大きく書かれる宣伝文句）を紹介するコーナーがあって、もしかしたら、リスナーが架空の「帯叩き」を考えるネタコーナーだったのかもしれませんが、それは面白かった記憶があります。寝てしまってもいいように、120分のカセットテープで「全英」を録音するので精いっぱいでした。

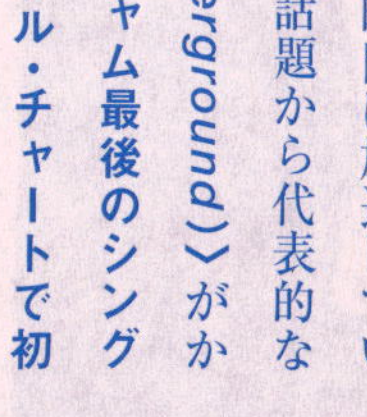

The Jam
"Going Underground"

ジャム 解散!!

寝耳に水とはまさにこのことだろう。77年のデビュー以来，不動のメンバーでグレイト・トライアングルを築いてきたジャムが，年内をもって解散という，ショッキングな声明を行なった。そして，本当の理由を知ってほしいと，日本のファンに宛てて，ポール・ウェラーからじきじきにテレックスが入ったのである。

「僕らは，音楽的にも商業的にも，グループとしてできる限りの事はやったと考え，今年一杯でジャムを解散させることにした。

僕は，自分達の成し遂げたことに価値を持たせたいし，時代遅れの厄介者になりたくない。堂々と最後を迎えたい。それには今が潮時だ。

君たちと僕らが共に築き上げてきたもの，誠実さ，情熱，エネルギー，そして若さ…これらを持ち続けることは，意味があるはずだ。

僕は，このことを最初に君たちに伝えたくてこれを書いている。僕らの中に信頼を見出してくれたファンのみんなにはとても感謝している。

愛と友情をこめて

1982.10 ポール・ウェラー」

12月1，2日の公演，及びライヴ盤（英で12／10発売）を最後に，活動に終止符を打つジャム。見事な引き際です。

「ロッキング・オン」83年1月号より。

●ここ3ヵ月間解散の噂があったジャムだが、とうとう解散宣言をした。12月1日2日に予定されているロンドンでのコンサートが彼らの最後のライブになる。かなり前からそれぞれのメンバーはバンド以外の活動に興味を示していた。特に作曲やプロデュースに野心的なポール・ウェラーは、今年の7月の段階で、1年間のツアーが終ったら83年はほとんど個人的プロジェクトに専念したい、と語っていたそうだ。3人のメンバーのこれからの活動はまだ明らかにされていないが、ポール・ウェラーは、ストリングスや女性ボーカルを含めたより大きい編成を率いたいとか。ラスト・アルバムは、12月にリリースされる予定だが、77年から82年の全活動期間を通してのライヴ・アルバムになるということだ。

ポール・ウェラーからの解散宣言は次のとおり。

「今年の末、ジャムは正式に解散することになりました。これは、我々が音楽的にも商業的にもグループとしての可能性をやりつくしてしまったからです。他のグループのようにみじめに年をとって恥をさらすよりも、我々の今まで積み重ねてきた成果を美しく残したい。一つのグループとして長く活動すればする程解散が恐ろしくなる。だからみんな無意味なものになるまで頑固にやり続ける。ジャムはあんな風にはなりたくなかったんだ。

今まで僕らと（君たち）が築きあげてきたのは、誠実、情熱、エネルギー、青春。それらをこのまま残して、これから出てくる新人バンドの手本にしてほしい。そうすれば築きあげたものがより有意義なものになる。

以上のようなわけで、最初に僕達からの直接のメッセージを皆さんに聞いてほしくてペンをとった次第です。皆さんの情熱が僕達に支えと感動を与えたことに感謝しています。僕達の愛と友情を永遠に。

1982　ポール・ウェラー

ジャムの解散宣言

ジャム解散記事の切り抜き。「ミュージックライフ」82年12月号（左）の訳文は、のちに「英国音楽」最終号で引用しております。

December 4, 1982　3

TOP SINGLES

AS USED ON TOP OF THE POPS

Week ending December 4, 1982

	THIS WEEK	LAST WEEK	WEEKS IN CHART	
◄	1	–		**BEAT SURRENDER,** The Jam, Polydor POSP 540
	2	2	3	**MIRROR MAN,** The Human League, Virgin
	3	4	8	**YOUNG GUNS (GO FOR IT),** Wham!, Innervision ○
	4	1	8	**I DON'T WANNA DANCE,** Eddy Grant, Ice □
	5	9	6	**SAVE YOUR LOVE,** Renee And Renato, Hollywood
◄	6	17	4	**TRULY,** Lionel Richie, Motown
	7	7	6	**LIVING ON THE CEILING,** Blancmange, London
	8	3	7	**HEARTBREAKER,** Dionne Warwick, Arista ○
◄	9	34	2	**TIME (CLOCK OF THE HEART),** Culture Club, Virgin
	10	11	4	**RIO,** Duran Duran, EMI
	11	14	5	**WISHING (IF I HAD A PHOTOGRAPH OF YOU),** A Flock Of Seagulls, Jive
	12	5	6	**SEXUAL HEALING,** Marvin Gaye, CBS ○
	13	16	3	**YOUTH OF TODAY,** Musical Youth, MCA
	14	20	3	**THE OTHER SIDE OF LOVE,** Yazoo, Mute
	15	6	10	**MAD WORLD,** Tears For Fears, Mercury/Phonogram ○
◄	16	28	2	**HYMN,** Ultravox, Chrysalis
◄	17	32	2	**OUR HOUSE,** Madness, Stiff
	18	21	4	**BEST YEARS OF OUR LIVES,** Modern Romance, WEA
	19	15	5	**STATE OF INDEPENDENCE,** Donna Summer, Warner Brothers
	20	8	5	**THEME FROM HARRY'S GAME,** Clannad, RCA ○
	21	10	6	**MANEATER,** Daryl Hall & John Oates, RCA
	22	13	8	**CRY BOY CRY,** Blue Zoo, Magnet
	23	26	4	**TALK TALK,** Talk Talk, EMI
	24	12	5	**THE GIRL IS MINE,** Michael Jackson/Paul McCartney, Epic
◄	25	44	2	**FRIENDS,** Shalamar, Solar
	26	19	7	**MUSCLES,** Diana Ross, Capitol
	27	29	6	**IT'S RAINING AGAIN,** Supertramp, A&M
	28	22	8	**OOH LA, LA LA (LET'S GO DANCIN'),** Kool & The Gang, De-Lite/Phonogram
	29	35	3	**NIGHTPORTER,** Japan, Virgin
	30	18	12	**DO YOU REALLY WANT TO HURT ME,** Culture Club, Virgin □
	31	24	8	**DO IT TO THE MUSIC,** Raw Silk, KR
◄	32	–		**WHERE THE HEART IS,** Soft Cell, Some Bizzare/Phonogram BZS 16
	33	42	2	**DESPERATE BUT NOT SERIOUS,** Adam Ant, CBS
	34	38	5	**HERE I GO AGAIN/BLOODY LUXURY,** Whitesnake, Liberty
◄	35	–		**LET'S GET THIS STRAIGHT (FROM THE START)/OLD,** Kevin Rowland & Dexys Midnight Runners, Mercury/Phonogram DEXYS 11
	36	27	8	**ZAMBEZI,** The Piranhas featuring Bob Grover, Dakota
◄	37	53	2	**IF YOU CAN'T STAND THE HEAT,** Bucks Fizz, RCA
◄	38	–		**BUFFALO GALS,** Malcolm McLaren and The World's Supreme Team, Charisma/Phonogram MALC 1
◄	39	73	2	**PEACE ON EARTH/LITTLE DRUMMER BOY,** David Bowie and Bing Crosby, RCA
◄	40	69	2	**I'M ALRIGHT,** Young Steve And The Afternoon Boys, RCA
	41	43	3	**LOVE,** John Lennon, Parlophone
◄	42	–		**I FEEL LOVE,** Donna Summer, Casablanca/Phonogram FEEL 7
	43	40	3	**BACK TO LOVE,** Evelyn King, RCA
◄	44	57	2	**LET'S GO TO BED,** The Cure, Fiction
	45	25	6	**CAROLINE (LIVE AT THE N.E.C.),** Status Quo, Vertigo/Phonogram
	46	37	7	**JACK & DIANE,** John Cougar, Riva
	47	49	5	**LOUISE,** Phil Everly, Capitol
◄	48	68	2	**THANK YOU,** The Pale Fountains, Virgin
	49	23	8	**I WANNA DO IT WITH YOU,** Barry Manilow, Arista
◄	50	67	2	**(AND NOW-THE WALTZ) C'EST LA VIE,** Slade, RCA
	51	47	3	**HEARTLIGHT,** Neil Diamond, CBS
◄	52	–		**YOU CAN'T HURRY LOVE,** Phil Collins, Virgin VS 531
	53	36	10	**STARMAKER,** The Kids From "Fame", RCA □
◄	54	66	3	**LOVE IS A STRANGER,** Eurythmics, RCA
◄	55	–		**HI DE HI, HI DE HO,** Kool & The Gang, De Lite/Phonogram DE 14
◄	56	–		**MELT/IL EST NE LE DIVIN ENFANT,** Siouxsie & The Banshees, Polydor POSP 539
	57	41	4	**SOMEONE SOMEWHERE (IN SUMMERTIME),** Simple Minds, Virgin
◄	58	–		**CHEERS THEN,** Bananarama, London NANA 3
◄	59	–		**CACHARPAYA (ANDES PUMPSA DAESI),** Incantation, Beggars Banquet BEG 84
	60	48	6	**LET ME GO,** Heaven 17, B.E.F./Virgin
	61	30	8	**I'LL BE SATISFIED,** Shakin' Stevens, Epic
◄	62	–		**I'M GONNA SIT RIGHT DOWN AND WRITE MYSELF A LETTER,** Barry Manilow, Arista ARIST 503
◄	63	–		**LITTLE TOWN,** Cliff Richard, EMI 5348
	64	63	6	**OLD FLAMES,** Foster & Allen, Ritz
	65	59	4	**DEVIL OR ANGEL,** Billy Fury, Polydor
	66	51	4	**(BEWARE) BOYFRIEND,** Mari Wilson, Compact/London
◄	67	–		**IN AND OUT,** Willie Hutch, Motown TMG 1285
	68	71	2	**IT'S YOU, ONLY YOU (MEIN SCHMERZ),** Lene Lovich, Stiff
	69	75	3	**GIVE ME FIRE,** GBH, Clay
	70	62	4	**DRACULA'S TANGO/MUCHO MACHO,** Toto Coelo, Radialchoice
◄	71	–		**I CONFESS,** The Beat, Go-Feet FEET 16
	72	58	3	**YOU'VE SAID ENOUGH,** Central Line, Mercury/Phonogram
	73	65	11	**PASS THE DUTCHIE,** Musical Youth, MCA □
◄	74	–		**UNCERTAIN SMILE,** The The, Epic EPC A2787
◄	75	–		**LOOPZILLA,** George Clinton, Capitol CL 271

WHITESNAKE: Here they go again up to 34

BUBBLING UNDER

- **ALL QUIET ON THE WESTERN FRONT,** Elton John, Rocket/Phonogram XPRES 88
- **A WINTER'S TALE,** David Essex, Mercury/Phonogram MER 127
- **CARIOCA (PART 1),** Blue Rondo A La Turk, Diable Noir/Virgin VS 549
- **CLASSIC ROCK CLASSICS,** London Symphony Orchestra, Towerbell TOW 30
- **EMOTION EXPLOSION,** Art School & The Mighty Motor Gang, RAK 353
- **FOR YOU,** Anti Nowhere League, WXYZ ABCD 6
- **GENERALS,** The Damned, Bronze BRO 159
- **HEARTACHE AVENUE,** The Maisonettes, Ready Steady Go! RSG 1
- **HOLDING ME TIGHT,** The Pinkees, Creole CR 42
- **IN THE NAME OF LOVE,** Sharon Redd, Prelude PRL A2905
- **KILLER,** Kiss, Casablanca/Phonogram KISS 3
- **LA MER,** Punching Holes, Firebird FLAME 13
- **LOVE DON'T COME EASY,** The New Jersey Connection, Nite Life LIFE 1
- **LOVE ME TOMORROW,** Chicago, Full Moon K79338
- **MAGIC'S WAND,** Whodini, Jive JIVE 28
- **MANNEQUIN,** The Kids From "Fame" featuring Gene Anthony Ray, RCA 299
- **OH DIANE,** Fleetwood Mac, Warner Brothers FLEET 1
- **OLD AND WISE,** Alan Parsons Project, Arista ARIST 494
- **PARTY PARTY,** Elvis Costello & The Attractions, A&M AMS 8267
- **PLAY AT YOUR OWN RISK,** Planet Patrol, 21 Records/Polydor POSP 535
- **POSTMAN PAT,** Ken Barrie, Post Music PP 001
- **SINGALONG-A-SANTA (MEDLEY),** Santa Claus and The Christmas Trees, Polydor IVY 1
- **SO CLOSE TO ME,** Julio Iglesias, CBS A2932

SYMBOL KEY

◄ FAST MOVERS

SINGLES
☆ Platinum (one million sales)
□ Gold (500,000 sales)
○ Silver (250,000 sales)

ALBUMS
☆ Platinum (300,000 sales)
□ Gold (100,000 sales)
○ Silver (60,000 sales)

「レコード・ミラー」82年12月4日号のシングルチャート。

登場から連続で1位でした。これまた血沸き肉躍るカッコいい曲で、これを最後に解散だなんてどういうこと?とますます虜です。今思えばビートルズだって人気〝絶頂〟でこのように計画的に解散していません。

そういえば当時の「全英」では日本でのジャムのラスト・シングル《ビタレスト・ピル（*The Bitterest Pill*）》と一緒にオレンジ・ジュースの〈リップ・イット・アップ（*Rip It Up*）〉のスポットCMを繰り返し流していて、当時の自分に、オレジュ＝アイドルのイメージを強く印象付けてくれました。行きつけの「友&愛」で、恐る恐るジャムが影響されたというザ・フーの最後のアルバム《イッツ・ハード（*It's Hard*）》と一緒にジャムのライヴ盤《ディグ・ザ・ニュー・ブリード（*Dig the New Breed*）》を借りました。ザ・フーの良さがわかるのはもう少し後でしたが、ジャムにはますます興味が沸き、一念発起して近所の新星堂に置いてあった《セッティング・サンズ（*Setting Sons*）》を買いました。レコードは年に1枚（サザン以外で）しか買わなかった自分には大きな冒険です。しかし「全英」で聴いた〈ゴーイング・アンダーグラウンド〉のシングル盤を買うという頭もなく、2枚組ベスト盤《スナップ！（*SNAP!*）》が出るのをひたすら待ち日本盤を予約して買いましたが、それには〈ビート・サレンダー〉は収録されず、はじめて西新宿へ輸入盤12イ

オレンジ・ジュースとザ・ジャムの広告。「ミュージックライフ」82年12月号より。

ンチ・シングルを買いに行くことになります。はじめてのおつかいの連続の日々でした。

「全英トップ20」は大貫憲章さんとスヌーピーこと今泉恵子さんが最新のUKチャートを紹介する番組でした。ポール・ウェラーはイギリスでは大スターですからこの番組を聴くだけで最新動向や新曲も聴けるのです。今だったら検索すればいいことなんですけど、あの頃最新の情報といったらラジオでした。

「全英」では現地の人が電話で最新チャートを伝えていました。ほかにもFMの小林克也さんの番組で、ロンドンからトシ矢嶋さんが電話で最新音楽情報を話すコーナーもチェックしてました。高橋幸宏さんの「オールナイトニッポン」は毎週聴けませんでしたが、同様のコーナーがありました。輸入レコード屋さんは敷居が高く、試聴も簡単にはできず、もちろんYouTubeもマイスペースもバンドキャンプもサブスク配信サービスもない時代、最新の曲が最速で聴けるラジオのありがたみ、現代の若い人にわかっていただけますでしょうか……。

「全英」ではスヌーピーがジャム解散後のウェラーに取材に行った回が印象的でした。事務所を訪ねると当時のガールフレンドが受付にいるわ、ウェ

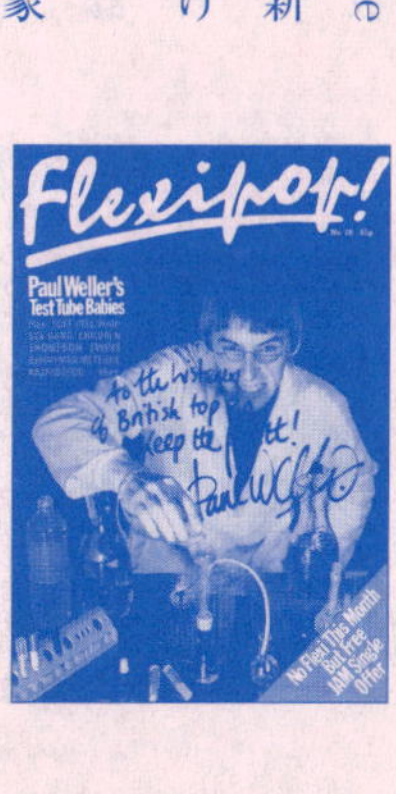

「全英トップ20」で当たったポール・ウェラーのサイン入り「flexipop!」。

ラーがトーストを焼いてくれるわ……!　いまだにその回のカセットを持っています。毎週のように似顔絵付きで暑苦しいハガキを送っていたので、番組のプレゼントもよく当たりました。**ウェラー表紙のサイン入り英雑誌「flexipop!」**やトレイシーのサイン色紙、モダン・ロマンスやOMDの来日公演ご招待も当たりました。

学校では透明下敷きにダリル・ホールやポール・ウェラーの写真の切り抜きを入れていたので、同じクラスにいたダリルとブライアン・フェリーのファンのりさちゃんが「ジャム好きなんだ!」と声をかけてくれて、ブロンディとクラッシュのレコードを貸してくれました。クラッシュは2枚組の《ロンドン・コーリング(*London Calling*)》と3枚組の《サンディニスタ!(*Sandinista!*)》。好きな曲はあったけど、あの頃の私には難しい印象だったかな。ウェラー道に邁進していた私でしたが、まだまだ浅いミーハー女子高生でした。それに比べてりさちゃんは可愛いうえに頭が良く勉強もできました。当時のクラッシュ・ファンは頭が良かった、というイメージが私にはあり、それは彼女からきているのでしょう。ジャムもカヴァーしたキンクスの〈ディヴィッド・ワッツ(*David Watts*)〉という曲がありますが、**彼女は私のディヴィッド・ワッツでした。**

ジャム対クラッシュ
論争は当時からあって、それは主にどう解散するかという話で、ファン同士対立していたわけではないです。人気最高潮であってもその地位にしがみつかずに、もう終わりと思ったから終わる、というジャムの潔さに「これぞパンク!」とファンは惚れ込んでました。一方で当時のクラッシュは〈ロック・ザ・カスバ(Rock the Casbah)〉がアメリカでトップ10ヒットとなったものの、メンバーの諸問題もあったりして、ファンが歯がゆい思いもしたのちに解散となりました。クラッシュ・ファン側の言い分が十分に書けず申し訳ないのですが、自分はBAD経由で遅れて《サンディニスタ!》の良さがわかりました。また、クラッシュが出演を拒否していたトップ・オブ・ザ・ポップスに、ジャムは臆することなく出演し続けて、イギリスでのチャートで成功を収めたわけですが、その分子供のファンも多かったでしょうし、ジャムのファンだったことを80年代後半に公言していた英国ミュージシャンを私は知らない。クールじゃなかったんでしょうね。それこそロドニーくらいでしたよ。ブリット・ポップ期に急に再評価されたイメージです。

彼女は私のディヴィッド・ワッツでした
♪ディヴィッド・ワッツみたいになりたいな♪という歌詞です。

カラフルだった第2次ブリティッシュ・インヴェンション

１９８３年になるといよいよ日本でもＭＴＶの波に乗った第２次ブリティッシュ・インヴェンションが本格的に盛り上がり、**「blow-up」**という美麗アーティスト写真の充実した「ミュージックライフ」別冊シリーズが出て、ダリル・ホールが表紙の号はポール・ウェラーの記事もあり、今も大切に持ってます。デュラン・デュラン、カルチャー・クラブ、ＡＢＣ、ヘアカット１００、ファン・ボーイ・スリーなどなど、イギリスのカラフルなバンドがたくさん出てきて楽しい時代でした。

「全英」の大貫憲章さんと今泉恵子さんの帯番組「サウンド・プロセッサー」もラジオ日本で始まりました。なんと洋楽情報ばかりの番組が平日ゴールデン・タイム（22時～24時ごろ）にやっていたのです。プロモ来日したデュラン・デュランのジョンとロジャーが生出演したことと、**カジャグーグー**のヒットがハイライトだったような。大貫さんがロックの歴史を解説してくれるコーナーもあったと記憶しています。自分が聴いてたのは最初の１年だけでしたが。

テレビではテレビ神奈川の音楽番組が充実していて、これが見れると洋楽

「blow-up」83年3月号

カジャグーグー
デュランのニック・ローズのプロデュースで注目され、デビュー・シングルから全英1位を獲得したものの、アルバムが出て間もなくボーカルのリマール君が脱退してしまい、なんとなく尻つぼみに。「サウンド・プロセッサー」という番組はMTV時代のデュランなどのUKアイドル人気に乗じたものだったのですが、カジャのようにバブリーに終わったバンドも数知れません。

アドバンテージはかなり高かったのですが、私の実家は新宿の高層ビル街に電波が阻まれて視聴できないと電器屋で言われ、悔しい思いをしましたっけ。テレビ東京でも今野雄二さんのMTV番組(「スーパーステーション」)があったのに、実家にビデオデッキがなくて記録も残ってないのが残念です。その番組でアズテック・カメラの**「オールド・グレイ・ホイッスル」**出演時の映像が見られたことは強烈に覚えています。当時動くロディ・フレイムなど超貴重でしたから目カメラで脳内に焼き付けました。

　音楽雑誌はポール・ウェラーが載っていれば何でも買っていましたが、よっこと私は音楽専科社の**「VIVA ROCK」**のノリが気に入ってました。「音楽専科」同様、当時人気のあったヘヴィ・メタルも多く載っていたけれど、グラビアと英雑誌「flexipop!」などからの翻訳中心のどこまでも軽いノリに半ばあきれつつも、小難しいことは一切なくて敷居が低く親しみやすかったのです。「音楽専科」で**「8ビートギャグ」**を連載していたシマあつこさんの4コマ漫画「4ビートギャグ」も載ってました。「VIVA ROCK」のレコード・レヴューは音楽評論家の先生など登場せず、応募した読者が担当していました。編集長と、確かまり君といったか……編集の女性もレヴューを書いていたかも……といってもほぼオチャラケで埋まっていた印象です。ある日

オールド・グレイ・ホイッスル
BBC・TVの人気スタジオ・ライヴ番組。

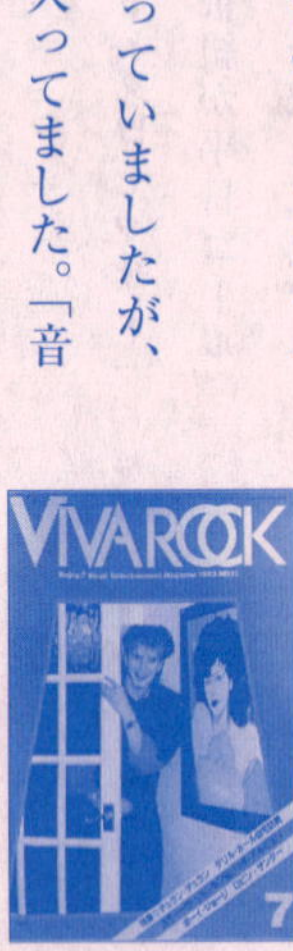

「VIVA ROCK」83年7月号

「8ビートギャグ」はシマさんのサイトで購入できます。

よっこがこの読者レビュワー募集に応募して選ばれ、編集部に行くというので喜び勇んでついて行きました。編集部へ着くとその女性編集者が歓待してくれて、お供の私のことを「たのきんのよっちゃんに似てる！」と盛り上げてくれて（それは別にうれしくなかったですよ！　ただＪＫの扱いが上手だったのです）、私も一緒に2〜3か月レヴューを書かせてもらえることになりました。その月の新譜レコードを3枚ひと組にしたなかから選ばせてもらい、見本盤のレコードやカセットをもらえるのです。プリテンダーズ、ビリー・アイドル、ポール・ロジャース、エコー&ザ・バニーメンを担当したのは覚えています。サイキックＴＶの新譜もありましたがさっぱりわからず弟にあげたと思います。音楽の知識なんてまるでない女子高生の自分が、普段友だちとしゃべっている感覚で思ったことを書いて、それが活字になって雑誌に載るのです。今思えばコレに味をしめたのが原体験だったのでしょう。「VIVA ROCK」は罪なことをしたものです。

ひとりでライヴに行くと友だちができる

こうしてポール・ウェラーのことを知りたい一心でイギリスの音楽を聴き始め、ひたすら興味のおもむくまま見聞を広めていました。付属校にいたので一定の成績があれば大学に進むことができたから、受験勉強もせずにひたすら好きなことに突き進んでいました。ジャムを見ることができなかった悔しさが自分を駆り立てていたのです。何でも見て聴きたい時でした。まだネオアコは登場しませんが、それはのちほど詳しく書きますので、もうしばらくお待ちください。

1984年1月デュラン・デュラン再来日の武道館公演がありました。よっこがほかにも校内のデュランファンを集めてくれて、なかには私が秘かにキョンキョンみたいでカッコいい!と思っていたショートカットの女子もいました。その子の大学生の彼氏がチケットを取ってくれたような……確か総勢6名で大層盛り上がりました。こうしてデュラン・デュランにキャーキャー言ってたら、学校のカッコいい子とお近づきになれたのはうれしい体験でした。

同じ頃U2とエコー&ザ・バニーメンの初来日公演がありましたが、これには誰も同行してくれませんでした。この2組はまだまだマイナーな存在だったのです。でもどうしても見たくて、はじめてひとりで厚生年金会館や中野サンプラザへ行きました。**U2とバニーメン**、今思えば似ても似つかぬ、ある意味相反するイメージのバンドですが、当時「ミュージックライフ」では、イギリスでも凍てつく冬のような硬質なイメージのバンドとして括られていました。

一度、ひとりでライヴが楽しめれば、しめたもの。単独行動に自信がついた私は、渋谷西武の地下であったジャムのビデオ・コンサート（詳細は覚えてないのですが、当時の手帳にそう記述がある）にも出向きます。新宿アルタの**スイッチ**で買ったU2とジャムのバッヂをバッグに付けて学校にも行っていたのですが、会場でこのバッヂを見た2つ年下のみどりちゃんが「U2見に行きました?」と声をかけてくれて意気投合、その場で友だちになりました。ほかにも友だちになった子がいて、学校ではできなかった、U2やバニーメンやポール・ウェラーの話を思う存分できるようになりました。

高3の終わりになって、学校以外の友だちの輪が広がります。そのなかの大学生まきさんに教わって、バニーメンが表紙でスタイル・カウンシルが

U2とバニーメン
バニーメンのイアン・マッカロクは当時よくU2の悪口を言っていたので（ビッグマックと言われるくらい、口を開けば誰に対しても暴言ばかりだった）、深いファン同士は憎しみ合っていたかもしれません。

スイッチ
モッズぽいアパレルとUKの洋書・ポスター・グッズを扱う店でした。

載っていた**「フールズ・メイト」**という小難しそうな雑誌も買うようになり、その広告で高円寺の「パラレルハウス」というレンタルレコード屋さんを知り、「フールズ・メイト」のレヴューでしか見たことがなかったジャズ・ブッチャーや、全英で気になっていたキャプテン・センシブルのアルバムなどのレコードも聴けるようになりました。レンタルレコード屋さんは返しに行く手間も考え、家からチャリで行ける範囲でと思っていたので、インディーズの品ぞろえでも有名なお茶の水のジャニスでレンタルしたことはありませんでした。

「フールズ・メイト」84年2月号
当時イギリスのインディ・レコード評を細かく載せていたのは「フールズ・メイト」くらいでした。

第2章

Headstart for Happiness

人生初のミニコミとの出会い

1984-1985

大学デビュー

1984年4月、青山学院大学の大学生になりました。英文を読めるようになりたくて英米文学科を選びました、というのは表向きでポール・ウェラーの言っていることが知りたいというのが本当のところ！　決して英語は得意ではありませんでした。真新しい厚木のキャンパスに片道2時間かけて通う生活が始まりました。高校の友だちとともにテニサー（テニス・サークル）に入ろうとしたものの、うまくいくはずもありません。高校時代から美容院にバナナラマやクリッシー・ハインドの写真を持参して、「完全にキャラが迷走」していた私……。

音楽サークルに誘ってもらったものの、バンド活動に興味がないうえに趣味が合う人も見つかりませんでした。学外でみどりちゃんやまきさんたちと遊ぶ方が楽しかったのです。

1984年のゴールデンウィークにはスタイル・カウンシルが、トレイシーを引き連れて来日して、みどりちゃんやその友だちのとーるちゃんと中野サンプラザの外でウェラーを出待ちしましたが、会うことは叶いませんでした（厚生年金会館での公演後はサイン会があったようです）。

フロムエー ライブ・アライブ
FM東京主催でライヴがFMで放送されるのが売りのイベントでした。84年と85年の2回開催。

今でも手元にある、このシリーズ公演**「フロムエーライブ・アライブ」**のパンフには、別の日出演のビッグ・カントリー全員のサインが残っているので、彼らには会えたようです。トレイシーはウェラーの秘蔵っ子でしたし、ビッグ・カントリーはジャムの解散ライヴのサポートだったので全力応援しました。vo＆Gのスチュワート・アダムソンは今や故人です（涙）。その実直さは覚えていましたが、サインのことは最近まですっかり忘れていて大変申し訳ない。でもビッグ・カントリーの最初のアルバムは今でも大好きです。

実は高校時代から新宿アルタのスイッチで**ジャムの洋書**を見つけていたものの、２８００円くらいしたので、何度も通って散々迷った挙句、大学生になってから購入しました。その間に同じスイッチで人生初の**ミニコミ**も購入しました。**「ヒア・トゥデイ」**という東京モッズのファンジンです。ジャムを通じてモッズというものはぼんやり知っていましたが、あまり年が変わらないのにモッズを名乗る人たちが東京にいて、さらにモッズバンドがいるなんてことに衝撃を受け、ひとりでこっそり国立のライヴ・ハウスに行きました。自分がモッズでも何でもないというコンプレックスから、その存在の確認だけして帰ってきました。当時みどりちゃんたちと、落書き程度の似顔絵や感想を書いてコピーしたものを交換していて、この時のことも書いてい

「The Jam: A Beat Concerto」

ミニコミ
当時は「ミニコミ」というのが一般的だったと思います。『日本のZINEについて知ってることすべて』（誠文堂新光社）に詳しいです。自分は1987年頃、あっこちゃんに出会ってはじめて「ファンジン」という言葉を知った気がします。

「ヒア・トゥデイ」1号

ます。スタイル・カウンシルのレコードには、**「カプチーノ・キッド」**という署名でライナーノーツが掲載さていたので、それを真似てとりあえず最後に「カプチーノ・キッド」と署名することはお決まりです。同世代の皆さんはやりましたよね。

のちにTVパーソナリティーズのコンピレーション・アルバムの裏面ライナーでそれを揶揄した署名を見つけた時は、似たようなことしてる！とうれしく思いましたっけ。当時のスタカンの現地のファン・クラブがTorch Societyという名だったのですが、みどりちゃんたちと「たいまつ会」だ！と大笑いでバッヂまで作りました。書きなぐりのコピー紙は**「たいまつ会々報」**と名付けて交換されていました。**KEEPS ON BURNING!**と書き添えるのもお約束です。みどりちゃんは「たいまつ会々報」を全部保存していて、最近見せてもらったのですが、これは自分のミニコミ原点だと確信しました。手書きで思いのたけをただ書きつけてますが、似顔絵の精度は自分史上最高です。内容は女子高生の交換ノートの延長でプライバシー全開の恐れもありますが、写メしたものの一部を次頁に特別に公開いたしますね（汗）。

夏休みには、新宿ツバキハウスで火曜日にあった大貫憲章さんのロンドンナイトに行ったり、高田馬場の早稲田松竹へ『さらば青春の光』を見に行っ

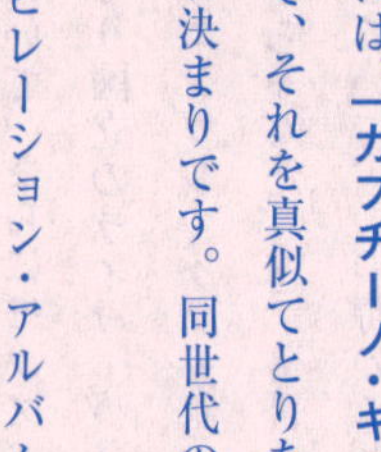

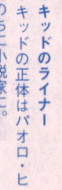

The Style Council
"à Paris"

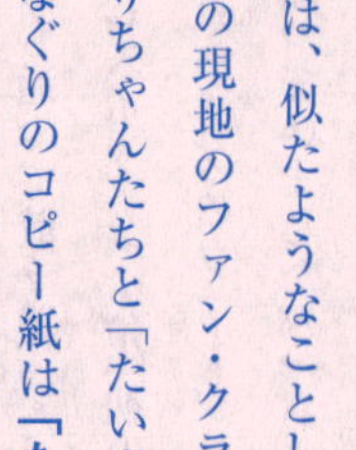

カプチーノ・キッドのライナー
カプチーノ・キッドの正体はパオロ・ヒューイット。のちに小説家に。

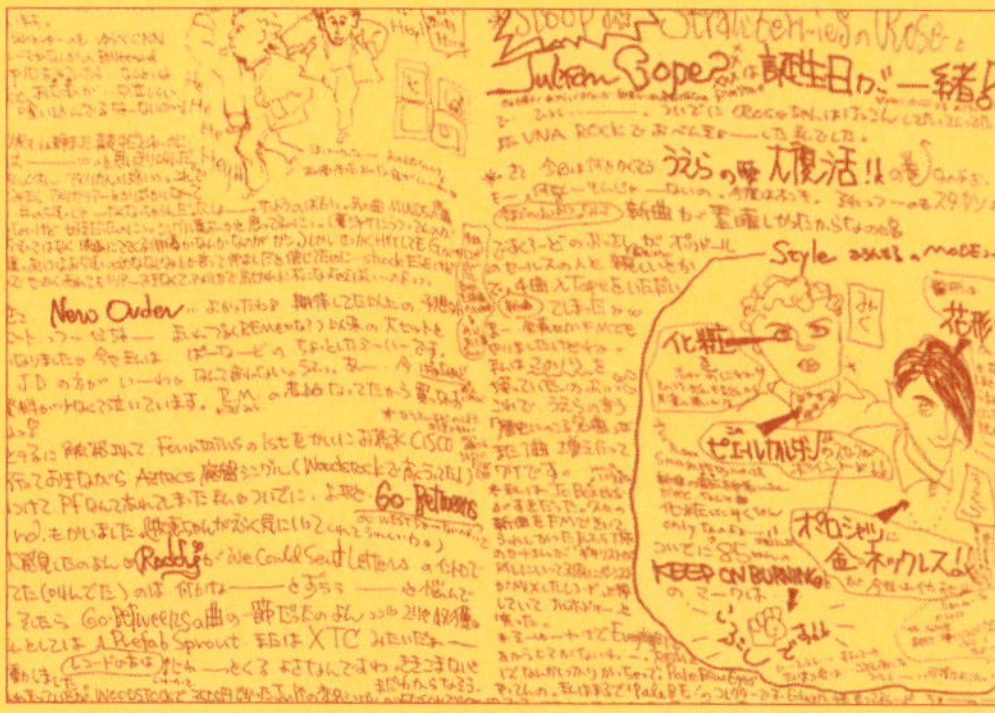

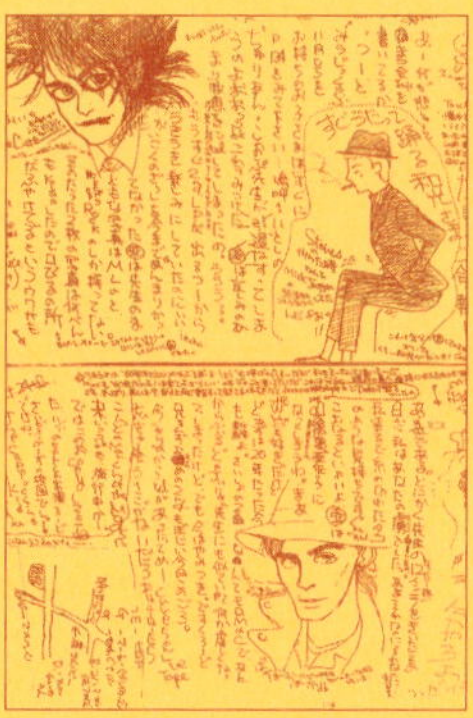

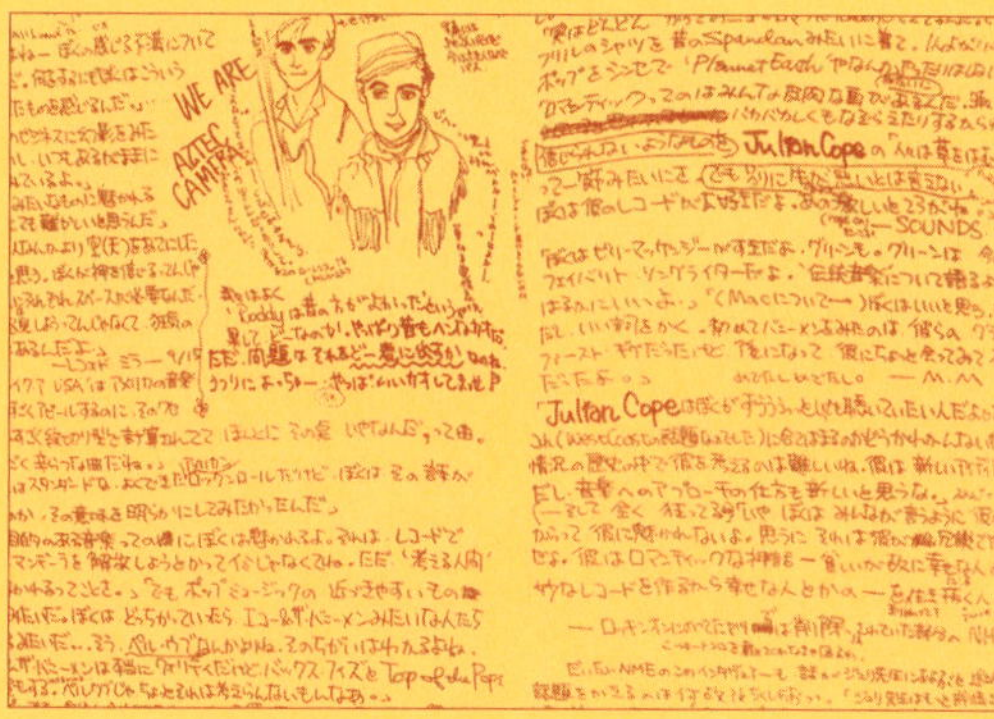

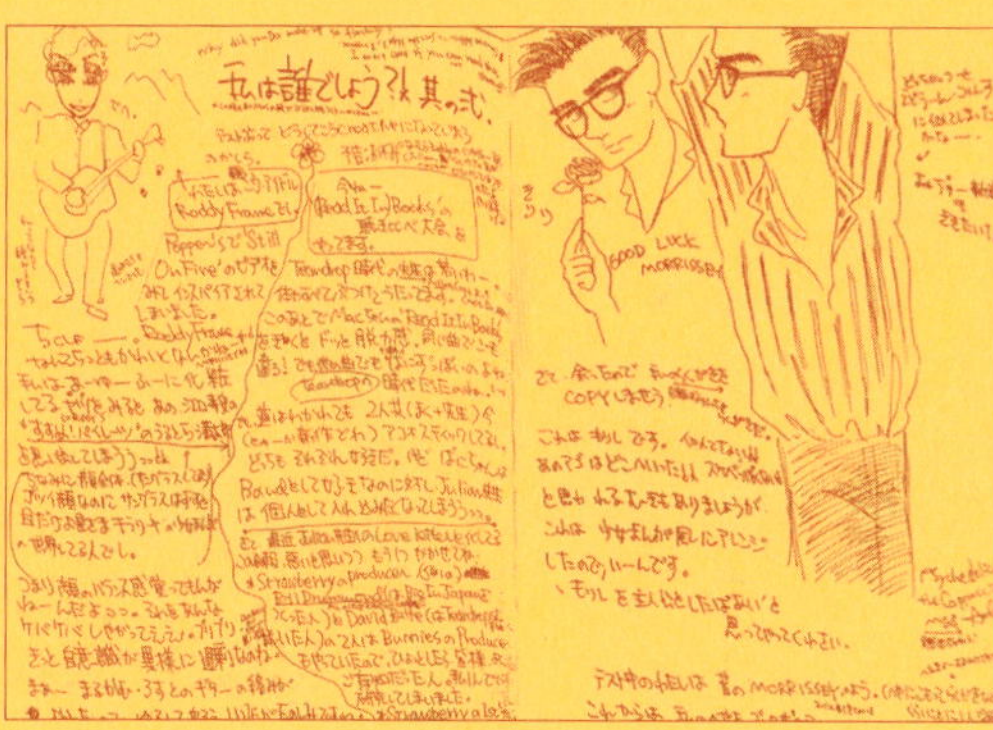

たいまつ会々報
3〜5人の友だちだけで交換していた。

たりしました。そこでもモッズの人々を目撃し、可愛いとーるちゃんは声をかけられたりしていたような。

火曜日のツバキハウスはまだ「クラブ」というよりも「ディスコ」の体裁でしたが、ロンドンナイトではいわゆるディスコ・ミュージックではなく、ジャムの〈ゴーイング・アンダーグラウンド〉で踊れる!!というのがうれしくてたまりませんでした。ほかにもクラッシュ、スペシャルズ、ラモーンズ、ジョニー・サンダース、ハノイ・ロックス、アラーム、アズテック・カメラ、バニーメンやキュアーもかかって、こういう曲で踊りたかったんだ!!と感動したものです。**ロカッツの〈メイク・ザット・ムーヴ（Make That Move）〉**ではネオロカお兄さんたちが、**デュランの〈プラネット・アース（Planet Earth）〉**ではニューロマお姉さんたちが出てきて、思い思いそれらしく踊るので、曲によってフロアのカラーが変わるのも楽しかったです。**ピート・シェリーの〈テレフォン・オペレーター（Telephone Operator）〉**も大定番でしたね。最近まであれはロンドンナイトのローカル・ヒット曲だと思い込んでいました。当時の大貫さんはクラッシュのツアー・サポートをしたアラームを推していて、彼らみたいにツバ広帽にリボンタイでキメたお兄さんたちもいましたね。みんな共通してイギリスのパンク以降の音楽（当時はざっく

Pete Shelley
"Telephone Operator"

Duran Duran
"Planet Earth"

The Rockats
"Make That Move"

りと**ニュー・ウェイヴ**と呼ばれていましたが、今でいうところのポストパンクですね）のファンでした。

新宿アルタにはスイッチだけでなくDEP,Tというお店の支店もあり、そこの店員さんたちもツバキハウスの常連さんで、藤原ヒロシさんもお仲間だったようです。とーるちゃん秘蔵の写真にヒロシさんが写っていて記憶がよみがえりました。藤井悟さんも来てましたね。スタイリッシュで目立つ存在でした。

ツバキハウスでは確か月1回のモッズのイベントもあり、そこでデビュー前のゴーバンズを見たと記憶しています。ツバキハウスに閉店までいた後に寄るのは、3丁目方面に会ったブギーボーイという店でした。自分は滅多にそこまで残らずに帰ったと思います。ちなみにツバキハウスに行く前に待ち合わせしたのは、当時はツバキハウスの建物（かに道楽のかにが目印）の近くにあったウェンディーズが多かったですね。

ニュー・ウェイヴ
「パンク／ニュー・ウェイヴ」という表現で使われてた。当時の日本では「ポストパンク」は一般的な言葉ではなかった。パンク以降の、ヘヴィメタ、プログレ、AOR、産業ロック以外のバンドを十羽一絡げに「ニュー・ウェイヴ」と呼んでいた印象。専門的でないレコード店の「ニュー・ウェイヴ」コーナーは本当に雑多に「その他」のものが含まれていたが、一般的にはNWって中西俊夫さんたちのプラスチックスのイメージかな。または初期スティッフレコード。アメリカのチャートもの（AORや産業ロックや60年代からの大スター）に相対して、パンク以降のイギリスものがNW、という捉え方も。アメリカにもパンクやNWはあったのだけど当時はアンダーグラウンドで、日本でのNWはあくまでUKがメイン。ファッションとの絡みがあったのも楽しかった。当時の日本でイギリスの音楽が好き！ということの意味、「英国音楽愛好会」と名乗ることの意味をわかっていただけたら。洋楽のなかでもイギリスの音楽はマイナー分野だったんです。

マーチ・オブ・ザ・モッズat 新宿JAMとザ・バイク

新宿ＪＡＭでは毎月「マーチ・オブ・ザ・モッズ」というライヴ・イベントがあり、意を決してみどりちゃんととーるちゃんと出かけました。そこでのちのブルーハーツのマーシーがやっていたブレイカーズのラスト・ライヴを見ました。ヒロトのザ・コーツとともにモッズ界隈に人気があって、すでに伝説のように語られていました。ヒロトさんもこのイベントによく来ていて、とても気さくでしたが独特のオーラがあり目を引きました。ブルーハーツの原型となる、まだ名前の決まってないバンドが原宿のホコ天でライヴをやるから来てねと、ヒロトさんが直々に声をかけてくれて、自分の**手帳**にご本人直筆の地図が残っています。ブルーハーツのＷｉｋｉには載っていませんが、84年11月11日にホコ天ライヴがあったのです。このホコ天ライヴは「ロードサイド・ロッカーズ」と命名されていたと思いますが、まだ「イカ天」も始まる前で原宿ホコ天でのライヴもメジャーなものではありませんでした。代々木公園のフリーマーケットで古着も買えて、**カッコいいお兄さんお姉さんたちの世界**を少し垣間見させてもらっていました。

この頃の「マーチ・オブ・ザ・モッズ」には毎回ザ・バイクという埼玉のバ

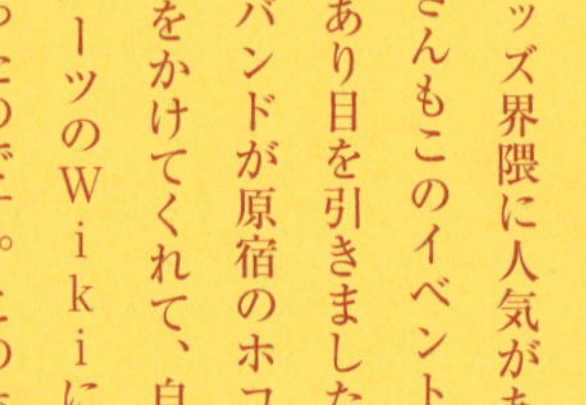

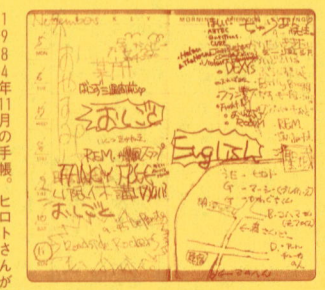

1984年11月の手帳。ヒロトさんがホコ天ライヴの地図を書いてくれた！

カッコいいお兄さんお姉さんの世界
ちなみにヒロトさんには、コンビニおにぎりの包装がうまく開けられない〜と困っていたら、やさしく開けてもらったこともあります（笑）

ンドが出ていて、のちにメンバーが変わってザ・コレクターズになります。長身の加藤さんの歌は当時から迫力がありました。彼らにくっついて来てた女の子や写真を撮っていたえりちゃんと仲良くなり、ギターの三村さんとも気さくに話させてもらっていました。

ところが、私たちはなかなかほかのモッズの人たちとお話ができませんでした。専用に仕立てたスーツでキメたモッズの方々は、集まっているだけで独特の空気をまとっていて、勝手に冷たいと感じていました。「マーチ」に行くと主催の黒田学さんが**「ハイヒールリスト」**というリーフレットを配ってくれます。「ヒア・トゥディ」同様に熱い言葉が並びます。「君たちの言葉も聞かせてくれよ」と。それでアンケートにみどりちゃんが「モッズの人たちがコワくてあまりｇｉｇに通えないんです。くすん」と書きました。それがきっかけで学さんとお話しすることができるようになったと記憶してます。「ヒア・トゥディ」にもその投書は取り上げられています。

話してみればモッズの皆さんは怖くありません。そういえば私も恥ずかしながら「ヒア・トゥディ」に投稿が載りました。ウェラーは神で、主催レーベルのレスポンド・レコード命でしたので、厚かましくも**ザ・クエスチョンズ**のアルバム評らしきものを書いて送りつけたのです。寛大な学さんには感謝

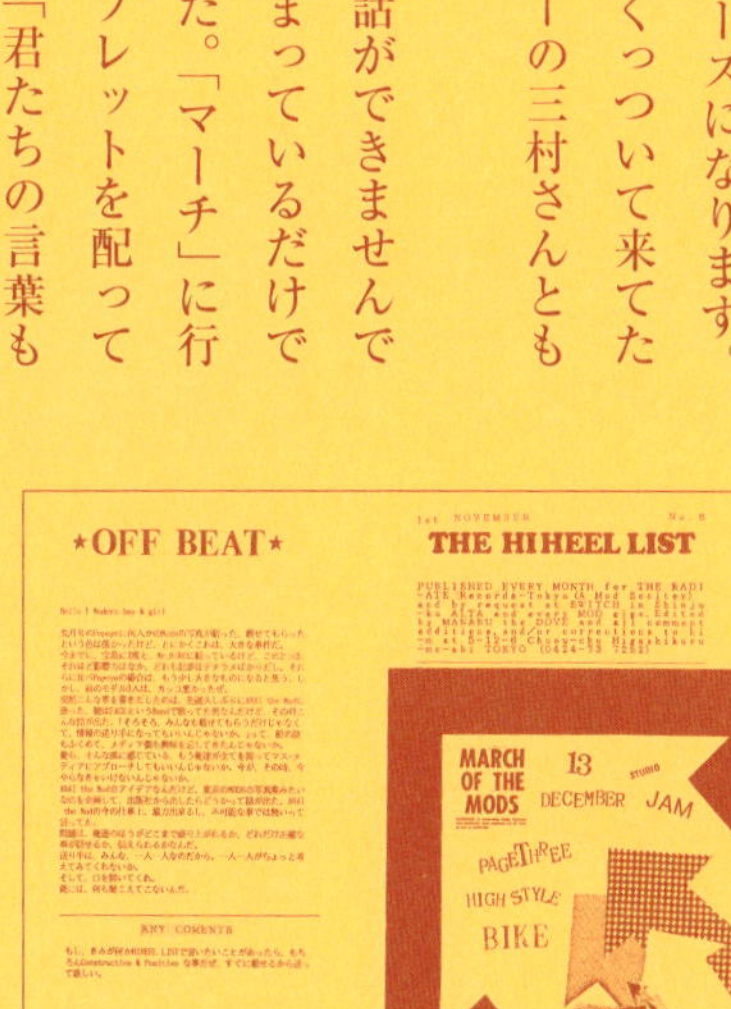

「ハイヒールリスト」
新宿ＪＡＭで毎月開催されていた「マーチ・オブ・ザ・モッズ」にて配布されていた。

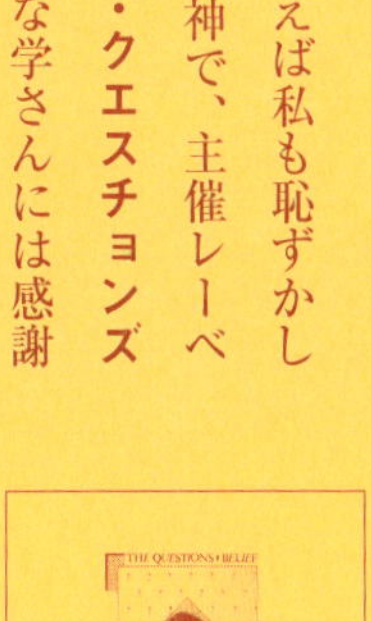

The Questions
"Belief"

です。

アラームやアズテック・カメラの初来日公演でモッズの人々とご一緒したのは本当に楽しい体験でした。こうして85年12月にザ・バイクが解散するまで「マーチ・オブ・ザ・モッズ」に通い続けました。正確にはジュリアン・コープのオッカケにかまけて、モッズ・シーンと少し離れている間にザ・バイクの解散が決まってしまい、勝手に懺悔の念に駆られた文章を「たいまつ会々報」に捧げています。

２０１８年に映画『THE COLLECTORS～さらば青春の新宿ＪＡＭ』が公開され、あの頃のモッズの敷居の高さだとか、東京ロッカーズや、めんたいロックの先達が席巻した新宿ロフトの夜の部にはそうそう出演できなかったとか、バンド・ブーム前にプロになるというのは、つまりメジャー・デビューすることであるという感覚だとか、まざまざと思い出しました。ザ・バイクを見に行って、一部のモッズの人たちと言葉を交わすようになっても、加藤ひさしさんやペイズリー・ブルーの真城めぐみさんは自分には永遠にステージの上の人でした。あの狭い新宿ＪＡＭのステージ（ジャムスタ）で見ていたにもかかわらずです。のちに自分はロンドンタイムスの大ファンになりますが、自分が「マーチ」に行っていた時には活動していなくて出会いが遅れて残念でした。

当時の「ハイヒールリスト」をひさしぶりに出してみたところ、学さんたち主催のライヴだけではなく、シーン出身バンドのライヴ、モッズの皆さんの好きなバンドのライヴ（エコー＆ザ・バニーメンやルースターズなど）も幅広くお勧めが載っていて、映画の上映情報もありました。『さらば青春の光』だけでなく、『気狂いピエロ』のようなヌーヴェルヴァーグの映画の情報も載っています。**「シティロード」**を目を皿にしてチェックしていたので、自分もゴダールやトリュフォーを見に行っていましたが、モッズ・シーンの影響もあったのでしょう。

音楽以外の周辺カルチャーもひっくるめて目配りする姿勢はやはり当時のモッズ・シーンから学んだような気がします。これは90年代の渋谷系にも通じるスタンスです。それから、ないならば自分たちでやろう、というＤＩＹ精神も学さんから教わりました。

私には漠然と60年代文化全般、自分が生まれた頃への憧れがありました。70年代が再評価されるのは90年代グランジ以降ですから、当時はヒッピー文化が最高にダサかった。50年代に続いて60年代がリバイバル。パンクで70年代が全否定された後の80年代はそういう空気でした。

「シティロード」
首都圏の映画の上映やライヴ情報など掲載の月刊タウン誌。赤岩和美さんのレコード評も充実していました。

「シティロード」84年2月号

レコード屋さんのアルバイトとキュアー来日

大学入学後、私は西新宿のレコード屋さん「ディスクロード」でアルバイトを始めました。「ミュージックライフ」と「VIVA ROCK」に広告を出していた店で、バイト募集もそこで見つけました。主に土日と長期休み中にお店に出ていましたが、週末にレコードをまとめ買いするお客さんを目にして、レコードってこんなにたくさん買っていいんだ！と知ってしまいました。さらに、自分が好きなものってあまり売れないんだなということもわかりました。

では何が売れていたのか思い返してみると……**バンド・エイドの〈ドゥ・ゼイ・ノウ・イッツ・クリスマス（Do They Know It's Christmas?）〉**、フランキー・ゴーズ・トゥ・ハリウッドのTシャツ、**マドンナの〈ライク・ア・ヴァージン（Like a Virgin）〉**の12インチ・シングル、**ローリング・ストーンズの〈ハーレム・シャッフル（Harlem Shuffle）〉**、ネーナのポスターとカレンダー……思いつくのはそんなところでしょうか。もともとはそんな全米全英チャートのヒット音楽が好きでバイトを始めたのですが、いつの間にか自分の興味はそれとは別の、マイナーでインディな方向へ向かっていました。

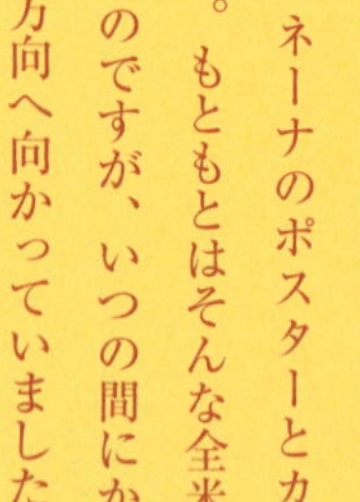

The Rolling Stones "Harlem Shuffle"

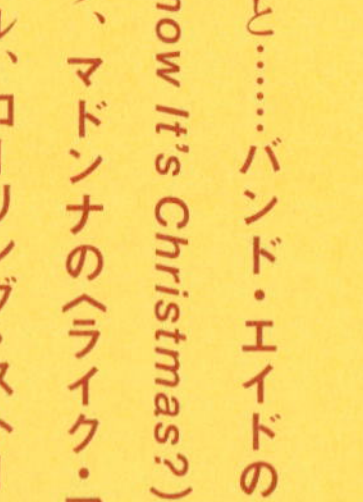

Madonna "Like A Virgin"

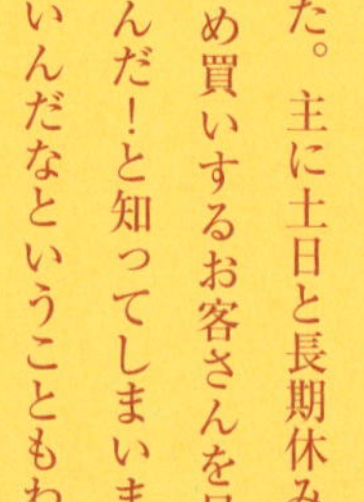

Band Aid "Do They Know It's Christmas?"

バイト先は音楽関連洋書も扱っていたので、**スモール・フェイセスの本**が入荷した時にモッズの皆さんにお知らせして買ってもらえて、少しでもお役に立てたようでうれしかったです。少数入荷だったので、自分の分を買わなかったのを今となっては後悔しています。お店でザ・フー、ドアーズ、シド・バレットなど、ロック古典を教わったのもありがたい体験でした。

まきさんたちとも付き合いは続き、バニーメンやスージー&ザ・バンシーズやバウハウスやクランプスのビデオを一緒に見ては真似して大笑いしましたっけ。ある日、ザ・キュアーが初来日するという情報を公式発表前に聞きつけ、呼び屋さんの事務所の前に並びました。ネットのない当時のチケット販売は、新聞の3面の下に付箋ほどのサイズで載る広告が公式発表で、来日の噂が流れると早朝に新聞配達の人を捕まえて3面をチェックする友人もいたほどでした。発表があると呼び屋さんの事務所に列ができ、並んだ順にチケットが販売されました。チケットぴあもインターネットもない時代。キュアーの時は新聞発表の随分前に情報がゲットできたんですが、ファンの誰かが仕切って招へい事務所前で番号を出して並ばせていました。なんと公式発表（＝チケット販売）まで毎日定時に集合させていたみたいです。

キュアーは〈ラヴ・キャッツ（*The Lovecats*）〉や〈キャタピラー（*The Cater-*

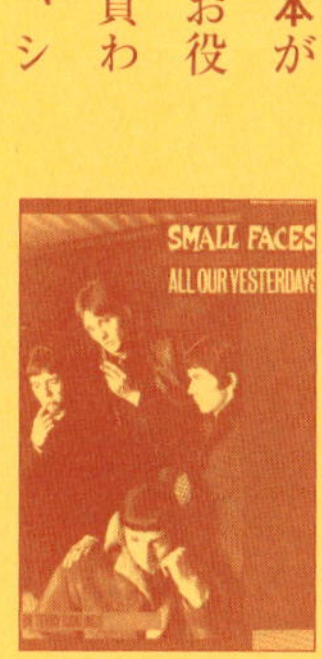

『Small Faces, all our yesterdays』

The Cure
"Japanese Whispers"

pillar)〉等のヒットをよく聴いていたので、私も仲間に入れてもらい、手分けして1日くらいはその集合に顔を出しました。暇な学生だったからできたことです。そこでさらに友だちが増えました。

いよいよキュアーの来日ライヴでは全員黒ずくめの装束で集合し、お互いの髪を砂糖水で固めて立てたり、はみ出した赤い口紅の上に黒い口紅を重ねたりして臨みました。今ならさしずめハロウィン・パーティですね。キュアー来日は84年の10月でしたが、当時まだハロウィンなんて海の向こうのアメリカのものでした。アンコールでやった**〈ボーイズ・ドント・クライ（Boys Don't Cry）〉**のポップさに「ペイル・ファウンテンズみたい！」と打たれ、すぐ同名アルバムを買いましたっけ。

ラフ・トレードお茶会

まきさんともうひとりの友人のせやさんはスミスの大ファンでレコードを全部貸してくれたので、私は自分で買う必要がありませんでした。**スミスのジャケットの元ネタ**だからと、『オルフェ』や『コレクター』などの映画を

ボーイズ・ドント・クライ
最近知ったのですが、かつてブルーベルズもキュアーの〈ボーイズ・ドント・クライ〉をカヴァーしてたそうです！　可愛い曲だもんね。

The Cure
"Boys Don't Cry "

スミスのジャケットの元ネタ
それぞれ映画『オルフェ』、『コレクター』のスチールを使ったスミスのジャケです。

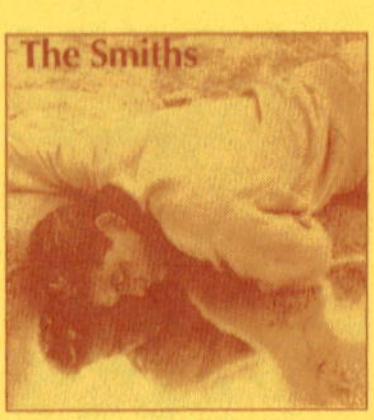

The Smiths
"This Charming Man"

池袋の文芸座に見に行ったりもしました。85年初頭くらいに、まきさんがスミスの日本盤を見て担当の人に連絡を取り、毎月六本木のジャパンレコード（すぐ後に徳間ジャパンに）の会議室で**ラフ・トレード**・ファンのお茶会があると知って参加することになりました。私はアズテック・カメラのファンでしたから、アズテクが所属していたラフトレには興味がありました。

その時代のラフトレ担当の下川さんは少しだけ年上で、お茶会には口コミで同世代の女子ばかりが毎月5～10名集まっていました。スミスをはじめとしたラフ・トレードのアーティストのPVをいち早く見せてもらえたり、当時１５００円くらいしていた「ＮＭＥ」が読めたり、徳間ジャパンになる時の引っ越し整理で出てきたサンプル盤を分けてもらえたり……夢のような空間でした。お茶会といっても、それら資料をネタにレコード会社の会議室でひたすら好きなＵＫインディ・バンドについておしゃべりをしてるだけなんですけどね。

ポストカード・レコーズの幻のファンジン**「brochure」**とオレンジ・ジュースとジョセフＫの宣伝ファンジンもあり、コピーを取らせてもらいました。ハービー山口さんが撮った初期オレンジ・ジュースの写真のネガフィルムも出てきて……ファンの私に授けていただきました。のちにエドウィ

ROUGH TRADE

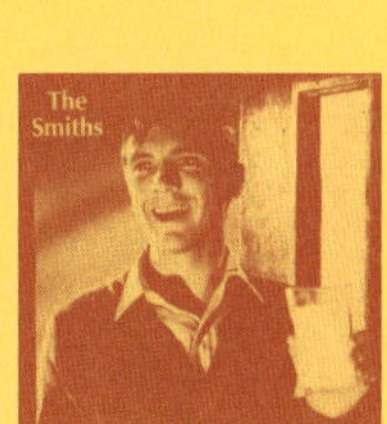

The Smiths
"What Difference
Does It Make?"

ン・コリンズさんにはプリントしてお送りしたので、**オレンジ・ジュースのポストカード・シングル集《ヘザーズ・オン・ファイア（The Heather's on Fire）》**ブックレットに使われています。そんな特別な恩恵を受けて感謝してもし足りないのですが、何よりここで会える人たちがとにかくイギリスの音楽に詳しくて、それが刺激的で毎月自分を六本木の徳間へと向かわせていました。

ここで会ったともこさんはイギリスの土産話をしてくれて、ロンドンとか学生でも行けちゃうんだ……と驚くと、そのためにバイトしているんだと教えてくれました。英語が堪能で洋雑誌をチェックしたりと耳の早い人が多くて、ハウスマーティンズもここで知りました。ジーザス&ザ・メリーチェインにもみんな注目していましたが、85年3月のライヴでの暴動騒ぎが音楽ニュースになっていて、自分は話題先行の売らんかな的うさん臭さを感じてしまってました。まだクリエイション・レコードが何たるかも、自分はよくわかってませんでした。

ペニー・アーケードの佐鳥葉子さんとも、ラフトレお茶会で出会いました。厚木キャンパスで時折見かけるベレー帽にお下げのお姉さんがいて、密かに目をつけていたのですが、なんと、その人がラフトレ会に来ていたので

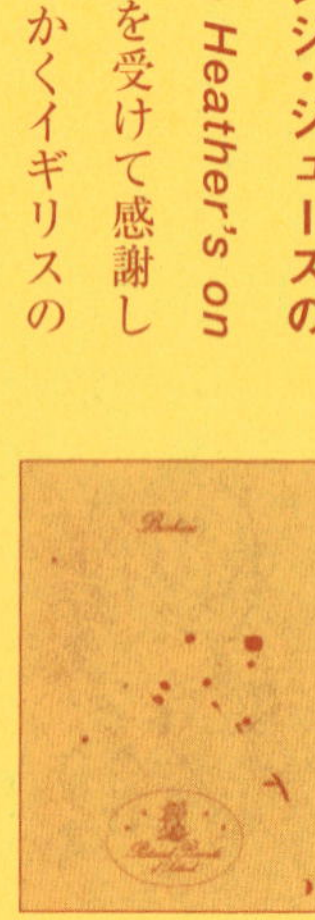

「brochure」
e-bayでは高価取引されるポストカードのパンフレット。ラヴィン・スプーンフルやヴィック・ゴダードも載ってます。

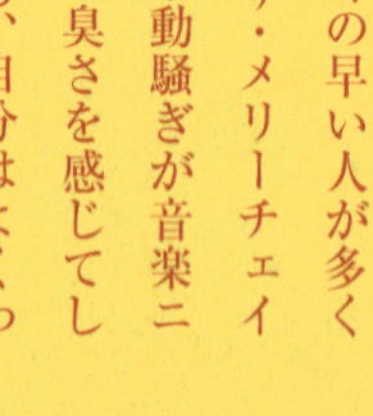

Orange Juice
"The Heather' s on Fire"

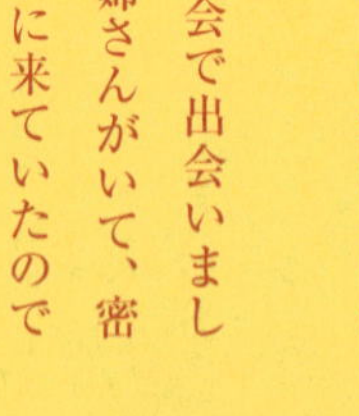

右上の写真です（CDブックレットより）。

す。思わず「青学ですよね！」と声をかけました。佐鳥さんのバンドの話はまたのちほど詳しく書きます。

スミスＦＣ誕生

毎月のラフトレお茶会のなかから、まきさんたちが**スミスのファン・クラブ**を立ち上げたので、その会報作りをそばで見ていて少しお手伝いました。少し後に別の友人も、こちらはワーナー公認でしたが、メリーチェインのファン・クラブを始めました。もともとは、ビートルズのファン・クラブが発祥だと思いますが、洋楽バンドのファンがファン・クラブを作り、日本のレコード会社やバンドに公認してもらい、会員を募って年会費を徴収して、会報を作ったりファンの集いを催したりするという文化の名残りが80年代にもありました。

マッドネスやＸＴＣはしっかりしたＰＶ集を作っていましたが、ビデオデッキもテープも高価で、まだ動画を見る環境が普及していなかったので、ファン・クラブ主催のビデオ上映会が開かれて、会員でない自分も見に行き

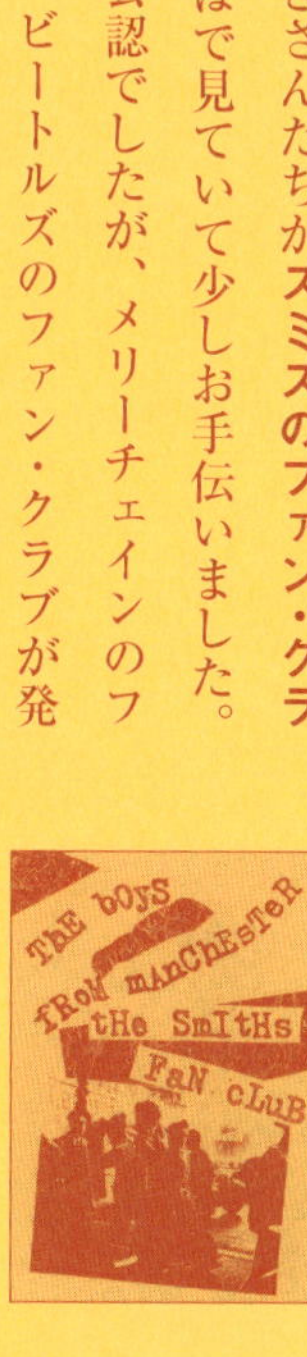

スミスＦＣの会報「ザ・ボーイズ・フロム・マンチェスター」5号

ました。徳間には宣伝材料としてイギリスでスミスがテレビ出演した時のビデオなどがありましたから、スミスＦＣもその上映会を開きました。スミスのメンバーが子供たちとバスで植物園に行き、サンディ・ショーも登場する番組が目玉でした。今や動画サイトで見ることができます。西新宿にはそういった海賊ビデオを売る店もあったけど１本１万円くらいしました。私は行かずじまいでしたが、プログラムを組んでお金を取って上映会をする店もありました。

アズテック・カメラで走り出そう

こうして何でも楽しく見に行っていましたが、仲間内では自分はポール・ウェラーとアズテック・カメラ担当でした。アズテック・カメラをはじめて聴いたのは「全英トップ20」で、83年の注目新人として**〈ピラー・トゥ・ポスト（Pillar to Post）〉**がかかった時です。アップテンポなモータウン・ビートでしっかりと前向きに気分を高揚させてくれるその曲は、ジャムの亡き後ぽっかり空いた穴を十分埋めてくれるような志の高さを感じさせ、アズテッ

Aztec Camera
"Pillar to Post"

ク・カメラという名前を自分の胸にしっかり刻みこませました。

「アコースティック」として聴くと、イントロでひときわ目立つシンセドラムに違和感を覚える人が多いようですが、あの頃の「全英トップ20」でかかるとそれが同時代性を帯びて、普通に全英チャートで活躍するであろうと思わせました。60年代に根差したポップな曲調と、ひりひりするような少年性とシニシズム。ギター1本で世界を切り開いていこうといわんばかりの高らかな宣言。いっぺんで心をつかまれました。

アルバム**《ハイランド・ハードレイン（*High Land, Hard Rain*）》**も最初はレンタルで借り、のちに買い直しました。〈ピラー・トゥ・ポスト〉がアコースティックでないという人には、ぜひともアルバムも聞いていただきたいです。シングルにもなった1曲目〈オブリヴィアス（*Oblivious*）〉の**放課後ギター・カッティング**と流麗なスパニッシュ・ギターソロ、これをアコースティックといわずしてなんというのでしょう。2曲目〈ザ・ボーイ・ワンダーズ（*The Boy Wonders*）〉ではハイランドからやってきた少年を天才と呼ぶしかなくなること必須です。……このままでは全曲解説になってしまうのでこの辺にしておきますが、ロディ・フレイムのギター・カッティングは聴く者の胸をかきむしり、冬に歩き出すというよりも、荷物をまとめてどこかに

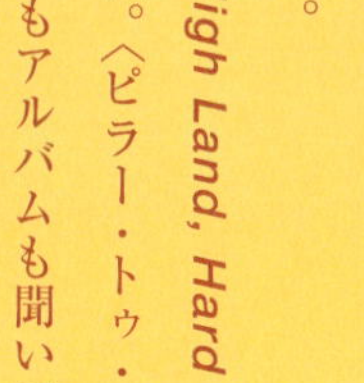

Aztec Camera
"High Land, Hard Rain"

放課後ギター・カッティング
最初の日本盤ライナーノーツより。

走り出したくなります。大変危険なので、私は軽々しい気持ちで聴かないようにしています。ひとつひとつの音と言葉が聴くたびに色を変えて意味を持ちます。直接的に恋愛を歌った曲がないのもなんかカッコいい。女子でも歌詞に投影しやすいのです。自分が死んだら棺に入れてもらいたいと17、8の時に思いましたが、今もそれは変わりません。なんなら出棺の時にもかけてください（遺言ｗｗ）。

84年夏にセカンド・アルバム《ナイフ（*Knife*）》からの先行シングル**〈オール・アイ・ニード・イズ・エヴリシング（*All I Need is Everything*）〉**の12インチは、新宿シスコ（アルタに移る前のお店）の店頭で見つけるや否や掴んでレジに直行しました。ジャケットのイラストのポスターが付いていましたが、レコードの付録ポスターは当時の流行でした。同じ年のモノクローム・セットのシングルにはビドの美麗ポスターが付いていましたっけ。そういえば野中モモさんに指摘されて思い出したのですが、ポール・ウェラーを好きになったきっかけはその写真に「一目惚れ」したことですが、アズテクの場合は「音楽」が先でした。

そもそもロディ・フレイムのルックスにはあまり興味がありませんでした。**当時のアズテクのジャケットにアーティスト写真はなく、**裏ジャケ写真

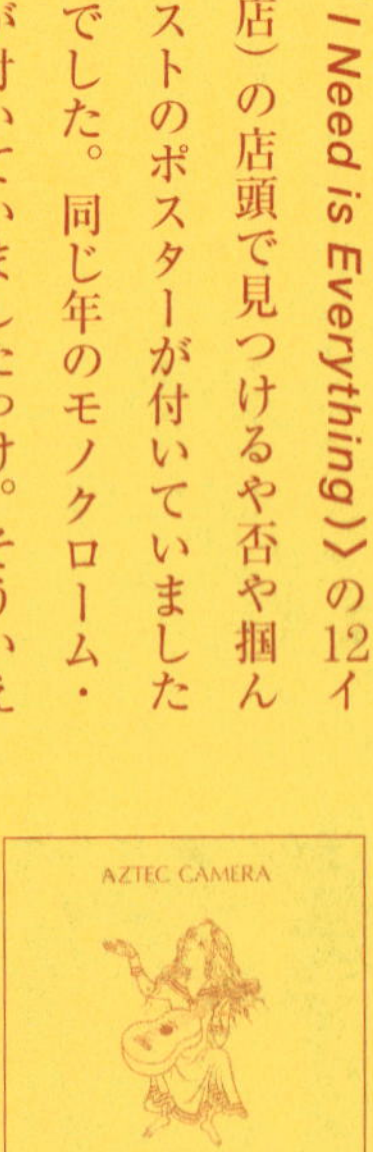

Aztec Camera
"All I Need is Everything"

もピンボケです。音楽を想起させるような素朴なイラストを使うのも洒落ていました。初期アズテクはクラッシュのカヴァーもしていたし、ロディ・フレイムの発言は生意気で尖ってもいたのですが、ジャケットではそんなパンク要素は排して、女の子の顔のアップなどフェミニンなイメージを使ってるのがまた良かったです。ひとつひとつが愛おしく感じられ、7インチ・シングルも全部集めたくなりました。B面の曲がアルバム未収録でしかも味があるんです！

7インチ好きは確実にアズテクから始まりました。反マッチョイズムと、女子が好む雑貨のようなシンプルなビジュアルが、華やかでキラキラしたニュー・ロマンティックやジョイ・ディヴィジョン影響下のダークなバンドたちがひしめくイギリス音楽界において新鮮で、「パンク」だったのです。今流行っていることを絶対したくないという姿勢がポストカードを創設したアラン・ホーンのポリシーだったようです。ちなみにアズテクの〈オーキッド・ガール（*Orchid Girl*）〉という曲はロディ・フレイムがファンだと公言していたブルー・オーキッズの**ウナ・ベインズ**のフェミニズムな姿勢にインスパイアされたそうです。

ウナ・ベインズ
元ザ・フォールのオリジナルメンバーでもある。ザ・フォールのマーク・E・スミスってフェミニズムな人だったらしい。

Aztec Camera
"Oblivious"

Aztec Camera
"Mattress of Wire"

Aztec Camera
"Just Like Gold"

新感覚派アコースティック、またはネオ・アコースティック、あるいは……

アズテック・カメラは83年にファースト・アルバムが発売されましたが、この年に日本ではトリオレコードから**《ピローズ&プレイヤーズ(Pillows & Prayers)》**などのチェリーレッド・レコード作品が発売、新星堂からはクレプスキュール作品の配給が始まって、音楽誌でこうした「アコースティック」音楽の特集が見られるようになりました。フリッパーズ・ギターのふたりがのちに「ネオアコ」という言葉を広めたので、私もすっかり当時から「ネオアコ」と呼んでいたと思い込んでいましたが、あの頃自分が読んだ雑誌記事を調べ直してみると、単に「アコースティック」または「ニュー・アコースティック」とされていました。

自分の記憶になかった記事やライナーで**「ネオ・アコースティック」**という言葉は見つけましたが、当時はとくに決定的な呼称がなく、自分もなんとなく「アコースティック」または「アコステ」(笑)と言っていたようです。「新感覚派」というのもありましたが、日常会話で使ったことはありません(笑)。アズテクのほかにはエアチェックで知ったペイル・ファウンテンズとボ

V.A.
"Pillows & Prayers"

ネオ・アコースティック
「ネオ・アコースティック」の言い出しっぺは誰か問題。2018年にツイッターで少し盛り上がったのですが、80年代前期は「ネオアコ」という4文字言葉はなかったとの宮田ひろゆき氏の指摘が発端となり、自分もすっかり当時の記憶が抜け落ちていたので、調べ始めました。83年11月25日発売徳間ジャパン〈ラッキー・ビートニクス(Lucky Beatniks)〉コンピのライナー「アズテック・カメラのネオ・アコースティック。ポップの中心的役割が一聴瞭然となるだろう」が自分調べでは初出(2018年ディスクユニオン新宿で薄田君とのトークショーで発表)。83年の「ミュージック・マガジン」では「アコースティック・サウンド」

ーダー・ボーイズが気に入ってましたし、ブルーベルズも〈シュガー・ブリッジ（*Sugar Bridge*）〉をよく聴いてました。ロータス・イーターズやニック・ヘイワードもシングルがイギリスでヒットしていました。スタイル・カウンシルが83年3月から続々シングルを出していますから、ちょうど自分が食いつくように「全英トップ20」を聴いている時です。

《ピローズ&プレイヤーズ》はインディ・チャートで5週連続1位でした。イギリスの音楽に興味を持ってはじめて（時差はありつつも）体験した同時代の洋楽ムーヴメントがこのアコースティックの動きだったのです。

イギリスでは**オレンジ・ジュース**とポストカード・レコーズがこの火をつけたとされていましたが、オレンジ・ジュースの日本でのデビューはセカンド・アルバムで、ヘアカット100的にファンカラティーナするアイドル路線で売り出されたため、日本でアコースティックの新しい流れを紹介する時の枠からは外されていました。ニック・ヘイワードはオレジュを見て影響されていたらしいので皮肉な話ですが、当時の日本では断然ヘアカットの方が知名度が高かったので仕方ありません。オレジュの〈リップ・イット・アップ（*Rip It Up*）〉もオルタード・イメージズもスタカンの〈スピーク・ライク・ア・チャイルド（*Speak Like A Child*）〉と同時期にチャート入りして知っ

の言葉が散見。84年「ギター・マガジン」5月号の及川有正氏（元徳間ジャパン・ラフトレ担当）による見開き特集で「ネオ・アコースティックとでも呼ぶべきサウンドが秘かなブーム」の言葉。「ネオ・アコースティック」（以下、「ネオ〜」）の言葉を使いだしたのは及川さんであろうと推測。85年1月25日発売マイクロディズニー《エヴリバディ・イズ・ファンタスティック（Everybody is Fantastic）》及川氏によるライナーに「ネオ〜」が既出語扱い。「フールズ・メイト」瀧見さんの同アルバム評にも「ネオ〜」の語登場。85年「フールズ・メイト」2月号の伊藤英嗣さん「アコースティックの風景」に「83年にはネオ・アコースティック・ブームとまで」の表現。この伊藤さんの記事で、我々は83年当初から「ネオ〜」と呼んでいたかのような錯覚に陥り、「フールズ・メイト」読者だったフリッパーズのふたりが瀧見さんと仲良しになり、89年ごろから「ネオアコ」の4文字略称を使うようになったのではないかと想像します（ばるぼらさんとツイッタランドの皆さん、ご協力ありがとうございました）。

ていたのに、自分がその出自を知るのはもう少し後のことでした。**１９８３年４月のＵＫチャート**を見てください。

今もこの頃のＵＫチャートは全部好きです。デヴィッド・ボウイ、カルチャー・クラブ、デュラン・デュラン、トレーシー・ウルマン、ジョー・ボクサー、カジャグーグー、ビッグ・カントリー、スタイル・カウンシル、ニック・ヘイワード、〈ブルー・マンデー（*Blue Monday*）〉が13週連続でインディ・チャート1位だったニュー・オーダー、そしてなんといってもオレンジ・ジュース

1983年4月3日UKシングルトップ20

Pos	LW	
1	2 ↑	David Bowie "Let's Dance"
2	1 ↓	Duran Duran "Is There Something"
3	6 ↑	Joboxers "Boxerbeat"
4	4 →	The Style Council "Speak Like A Child"
5	5 →	Eurythmics "Sweet Dreams (Are Made Of This)"
6	18 ↑	Tracey Ullman "Breakaway"
7	20 ↑	Kajagoogoo "Ooh To Be Ah"
8	3 ↓	Bonnie Tyler "Total Eclipse Of The Heart"
9	New	Culture Club "Church Of The Poison Mind"
10	27 ↑	Kenny Everett "Snot Rap"
11	7 ↓	Altered Images "Don't Talk To Me About Love"
12	8 ↓	Orange Juice "Rip It Up"
13	13 →	Big Country "Fields Of Fire (400 Miles)"
14	17 ↑	New Order "Blue Monday"
15	15 →	Nick Heyward "Whistle Down The Wind"
16	9 ↓	Bananarama "Na Na Hey Hey Kiss Him Goodbye"
17	10 ↓	Forrest "Rock The Boat"
18	24 ↑	U2 "Two Hearts Beat As One"
19	16 ↓	Leo Sayer "Orchard Road"
20	11 ↓	Michael Jackson "Billie Jean"

オレンジ・ジュース
日本でのデビュー・アルバムの邦題は「キ・ラ・メ・キ・トゥモロー」でしたね。ちなみにイギリスで「ネオアコ」なる呼称はなく、あえていえばジャングリー・ポップとかポストカード系のニュー・ポップとか呼ばれているのかな？　イギリスのプレスは地域ごとに特徴づけする傾向があり（お国柄？）、オレンジ・ジュースとポストカードはスコティッシュ・ポップの動きとして注目を集め、若きエドウィンとオルタード・イメージのクレアちゃんが眩しい笑顔で「NME」の表紙を飾ったりしてる。トレーシー・ソーン自伝で「オレンジ・ジュースとアズテック・カメラに習った」というような記述を見つけた時は言質取れた！とうれしかった（笑）。オレジュがデビューした頃、共演バンドはいかにも強そうなパンクスばかりで、オレジュはバカにされてたとエドウィンもよく語ってましたが、パンクもすでに何重にも焼き直されてた時期でもあり、髪の毛と中指立ててツバはいて……みたいなのが形骸化して、みんなと同じことをしたくない、弱そうなやつが日常のことを歌う方が逆にパンクだろう、というスノビズムが新鮮でカッコよかったんですよ。その発端はオリジナル・パンク世代のバズコックスとヴィック・ゴダードだったりします。渋谷系以降の日本は可愛いものに溢れてるから、この孤独感と孤高感はないですね。

……！

　83年は私の原点です。

　１９８４年にはペイル・ファウンテンズが待望のメジャー・デビュー・アルバムを出し、夏にはアズテック・カメラがセカンド・アルバムを出しました。インディから始まったアコースティックは完全にメジャーにシフトして、イギリスではすでにムーヴメントとしては沈静化していたのが現状でした。日本でもこの年の「ミュージックライフ」６月号の特集を最後にあまり取り上げられなくなります。

スコットランドが熱い！

　しかし、日本の我々は、翌85年2月のアズテック・カメラ初来日で再びこの「アコースティック」と向き合います。ロディ・フレイムのインタヴュー記事が音楽誌に載り、そこではポストカードの話もたびたび語られました。どうやらスコットランドが熱いらしいとようやく気づいたのはこの頃です。今振り返ると、この頃の自分は大学デビューしたてで、見たライヴの数だけは重ねましたが、まだまだライヴのどこをどう見るべきかもわかってませ

POSTCARD
RECORDS of SCOTLAND

ん。とにかく生でご本人登場を見た！ということに満足していたようなところがあります。

　ロディはその頃たくさん見たＵＫアーティストのなかでは珍しく、**下を向かずにしっかり顔を上げて**ギターを弾いていた、ということをまきさんが指摘していたのをよく覚えてます。もちろんシューゲイザーという言葉ができるずっと前のことですが。ロディは最後は上半身裸になってギターを持って駆け回っていたのが、いかにもやんちゃ坊主という感じで大層愛らしかったですが、ＵＫファンにはどう映ったでしょうか。

　85年5月にはやっとペイル・ファウンテンズも初来日していますが、日本でのメディア露出はアズテクが断然派手でした。ワーナーさんが相当売り込んだのかもしれません。のちに関西の師匠（まりあさん。後で詳しく書きますね）に聞いた話では、関西でのオッカケが断トツに多かったのがロディだったそうです。テレビの洋楽番組でＰＶはたくさん流れていましたし、来日時にテレビ出演もしていました。幅広いファンを獲得していたのでしょうね。**セカンド・アルバム《ナイフ》**は来日前の84年12月発売の日本盤を大学の生協で予約して買ったものの、**ばっちりメイクしたロディのアップ写真**が帯にフィーチャーされていて、正直複雑な気持ちになりました。そこにはアズ

「ミュージック・マガジン」85年4月号より。

テック・カメラ・ファン・クラブのお知らせも載っていたのですが、少し距離を置こうという気分になってしまいました。そもそもロディの顔が好きなわけじゃなかったし……と妙な意地もあり、大学生になって大人ぶりたい時期だったのでしょうか。

　繰り返しになりますが、自分の興味がマイナーでインディな方面へシフトしていたのです。仲間内でキャーキャー楽しむのは相変わらず大好きでしたが、それだけで終わらない、それ以上の何か……これまで見たことがない新しいものをいつも探していました。

　ジャム解散後のポール・ウェラーが「ポップ・ミュージックの価値をもっと高めたい」という発言をしていて、そんな記事に影響を受けまくっていたのでしょうか。当時のウェラーのインタヴューは、10代の自分には思いもよらないような発言がいちいち刺激的で、毎回開眼させられるようで、聖書のように読んだものです。それでも高校時代はデュラン・デュランなどにキャーキャー言うのはやめなかったので、我ながら矛盾を感じていましたけどね。

　そもそも「たかがポップ・ミュージック」、日本語なら「歌謡曲」でしょう。今でこそ大学でロックや流行歌を研究する教授もいますが、当時は法政大学

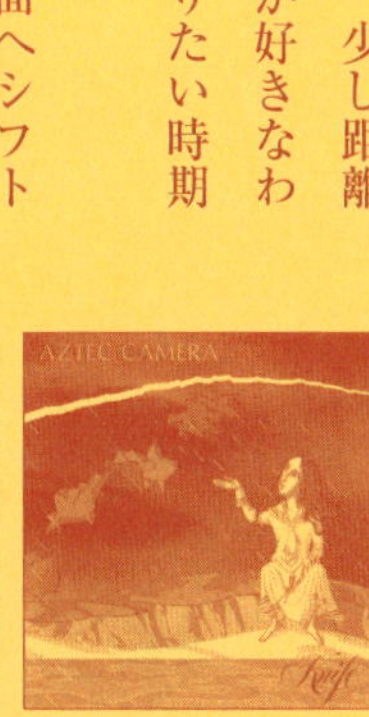

Aztec Camera
"Knife"

《ナイフ》の日本盤帯

の稲増教授くらいしか聞いたことがありませんでした。自分の大学にもボブ・ディランとジョン・レノンを文学として研究する講義はあって受講しましたが、自分には「過去の歴史」。研究というのはその現象が過ぎてから総括するものなのでしょうね。あの頃は、今！　現在！　同じ空気を吸って生きている！　進行形であること！に重きを置いていたので、大学で扱うアカデミックなものとは一線を画している、というミーハー気分と、それに相反して深く掘り下げたい探求心との間で揺れ動いていました。

ついでに85年5月ニュー・オーダーの来日も見に行っていました。映像化もされて動画サイトでも見られますが、中野サンプラザで全席指定だったにもかかわらず、最後にみんながステージに押し寄せるという、最初で最後の体験をしました。あの場にいた！ということがとても印象的で、誇りにすら思っています。当時の「ハイヒールリスト」など見ると思い出しますが、海外ではオールスタンディングでやっているライヴが、当時の来日公演では全席指定のホールで行われていて、前に押し寄せようものなら警備員に退場させられてしまうことに不満を持つ「キッズ」が多く、どうにか現状を打破したい、という空気がありました。実際、当時新宿ツバキハウスで来日公演したアーティストたちには、セキュリティの厳しいホールでの公演ではなく、自由に踊れるハコで演奏したい、というポリシーがあったようです。当時の日本のＵＫ音楽好きな若者たちは、イギリスでのような、座席のない踊れるライヴを渇望していました（話がそれますがあの頃、ほかにもＲＥＭ初来日も見れたのはラッキーだったと思っています）。

リヴァプールは爆発だ！

84年11月にはエコー＆ザ・バニーメンが再来日し（同じ年に2度来日したのです）、前回はおひとりさまでしたが、今度は仲間たちと大いに盛り上がりました。バニーメンの曲は全英でヒットしていましたし、なんといっても当時のイアン・マッカロクの写真を1枚見れば多くを語る必要はないでしょう。「ＮＭＥ」の表紙を多く手掛けていたアントン・コービンの写真がお勧めでしょうか。ニュー・ウェイヴとかパンクとか知らずとも跳びつけるポップさと、そこから深層に潜りたくなるものがありました。綺麗な顔立ちのマックにキャーキャー言うのはもちろんですが、彼らが影響を受けたちょっと難しそうな音楽や、彼らのマイナーな地元仲間の音楽も、背伸びして聴いてみ

「ＮＭＥ」82年2月20日号

たいと思うようになったのです。

おそらくギタリストのウィル・サージェントの発言から彼らが影響を受けたバンドに興味を持ち、せやさんかまきさんがカヴァー曲ばかりの**バニーメンのライヴ・ブートレグ**を貸してくれて、これが今思えばロックの教科書みたいなものだったんですが、そこからドアーズ、テレヴィジョン、ジョナサン・リッチマン＆ザ・モダンラヴァーズ、ヴェルヴェット・アンダーグラウンドなどを聴くようになりました。ヴァイオレント・ファムズはウィルもロディもお勧め新人でした。

当時『**Liverpool Explodes!**』という洋書がありまして、みんなでこぞって少しでも安く売っているお店を探して買い求めました。リヴァプールの**ズー・レコーズ**の2大頭だったバニーメンとティアドロップ・エクスプローズの本です。初期の貴重な資料満載で興奮して眺めました。ティアドロップ解散後のジュリアン・コープがソロアルバムを出したので、「フールズ・メイト」にレヴューが載り、かつてバニーメンのマックとジュリアンとワー！のピート・ワイリーのリヴァプール3羽ガラスがバンドを組んでいたことを知って、リヴァプールのシーンに俄然興味が沸いていました。バイト先にピート・フレイムのロック・ファミリー・ツリーの本があり、まだ80年代のリヴ

バニーメンのライヴ・ブートレグ
85年の《On Strike》。当時行われたカヴァーばかりのライヴを収録。2017年に《It's All Live Now》としてリリースされています。

『Liverpool Explodes!』

ァプール・シーンのことは載っていなかったと思いますが、「ＮＭＥ」などでもよくそのファミリー・ツリーを目にしていて、バンド同士の関係性とそこから想起される物語にとてもひかれていました。

まずは高円寺のパラレルハウスでジュリアンの最初のシングルを借りて聴き、そのうちまきさんが**ファースト・アルバム**を買って可愛いカセットを作ってくれました。そこからビンテージ風味のおもちゃ箱をひっくり返したようなジュリアン・コープの世界に夢中になり、84年11月発売のセカンド**《フライド（Fried）》**も新宿シカゴの壁で見つけるなり掴んでレジへ直行しました。ちょっと怖いポスター付きでしたが、好きな人のポスターは貼る主義なので、長いこと自分の部屋の壁には亀の甲羅を被ったジュリアン（ネット検索してみてください）がいました。そんな自分内熱狂の最中になんとジュリアン・コープの来日が決定しました。

「ロッキング・オン」か「フールズ・メイト」でファン・クラブを作りますという募集を見つけごく数人のファン仲間ができ、大阪・京都公演を含む全公演をオッカケました。運よく夏休み中でした。はじめてのホテル待ちまでしてしまいました。ＦＣ仲間が情報通だったので宿泊ホテルまで知っていたのですね。ジュリアン・コープは今や日本やドイツの音楽についての著作も

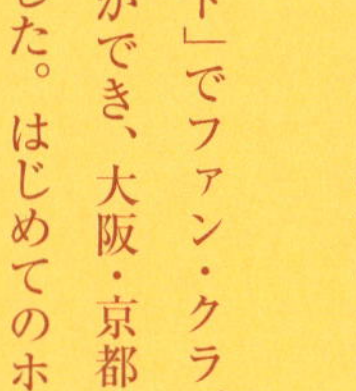

Julian Cope
"Fried"

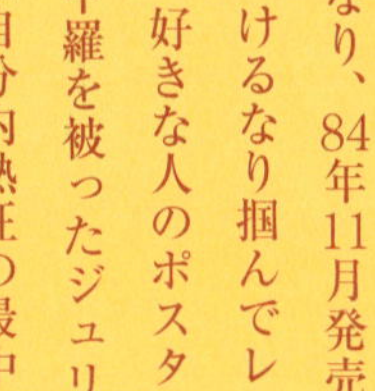

Julian Cope
"World Shut Your Mouth"

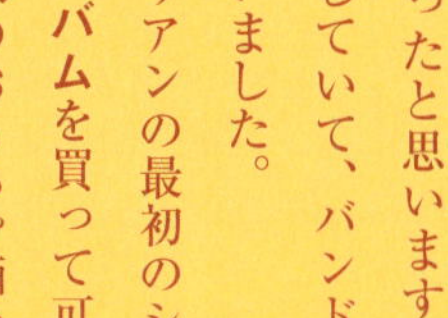

ある**音楽マニア**ですから、彼と直接話したい！　いろいろ聞きたい！と思ってしまったんです。果たしてジュリアン・コープさんはひら〜〜っとやってきて、我々にご機嫌で対応してくださいました。その時のことを絵日記のようなものにして友だちに配ったんですが（手元には残ってません）、その似顔絵がまるで鎖国時代にはじめて欧米人を見た人が描いた浮世絵みたいでした……。黒船来航並みの衝撃だったということでしょう。これまで海外の人といったら英会話の先生くらいしか話したことはなかったものですから。

それから来日中隙あらば、ジュリアンに「スコット・ウォーカーのアルバムは何がいいの？」「シーズのアルバムはどれがいいの？」みたいなことばっかり聞いていたので、とうとう最後の日にジュリアンは本人特製の**サイケデリックなコンピ・テープ**2本と、もう1本ジュリアンのラジオ・セッション集をくださいました。よほど私がうるさかったのでしょう。

そういえば、真夏の来日だったので、彼もさすがにずっと革ジャンでいられずに半袖姿も見られたのですが、外タレ慣れしていない自分は思わず「なんでそんなに青白いの？　具合悪いの？」と本気で夏バテを心配して聞いてしまいました。しかしその後の海外誌のインタヴューで、その時の自分の質問を思わせるような、日本のファンを揶揄するような発言を目にして、一気

ジュリアン・コープFCの会報「フェイブル」

音楽マニア
83〜84年頃NMEで《Nuggets》などのガレージ・サイケ音楽を紹介する見開き特集を執筆していた。

サイケデリックなコンピ・テープ

V.A.
"Go Insane"

V.A.
"Party Beast"

に興ざめしてしまいました。２回目以降の来日公演も見には行ってますが、インタヴューでの発言が、日本のファンの歓待は喜んでいただけたんでしょうけれど、何だか違う……いや外タレを敬う私らファンがいけないのか……と悶々と悩み、我々日本のファンが、亀の甲羅を被った変人を丘の上の聖ジュリアンに祭り上げてしまったんだな……と勝手に解釈しました。

《セイント・ジュリアン（*Saint Julian*）》は普通に大変気持ちの良いロックアルバムですが、自分には複雑な感情があったというか、どこか〈ヘッド・ハング・ロウ（*Head Hang Low*）〉なジュリアン・コープが好きだったんですね。ジュリアンご本人は自伝『HEAD-ON』にも初来日のことを書いていたし、友人についての記述もあったし、日本にはファン・クラブがふたつある、というのはお決まりの自慢話のようだったし（実際は言い出しっぺが２組いてすぐに合体）、彼の初来日公演が楽しかったのは間違いなく、忘れられない経験のひとつです。

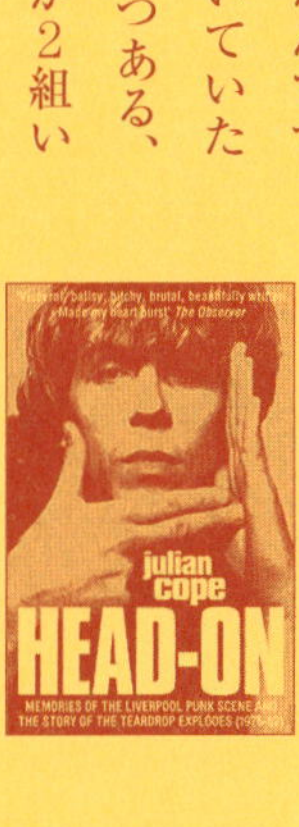

「HEAD-ON / Repossessed」
89年までの自伝。残念ながら日本語訳なし。パンクからティアドロップ・エクスプローズでのうき沈み、バニーメンへの思いなど、簡潔に読めます。

師匠との出会いでポストカード道へ

ジュリアン初来日ツアーでは、関西にまりあさんという師匠もできました。ジュリアン初来日初日の大阪で出会って、ツアーをともにしました。彼女はいつも、誰もがストロベリー・スウィッチブレイドに喩えるような華やかな恰好をしていました。それだけでなく、豊富な音楽の知識を下敷きに、パンク以降のＵＫバンドの話を面白おかしくしてくれました。

私がアズテク・ファンだと知ると、オレンジ・ジュース聴かないと！と猛烈に勧められ、ポストカードのシングルからすべてカセットテープに録って送ってくれました。日本盤の出ていたセカンド《リップ・イット・アップ（*Rip It Up*）》と、ミニ・アルバムで安く手に入った《テキサス・フィーバー（*Texas Fever*）》しか知らなかった自分は、やっとジェームズ・カークの唯一無二の歌声や、エドウィン・コリンズの絶唱ともいうべき〈ラヴ（*L.O.V.E...Love*）〉を聴かせてもらってようやくオレジュに開眼し、ポストカード道に邁進することになるのです。

その後もまりあさんは、レコード屋の壁で見ることしかできなかったジョセフ・Ｋのアルバムや、ヴィック・ゴダード＆サブウェイ・セクト、リッチ・キ

Orange Juice
"L.O.V.E…Love"

Orange Juice
"Blue Boy"

Orange Juice
"Falling And Laughing"

ツズ、ロディやマイケル・ヘッドが好きだったアーサー・リーのラヴ、バッフアロー・スプリングフィールド、ジュリアンが大ファンで顔もそっくりなスコット・ウォーカーとウォーカー・ブラザース、そしてフランス・ギャルも……ずっと自分の支柱となるような音楽をたくさん教えてくれました。

自分の実家にやっとビデオデッキが入ったので、ビデオもたくさんコピーしてくれました。「Sony Music TV」で放送された「the tube」でのアズテック・カメラやフレンズ・アゲイン、**ボージー・ボージー**、ＲＥＭ、アイシクル・ワークスなどのライヴ、そして「ＮＭＥ」など新旧海外雑誌のコピーも数え切れないほど送ってもらい、まるで新旧英米バンドの通信教育でした。しかも夜中の長電話サポート付きです。

ファンジンの祖は**「Sniffin' Glue」**で、それをやっていたのがオルタナティヴＴＶのマーク・ペリーだなんてことも教わりました。ピストルズの元祖はニューヨーク・ドールズだということも。自分がネオアコに偏らず清く正しくパンク・インディ道を歩んだのは、まりあさんの教示を受けたからでした。まりあさんは映画にも詳しく、トリュフォーやゴダールなどの昔のフランス映画の話を聞くのも楽しかったです。まりあさんのお仲間も皆さん情報通で楽しい方が多く、なかにはアラームのファンジン**「ウォーク・フォー**

ボージー・ボージー
ポストカード周辺ににいながら、ラフ・トレードからアルバムも出していたジャザティアーズが、エドウィン・コリンズの幼馴染のポール・クインをヴォーカリストに迎えてメジャー契約したバンド。結局シングル２枚のみのリリースで終わる。

「Sniffin' Glue」
76年にラモーンズの曲から名づけたパンクジン。親に買ってもらったタイプライターとフェルトペンと定規で作成。コピーして角を1ヶ所ホチキス止め。まさにＤＩＹ。

「ウォーク・フォーエヴァー」vol.3

エヴァー」を作っていた方もいて、それは手書きでびっしりアラーム愛が綴られたファンジンで、どこまでもライヴを見に追っていく情熱にとても影響されました。

アズテクＦＣでお勉強

ジュリアンの来日直後に、私は改めてアズテック・カメラのファン・クラブに入会しています。当時ロディ・フレイムも《フライド》を気に入っていてしきりに勧めていたので、アズテク・ファンもジュリアンに注目していて、それでファン・クラブとつながったのだと思います。アズテクＦＣはマメに会報を作って活動していて、会員の投稿を広く採用していました。ロディが現地マスコミ向けに話すようなマニアックな話題も親切に解説して、ヴェルヴェッツもラヴもポストカードも**スワンプランズ**もケルアックの『路上にて』もコリン・ウィルソンの『アウトサイダー』も**ビル・フォーサイス**も**炭鉱ストライキ**も……みんなで勉強していこうという姿勢がありました。スワンプランズからは、架空映画『パンク・ロック・ホテル』のサントラとして、**エドウィン**

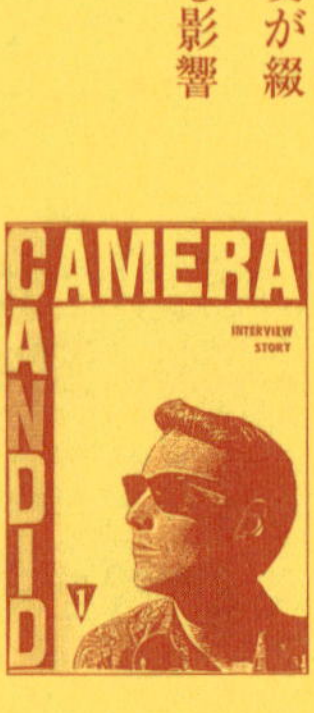

アズテック・カメラFC会報
「キャンディド・カメラ」No.1

スワンプランズ
第1期ポストカードを体験できなかった我々がリアルタイムで立ち会えた、メジャーのロンドン・レコード傘下でポストカードのアラン・ホーンが、鳴り物入りで始めたレーベル。ポストカードのドラム猫に対して、成長した黒豹がマーク。

ビル・フォーサイス
ロディお勧めグラスゴー出身監督。『グレゴリーの彼女』オルタード・イメージのクレアちゃん出演で、この世代のスコティッシュにはいまだに思い入れある青春映画らしいです。

と**ポール・クイン**の**〈ペイル・ブルー・アイズ（*Pale Blue Eyes*）〉**カヴァーのシングル発売時、現地メディアにかなり露出していたので、ジャズ・ブッチャーが〈ソウル・ハッピー・アワー（*Soul Happy Hour*）〉で揶揄しています。ほかにも**ジェームス・カーク**の**メンフィス**、**元ファイア・エンジンズ**の**WIN**（単独でメジャーに残った）などのシングルをリリースしたものの、いつの間にか消えてしまいました。ＣＤでも何でもいいので全部再発してください……。

ネットのない時代ですからタイムラグはあるのですが、ＦＣ会報の常連さん同士、会報を通じて会わずともお馴染みになっていて、ファン・クラブの集いやコンサートで今のオフ会のようにはじめて対面して交流が広がったりしていました。会長の大塚さんは1個上で個人的にも仲良くしてもらったと思っていますが、誰にとってもそう思うような人でした。

炭鉱ストライキ
80年代サッチャー政権下のイギリスを象徴した84年～85年の出来事。当時のポストパンク・バンドの多くが支援していました。

Win
"You've Got the Power"

Memphis
"You Supply the Roses"

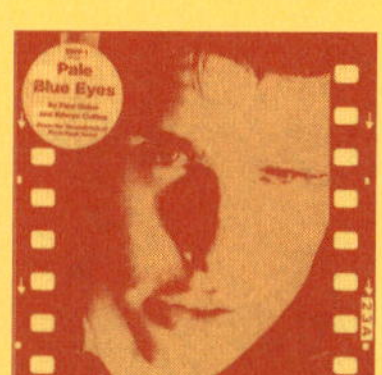

Paul Quinn and
Edwyn Collins
"Pale Blue Eyes"

これこそ僕が求めていた世界観だった!

カジヒデキ（ex.ブリッジ）

1991年春頃、原宿クロコダイルにて。
ブリッジの中期頃まではTAKAMINEの
フレットレス・ベースをメインにしていました。

僕はこの20数年間、時々インタヴューで「Lollipop Sonic（以下ロリポップ』と出会わなければ、音楽の道に進まなかったでしょう」と話してきました。

1987年11月26日（木）、まだ西新宿にあった頃の新宿ロフトで、彼らのデビュー・ライヴに遭遇できたことは、運命としかいいようがありません。小山田圭吾君と井上由紀子さんのふたり組。その日のフライヤーやお店の看板には"Pee Wee 60's"の名前が書かれていて、60'sのカルチャーが大好きでピーウィー・ハーマンにもハマっていた僕は、その名前を見て注目していました。実際にライヴ中のMCで小山田君が「メンバーが脱退してふたりだけになったので、今日からLollipop Sonicという名前で活動します」と言ったので、この日が間違いなくデビュー・ライヴ（自ら無断録音したカセットをこれまで何度聴いたことか!）。

Velvet Undergroundの〈I'm sticking with you〉のカヴァーから始まり、FELTを彷彿させるオリジナル曲を2曲披露。ラストはThe Band Of Holy Joyの〈Rosemary Smith〉! この曲は僕の当時のフェイヴァリットでした。たった4曲の、しかもちょっとぶっきらぼうなライヴでしたが、もういっぺんにこのふたりに恋に落ちてしまった僕は、奇抜なファッションはやめて、彼らについて行くことを決心しました。しかしこの時、翌88年、89年が僕の人生をも変えるものすごい年になるとは、予想もしていませんでした。

僕がはじめて「英国音楽」を手にしたのはいつだったのか、どこで買ったのか、いつ編集長の小出さんと知り合ったのか、その辺の記憶がとても曖昧で思い出せません。おそらく小出さんとはじめて話したのは、ロリポップに小沢健二君が加入した88年4月のライヴの時かなと思うのですが、違うかな? 僕が持っている一番古い「英国音楽」は7号だけ

1992年秋頃のブリッジ。学園祭にもよく呼ばれました。

ど、たぶん7号や8号は後から買ったような気がします。三軒茶屋のフジヤマで買ったような気がするぞ(笑)?

たぶんリアルタイムでは10号でした。いずれにしてもロリポップと出会い、彼らのライヴに通うなかでネオ・アコースティックやギターポップ、インディ・ポップ、アノラック…etc.と称されるようなバンドに夢中でレコードオタク(音楽マニア)な友だちがどんどん増え、やがてネオアコ・サークル的な感じになったのだけど、その中心にいたのはロリポップであり「英国音楽」でした。

その頃のエピソードとしてよく覚えているのは、88年6月にThe Woodentopsが2度目の来日をし、日本青年館に見に行ったのですが、終演後のロビーで小山田君と会い、イソベ君や(土屋)恵介君をはじめ数人の友人を紹介してもらいました。そのほとんどはその後「英国音楽」12号の「英国音楽アンケートSPECIAL!〝20人に聞きました〟」に載った人たちでした。まさにスモール・サークル・オブ・フレンズ! また同様のエピソードとして「ロリポップ&ペニー・アーケードと青春18切符で行く京都への旅(?)」も印象的な出来事でした。88年7月31日に京都で開催された、ぼうしレーベル主催のAnorak Party。ロリポップのライヴの時に、小粋にオシャレした関西の男の子や女の子たちが楽しそうにダンスをしているのを見て「これこそが僕が求めていた世界観だ!」と大きな衝撃を受け、その光景は今もキラキラと輝いています。ペニーやデボネアのライヴも最高でした。この旅には小出さんも行かれていたと思いますし、「英国音楽」11号や12号で「Lollipop! Sonic オヤマダくん」という当時のムードを一番リアルに伝えた漫画(今こそ読んでほしい!)の作者、足塚フジオこと薄田育宏君とはじめて出会ったのも、このパーティの時でした(当時、薄田君はまだ大阪在住でした)。

とにかくはっきり言えることは、「英国音楽」というファンジンが、どれくらい当時の僕や僕たちに強烈な影響を与えたかということ! 88~89年当時、Crue-L Recordsをスタートさせる前の瀧見憲司さんがライターをされていた「Fool's Mate」や、阿木譲さんの「EGO」など、ネオアコなどのジャンルを扱う良い音楽誌もありましたが、このジャンルだけに特化した、しかもそれらの雑誌でも扱われないようなマイナーなバンドの紹介や、英国でのライヴ・レポートをリアルタイムに近いスピード感で届けてくれるファンジン! しかもライター陣の方々(ほぼ女性だったでしょうか)のセンスの良さや知識の深さ、そして熱量の大きさに圧倒され、紙面をはみ出してしまいそうな文字量と豊かな情報量に興奮し、隅から隅まで何度も何度も読み返したものです。現地取材されたThe PastelsやTalulah Goshなどインディ・ポップ・バンドのライヴ写真を見て、ファッションやヘアスタイルやギターの持ち方まで一生懸命真似をしたり、紹介されたレコードを探しまくったり。特にフレキシ(ソノシート)がおまけに付いた11号、12号の濃厚さといったら、これまでのどんな音楽雑誌のなかでもずば抜けて1位だと思います。
内容のことを書き出したらきりがないのでやめますが、特に11号のPACIFICのインタヴューは強烈なインパクトがあって、91年の夏に仲真史君とはじめてロンドンを旅した時、ブライトンの彼らのお家まで訪ねて行ったこともあるほどでした。その11号のフレキシに収録されたロリポップ、ペニー・アーケード、バチェラーズはその後、フリッパーズ・ギター（以下フリッパーズ）、ヴィーナス・ペーター、ブリッジ、ルーフ、マーブル・ハンモック、フィヴァリット・マリン…etc.になっていくことを考えると、そして彼らの対バン等で同じシーンにいたオリジナル・ラヴやフィリップス等も含めて、ここですでに90年代の渋谷系といわれるムーヴメントの母体が息づいていたことがわかりますし、そこに「英国音楽」が大きな役割を果たしていたことは明らかな事実といえるでしょう。

「英国音楽」と僕の最も特筆すべき出来事は、何といってもブリッジの結成、そしてデビュー・ライヴが「英国音楽」主催のイベント「HAPPY extreme! presents Whistlin' and Smilin' pt.2」だったということ! フリッパーズがポリスター・レコードからメジャー・デビューをした89年8月25日。早速買ってきたCDを聴き、そのあまりのクオリティーの高さに大感動7割、大嫉妬3割で打ちのめされ、部屋の隅でひとり膝を抱えていた僕でしたが（笑）、その翌月、9月18日に渋谷のクロコダイルで開催された「英国音楽」主催の「Whistlin' and Smilin'」のライヴ会場で、大友眞美さんと池水眞由美さんから「私たちが新しく始めるバンドでベースを弾かない?」と誘われ、すでに決まっていた清水弘貴君、その日もワンサウザンド・リヴァースでライヴ出演していたex.バチェラーズのEBさんが人生初のドラムで加わることで、めでたくブリッジが誕生した夜でした。

1990年秋頃。SARAH NIGHTで来日したフィールド・マイスのメンバー達と。ブリッジはフロントアクトとして出演。

ちなみにこの日のラインナップはフレデリック、フィリップス、ワンサウザンド・リヴァース。フレデリックは元ロンドンタイムスの片岡健一さんのバンドで、The Byrdsを彷彿させるフォーク・ロックなサウンドとストレートで胸に突き刺さる歌詞、そして片岡さんの人間味溢れるパフォーマンスが魅力で僕は大好きでしたし、小出さんとはフレデリック友だちでもありました。

話は戻り、翌10月からはオリジナル曲のリハーサルを始め、すぐにデモ・テープの録音も始めました。そしてその年の師走にはすでに発表になっていた「Whistlin' and Smilin' pt.2（90年2月11日 新宿Antiknockにて開催）」の直前にデモ・テープが完成し、それを聴いてとても気に入ってくれた小出さんから出演のオファーをいただき、滑り込みセーフで"由緒正しき"イベントで華々しくデビュー・ライヴを飾ることができたのは、バンドにとって最高に幸せな出来事だったと思います。（ちなみにラインナップは、フレデリック、ロッテン・ハッツ、16トンズって最高！）

ヴェルヴェット・クラッシュとブリッジ。1990年9月26日に名古屋クラブクアトロで共演した翌日の朝、宿泊したホテルの前で。

そして90年は春にフリッパーズが《恋とマシンガン》でヒットを飛ばし、6月5日に発売された2ndアルバム《カメラ・トーク》で、渋谷系という言葉はまだなかったけど、その渋谷系の真意そのものが詰まったといえる金字塔的な作品を打ちたてました。まだ日本にいわゆるカフェ文化がなかった時代。でも渋谷にあったアフタヌーンティーが、フレンチなお洒落気分を味あわせてくれたり、WAVEやTOWER、HMVが渋谷に出揃い、のちに僕がバイトをすることになる輸入レコード・ショップZESTや、オリジナル・ラヴの田島さんやロッテン・ハッツの木暮さんらがバイトしていたHi-Fi Record Storeなどのユニークなレコード・ショップがたくさんあり、渋谷の街が90年代的に輝き始めた年でした。新ドラマー黒澤宏子さんが加わったブリッジは6月から本格的にライヴ活動がスタートし、The Monochrome Set、The Hit Parade、How Many Beans Make 5、Velvet Crush、The Field Mice、St. Christopher、そしてEdwyn Collins …etc. 数々のUK、US等のネオアコ／インディ・ポップ・バンドのフロントアクトを経験し、12月にはフリッパーズ監修のコンピレーション《FAB GEAR》に参加と、最高にエキサイティングな1年を歩みました。

それらほとんどは、「英国音楽」をきっかけに出会い、広がっていった友人の輪の中から生まれています。あの時はまだスモール・サークル・オブ・フレンズだった輪は、いつの間にか世間を巻き込むようなビッグ・サークル・オブ・フレンズになっていたのです。

SMALL CIRCLE OF FRIENDS

スモール・サークル・オブ・フレンズ

東京ネオアコ・シーン・バンド紹介 その1

Penny Arcade

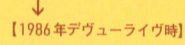

【1985年クリスマスライヴ時】
佐鳥葉子（Vo）
石田真人（G）
齊藤靖（B）
↓
【1986年デヴューライヴ時】
佐鳥葉子（Vo）
石田真人（G）
エコ（B）
↓
【1986年後半】
佐鳥葉子（Vo）
石田真人（G）
エコ（B）
佐々木（Dr）
↓
【7インチシングル録音前後】
佐鳥葉子（Vo）
石田真人（G）
エコ（B）
佐々木（Dr）
ウエノ（Key）
↓
【1987年夏以降フレキシ収録時】
佐鳥葉子（Vo）
石田真人（G）
エコ（B）
外村公敏（Dr）
↓
【1988年末頃〜解散】
佐鳥葉子（Vo）
石田真人（G）
エコ（B）
外村公敏（Dr）
狩野高志（G）

Lollipop Sonic

【結成当初】
井上由紀子（Key）
小山田圭吾（Vo＋G）
↓
【1988年以降】
井上由紀子（Key）
小山田圭吾（Vo＋G）
小沢健二（G）
吉田秀作（B）
荒川康伸（Dr）

Bachelors

【結成当初】
EB（佐々木光紀）（Vo＋G）
小林克美（Ds）
雨宮聡（G）
池水真由美（key）
本間秀人（B）
↓
【フレキシ収録時】
EB（Vo＋G）
小林克美（Ds）
雨宮聡（G）
池水真由美（key）

Velludo

沖野俊太郎（Vo＋G）
小山田圭吾（G）
西森ヒトシ（B）
佐藤昭一郎（Dr）

Philips

山田陽祐（Vo＋G）
山田光輝（B）
村上淳一（G）
山本秋彦（Dr）

※メンバーは、結成当初から時系列で並べました。時期がわかるものは明記しました。参考資料：「Ask Zinesters 3」、ウェブサイト「渋谷百景」

第3章

Words and Guitar

英国音楽愛好会とミニコミ制作

「英国音楽」6号まで

1985-1986

英国音楽愛好会

転機となる出会いというのは重なるもので、1985年、大学2年にして新たにサークルに入ります。大教室の授業の合間に違うクラスのまりこが「エコバニとか好きでしょ?」と声をかけてくれて、「英国音楽愛好会ってサークルに入ってるんだけど興味ない?」と勧誘してくれたのです。おおよそ青学の学生とは思われない恰好をしてたので悪目立ちしてたんでしょう。ライヴやツバキの翌日の1限の授業には遅刻がちになり、クラスの友人にも縁を切られてしまい、大学での居場所が必要だと感じていた時だったので、まさに渡りに船でした。

英国音楽愛好会がほかの音楽サークルと違うのは、バンド活動だけでなく、同じメンバーでミニコミ制作もしていたことです。バンド活動以外の活動がある音楽サークルは珍しかったのでした。バンドではなく、ミニコミだけやりたいという部員は私のほかにふたりくらいでした。バンド活動は絶対やるつもりがないけれど(理由はお察しください)、好きな音楽についてはいくらでも語りたい自分にとって、ぴったりなサークルじゃないですか。ミニコミ制作……その手があったか!です。おまけに英国音楽愛好会は音楽ジ

英国音楽
ヴィニール・ジャパンさんが「英国音楽」という企画名の来日公演をやってらっしゃいますが、「英国音楽愛好会」とも、ミニコミ「英国音楽」とも一切関係はございません。

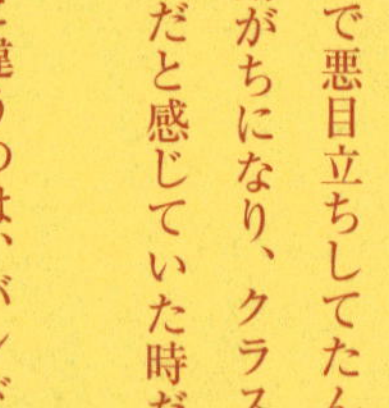

「英国音楽」1号

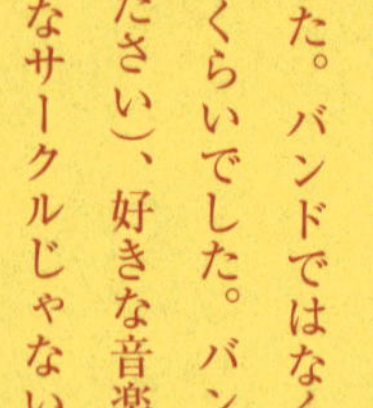

「英国音楽」2号

ャンルが当時の英国音楽……パンク以降のニュー・ウェイヴ中心に限定されていました。ジュリアン・コープのオッカケ行ってきまあす〜と言って話が通じるのです。

英国音楽愛好会は2学年ほど上の先輩の星健一さんが設立し、とても真面目な評論中心の立派なミニコミ「英国音楽」を制作していて、「フールズ・メイト」のミニコミ・コーナーにも取り上げられていました。サークル内バンドの発表会的なライヴや合宿もありました。バンドをやってない自分も合宿に参加して、最後の日に全員で分担してバンド・エイドの〈ドゥ・ゼイ・ノウ・イッツ・クリスマス〉を歌ったのは良い思い出です。

私が参加した時はミニコミの**4号**がほぼできあがっていました。1985年8月発行のこの4号には早速「リヴァプールは爆発だ!」という寄稿をしています。この号は評論誌を脱して「業界有名人特集」として、渋谷陽一、大貫憲章、北村昌士、森脇美喜夫、高橋健太郎、ピーター・バラカン、塚越みどり(敬称略)と錚々たる面々に取材していますが、自分の参加は取材が終わった後だったので、有名人の方々にはひとりもお会いできませんでした。サークルの皆さんも積極的でした。快く取材を受けてくださった皆さまもなんて寛大なんでしょう。

「英国音楽」3号

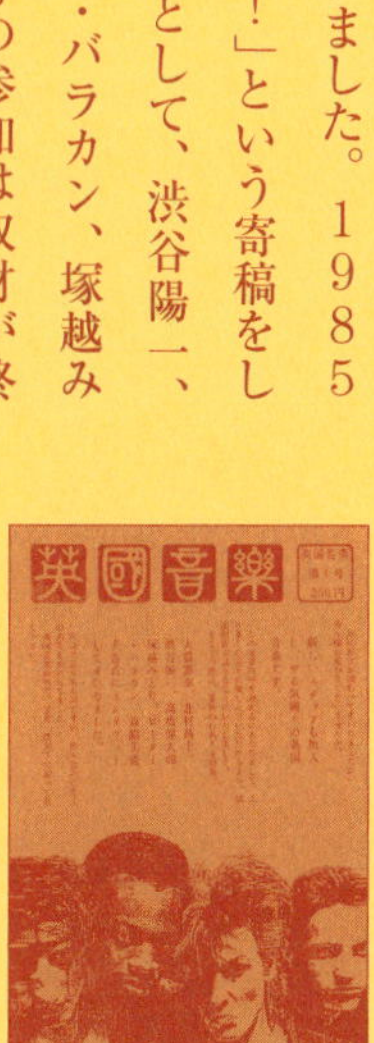

「英国音楽」4号

表紙はポジパン華やかなりし時代を反映してフレッシュ・フォー・ルル。ポジパン好きな男子部員がいたのです。わざわざ言わないけど、あの頃みんな多かれ少なかれポジパンかじってます。ネオアコと並ぶ当時のUK最先端ムーヴメントでしたから要チェックだったのです。そこからメリーチェインにもつながるんです。ポジパンだった元ブリッジのカジ君は時代の寵児といえましょう。私も一応エイリアン・セックス・フィーンド来日は社会科見学的に見に行きました。話がそれましたが、こんなふうにいちメンバーの好みを出していいのです。「英国音楽」は取材も原稿も自由闊達でした。好きなことやれる！　こんなに楽しい場がある！と、うれしくてなりませんでした。先輩部員にくっついて、できあがった4号をいくつかの輸入盤店に納品して、前の号の精算をすることも教わりました。「フールズ・メイト」のミニコミ紹介コーナーにこの号も載せてもらっています。

ミニコミ制作の現実――「英国音楽」5号で早くも暗礁に

私がはじめて最初から関わった**「英国音楽」5号**（86年春頃）は、自分たちの関心を最大限に反映して「音楽雑誌出版社に入るためには」と「ニュー・ウェイヴを中心とした音楽サークル」が2大特集と決まりました。おそらく85年夏頃から、部員で手分けして取材に行っています。私は「ミュージックライフ」編集部に取材に行き、当時の「ミュージックライフ」が4大卒の女性を採用しないことを知りました。第2の**どりみさん**になるのは無理と知り軽くショックでした。今の大学生は早くから就職に向けて準備をしてますが、自分は恥ずかしながらこの程度の認識でした。なかでもとびきりのんびりしていたことは認めます。

音楽サークルについては早稲田大学の取材に行ったような記憶があります。「フールズ・メイト」の伊藤英嗣さんがいて、ここではじめてお会いして「ファンです！」とか何とか言ったと思います。ほかにも盛りだくさんの取材が行われています。やっと自分が最初から関わった本ができるんです。完成を心待ちにしていました。

しかし、大学3年になる86年の春になって、企画もやる気も満載だった5号の取材がすべて終わってから、突然資金不足によりミニコミ制作は終わりにしましょうと告げられました。せっかくあれだけいろんな人に取材に行ったのに？　ミニコミあるからこのサークルに入ったのに？

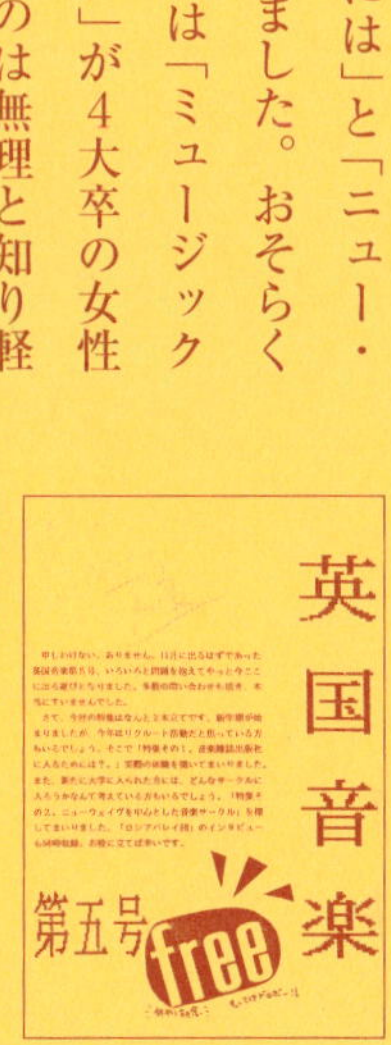

「英国音楽」5号

どりみさん
当時「ミュージックライフ」編集者だった塚越みどりさん。

「英国音楽」最終号である12号で「あなたの知らない『英国音楽』の歴史」という見開き特集頁を作り、当時のことを振り返っています。これによれば、「1、2号はワープロ・コピー紙をまとめて閉じないまま茶封筒に入れ」とあり、そのスタイルにはファクトリー的なインテリ・パンク精神を感じさせます。オマケに点取り占いも同封されているのは「宝島」ＶＯＷの影響でしょう。

「3、4号はオフセットで活字も組まれて、お金がやたらかかっています」とあります。そうなのです。3、4号は印刷屋さんに依頼して、活字を組んでもらって印刷・製本されていましたが、これにはとてもお金がかかったのです。1冊当たり500円かかって、それを250円で売ってたらしいです。それをミニコミ活動をしない部員からも一律で取り立てた部費で賄っていました（後述する「ムーンリット・マーケット」より）。自分はそんなフトコロ事情もよく知らないまま、ミニコミ制作の楽しい面だけ見て突っ走っていました。輸入盤店で大した部数がはけていないことは気づいていましたが、同好会としての収支などそれまでまったく気に留めていなかったのです。

先ほどの「英国音楽」12号記事から続けます。

「私はミニコミがやりたくてやりたくて仕方がない時でしたから、なんとしても宙に浮いた5号を形にしたかった。おまけに「さだお」のアナーキーなパワーにどっぷり感化されていたから大変。無理矢理原稿を書いてもらい、両面コピーをとり、手作業で束ねてホチキスし、タダでバラまいてしまった。（当時私のワガママにつきあって地獄の作業に参加してくれたみんな、一生恩は忘れません）持ってけドロボー！号でした。86年の春だった」

大阪発の「さだお」の影響で手書きコピーに

現在その「**さだお**」が手元に残っていないため内容はすっかり忘れてしまったのですが、手書きコピーながらもとにかく笑かすユーモアと、その溢れるパワーと可能性に感化され、お金がないなら手書きコピーでいいじゃない、と考えたのでしょう。今でも女子高生はスマホ禁止の授業中には手紙を回したりするような気がするし、学級新聞はあるでしょうから、そこから手書き好きになったかもしれません。そもそも手書き以外にテキストを作成する方法は当時ありませんでした。それに慣れると、活字はどうにもきゅうく

「さだお」11号
1983年頃から大阪で無料配布されていたミニコミ。師匠がコピーしてくれたものを、英国女子部員で回し読みして大笑いしました。最近ばるぼらさんが入手！　11号はmusical sadaoと、comical sadaoという両面表紙。

そして 3の夏、とっとと復刊の6号から「英国音楽」は
全に 私物化されてしまったのだった。(ああ、創立メンバーの
ホヤ、ゴメンナサイ!) 名前を変えることも何度も考えたけれど
々たる知名度が捨てられぬまま…。 その6号は再び
滅をみるコピー誌、サークルメンバーによる作文集ですが
人的には自分のOJ記事が まだとても気に入っていで
に入っております。 でも あんまりさばけなくて、「売るには
ンタヴューだ!」と、たまたま 友達が観に行ってたファン
ムギフト + ロンドンタイムス に取材しちゃったのが 86年
の7号。 ほんとに思いつきでみたロンタイだったのに、こんなに長く
り続けるとは…。 ノリの良い私達は例のネオGSの先陣
切ったファントムにも熱狂してしまうのだった。(しかし私は
て、ピッキーにファンレターを出したり、ステージでとびついたりはしていない。) この号の
ゆみ + さくら の映画評も評判いいんだよね。

次の8号は 全権をマーリーに託して渡英した私。マッド
ス解散特集号です。 イギリス行くことで ますます
が先見えなくなってしまった後に 出来たのが 9号。マーリー
藤 一念発起 のGAZ インタヴューに、夢のブルーハーツ、
ストライクス、そして ペニーアーケード。この号は きっと いろんな
が持ってるかも、って思わせます。 お次は 取材本数で
勝負!の10号、当時のトレンド、ナポソロが表紙。
で、身も心も英国音楽、憧れのソノシート HAPPY
xtreme!(sfc 001)付の 11号 で 現在に至るわけです。
ほんとに 自画自賛 だけど、「英国音楽」でとり挙げたバンド
て、結構 (ひょっとすると、)どれも この後もスゴくなってませんか? (んなことないか?)

それにしても ずいぶん大勢の人々に迷惑かけて 続けて来た
のです。 これから一体「何処へいく?」 今後も 持ち前の
さ?と ノリの良さ? でもって やっていきたいと思う次第であります。

Asako Koike

al thanx to Fool's Mate さんだ。

それにしても なんて自己満足な頁なんだ! 書いてながらアキしました。

『さだおっちゃんも云う通り、「タダより安いものはない」』第5号。
この号はあっというまになくなって、ホントに“バラまいた”って感じ。
Hさん、「さだおっ」ちゃんを返してよぉーっ。

[第6号] SAKURA得意のリキテンシュタインタッチ イラスト表紙の 復刊記念号。
B5判 20ページくらいかな? 100円。
'86年夏

[第7号] インタヴュー: ロンドンタイムス、
ファントムのピッキー。 作文はButch♥、
スーザン・シーデルマン、アルフレッド・ヒッチコック。
'86年冬 150円

[第8号] マッドネス追悼大特集!
インタヴュー: Hippy² Shakes、ファントム
のサリー&チャーリー、SKA FLAMES
表紙はガキ時代のサミー中野!
200円 '87年春

[第9号] インタヴュー: ブルーハーツ、
GAZ Mayall、STRIKES、
ファントムのナポレオン、Penny
Arcade。 作文: the Pastels、
Woodentops、英国日記。他。
表紙: the Trojans '87年頃
300円

[第10号] インタヴュー: The Bells
The Original Love、WOW WOW
Hippies、The London Times、
20 Hits、the Wells & Johnny Dee。
作文: TV P's、Times、JCD! 他
表紙: The Man from U.N.C.L.E. '87年冬
300円 + 〒170円

[第11号] インタヴュー: POTATO 5、
Corn Dollies、PACIFIC、McCarthy、
the Rain (UK)、Close Lobsters…
特集: U.K. SKA Scene + Indie Pop
SARAH、Subway Org、Medium Cool、
53rd + 3rd、英国日記 Pt2。他。
lollipop Sonic、Penny Arcade、
the Bachelors、the Rain のソノシート付。
'88年夏
400円 + 〒200円

JUNE 21
POOR RICHAR
1363 NO. SEDGW
(OLD TOWN)
-37-1497

あなたの知らない「英国音楽」の歴史

THINGS YOU NEVER KNOW ABOUT THE HISTORY OF EIKOKU ONGAKU'

最近、バックナンバーあったら1号から内容教えて下さい、なんてありがたいお手紙をいただくことがあります。又、昔の「英国」持ってます、なんてヒヤッとさせるお手紙もあります。私自身「英国」についてバニーズ・ジン「ムーンリットマーケット」さんに載せていただいた時に全て語り尽した気でおりましたが、そろそろハッキリさせておかねば、各関係者の方々に申し訳ない、というもの。そこで実は10号でやろうと考えたままボツにしたこの企画、—こんな手前ミソ許されるのか!—知られざる英国音楽の歴史をお話しましょう。

今月は、こんくらい。おまけで、中味はワリとマジメな詩・詩論・訳詩なんかが載っている「英国音楽」の目次に貼っついてた点取占いがおかしかった。「流行歌ばかり上手になっては困るよ 5点」だってさ。その内に抱えている鋭い批評性！なんちっち。

▲Fool's Mate No.43 Mar.'85より。おお♥やムーンリットと

〈第1号〉 手元にないので内容不明。誰か持ってる!（マート8にかいた気がするなあー。）

【第2号】 特集：JOY DIVISION。1号の延長線!ここまでが"袋入り"。

［第3号］ オフセット 頭部のA5判。バニーズ・PIC付 15頁。どこかに不良在庫として残ってるかもしれない。

お次は「英国音楽」第4号。業界有名人特集とタイトルって、大貫憲章、渋谷陽一、高橋健太郎、塚越みどり、ピーター・バラカン、森脇美貴夫に、なんとやっぱり当然至極にヨイショっ北村昌士（某アパート雑誌にものってた）。一人ひとりのインタビューはそーでもないけど、こーして並べて読むとオモロヒ。ところで、ワラヒの青学のゆーじん、Z嬢は今どこに!?「英国音楽」関係者の方、知りませんかぁ。

▲Fool's Mate No.50 Nov '85より。

［第4号］ 誌面刷新。テルモPIC付。業界有名人特集!

今月のトリは「英国音楽」休刊記念号だ。特集は2本立てで、1ケは、「音楽雑誌出版社に入るためには?」だ。ちゃんとFMものってるよ。だから、根性人希望者はこれ読んどけよな。ま、キレイゴトしか言ってねーけどさ。そいで、2ケ目の特集は、「ニューウェイブを中心とした音楽サークル」で、へへ、本誌伊藤君がphotoられている。つーことは、なんだー、FM特集号とゆーわけだなぁ。

3、4号と同じ形態であるハズだったのでA5判でした。ちっこくなったワケじゃないよ。

［第5号］ ↗ ▲Fool's Mate No.59 Aug '86より。

英国音楽の誕生を私は知りません。無責任なことは書きたくないので、初期のことは概容のみ、知る限り、です。

英国音楽はたぶん、1984年に設立され、たしか85年に消滅した音楽サークルで、バンド活動とミニコミ作りを2本の活動の柱としておりました。（私は1年の春、サークル勧誘してくれたのはジャガーみたいなメタル兄ちゃんのみ、という悲しくも大みなサム大生だったので、その存在は知りませんでした。）ちなみに私は2年になってからモンゴメリーまりにの紹介で飛びついたので。

さて、そのミニコミですが、1号、2号はワープロコピーが閉じないまま茶封筒に入った、十カ十カ纏った、マジメなもので、ジョイ・ディヴィジョン特集とか組まれています。オマケ点取占いのおかげでフールズメイトにも紹介されました。

3号、4号はオフセットで、活字も組まれて、お金がやたらかかってます。3号はバニーズのアメリカ公演PICも載ってるけど、まだマジだぞ。4号でようやく今も健在桃井、モンゴメリー、そして私が参加します。評論家の方のインタヴュー特集。私は偉ソーにケンジョーの原稿書いてますが、実際に取材には行きませんでした。このころは魚までJunkan命!だったなぁ…。この号はまたフールズにも載りなかなか好評でしたが、次の5号が企画は満載ながらゴタゴタ。取材は全て終わってるのにあわやボツ、に。私はミニコミがやりたくてやりたくて、仕方ない時でしたから何としても宙にういた5号を形にしたかった。おまけに当時のアナーキーなパワーにどっぷり感化されていたから大変。無理矢理原稿を書いてもらい、両面コピーをとり、手業で束ねてホチキスし、タダでバラまいてしまった。（当時私のワガママにつきあって地獄の作業に参加してくれたみんな、一生忘れません。）持ってけドロボー!号でした。86年の春だった。

つで不自由に感じるのです。お金をかけて印刷製本しなくても面白いものはできる。逆に面白ければ体裁は問題ではない。もちろん「ヒア・トゥディ」も頭にありました。あのようなカッコいいものができるとは思っていませんでしたが、ただ方法はあるし、やり方は知っている、と思っていました。せっかく取材したんだから、とほかの部員たちを説得して取材記事を手書きで書いてもらい（活字にするとお金がかかるので）、確か新宿のディスクユニオン近くにあった格安コピー店で両面コピーを取り、部員仲間に手伝ってもらってホチキス止めしました。今では手書きの方が大変そうですが、当時はワープロすら高額すぎて、誰も持ってなかったのです（『日本のＺＩＮＥについて知ってることすべて』に詳しいですが、この頃パソコンは一般化しておらず、ＤＴＰの普及は90年代になってからですね）。

渋谷の公園通りのなかほどにＣＳＶ渋谷というレコード店がありました。86年春に私は大学3年になって、やっと青山キャンパスに通えるようになっていました。ＣＳＶ渋谷は約2年ほどしか存在しなかったそうですが、青山キャンパスから少し足を延ばせば行ける場所にあり、大学で空き時間ができると向かったものでした。当時の輸入盤店としては敷地が広く、国内インディーズも扱っていて、バンドのイベントも開かれていました。「英国音楽」

も委託販売してもらっており、無料で配布した5号のほとんどはここに置いてもらったような気がします。すぐなくなったことは後日確認しました。

のちに部数が増えた時代には平積みにしてくれて、まとまった数を販売していただいたという覚えがあります（インディ女だったため、オールタイムな名盤もそろえていた、名店パイドパイパーは大学から近くても敷居が高かったです）。

夜遊びの影響で1限に講義のあった単位を取り損ねてしまい、週に1度は厚木キャンパスにも行く羽目になりましたが、1学年下にはエーコク女子部員の仲間たちがいたので大変助かりました。不幸中の幸いというか、おかげで学年もキャンパスも超えた付き合いができました。エーコクの女子仲間たちとは、みんなで交換ノートをやったり、それぞれの家に集まってビデオ会をしたり、映画やライヴやツバキハウスやイベントに行ったり、よくみんなで遊んでました。部員のサクラが当時のノートを保存してくれていて、こわごわ見せてもらいましたが、何ひとつ記録になるようなことは書いてありません。音楽や映画について手書きでイラストを交えて好き勝手だらだら書いていて、こうした楽しい雰囲気がミニコミ「英国音楽」の基礎になったのかも……とは思われます。

どーでもいいことなんですが、今見返して懐かしいのは「ショック！」という意味で「the monkey!」というのが仲間内の合言葉だったこと……これはみどりちゃん発祥だったんだけど、エーコク仲間内でも流行って「英国音楽」誌上でも散見されるフレーズです。その意味はピーター・ガブリエルで検索してください。

とっとと復刊！「英国音楽」6号で「ファン信仰」宣言！

「そして、その夏、とっとと復刊の6号から『英国音楽』は完全に私物化されてしまったのだった。（創立メンバーの皆さま、ゴメンナサイ！）名前を変えることも何度も考えたけれど、微々たる知名度が捨てられぬまま……。その6号は再び地獄をみるコピー誌、サークルメンバーによる作文集です」
（「英国音楽」12号より）

次の号は費用のかかる取材はやめてシンプルにすればいい、と考えたようです。「復刊にあたって」と題した文章が6号の1ページ目にあります。

「わたしは昔から『ファン信仰』というのがあります。別に評論家を否定す

「英国音楽」6号

る気はないんですが、やっぱり義理で書かされることもある評論家よりも心理をとらえているのは絶対fanだと思うわけです。まァーほんとはもっとわがまま・気ままに行こーやッ。金もないし……。てのが真相なのですが今後は投稿形式で行くことにしました」

「ファン信仰」というのは本当で、自分の信念にも近いものでした。「好き」な気持ちのパワーといってもいいかもしれません。徳間のラフトレ会はその最たるものでした。もちろん、洋楽の聴き始めにおいては雑誌のレヴューは参考になる情報源で、大変お世話になりましたが、自分が楽しく聴いているものにひどい点数をつけられることがあり、ショックでした。同じ雑誌でも賛否両方を載せて均衡を取ってあることもあったのですが、当時の若い自分は、何の権利があってそんなひどい点数をつけたりするんだろう?と憤りを感じていました。またラフトレ会で会った人たちのように、UKインディに詳しい人はいくらでもいたのに、かつての「ZIGZAG EAST」のようなUKインディをストレートに伝える雑誌がなく、「音楽専科」の「NME」と提携したページも終わっていました。私たちが注目しているジューン・ブライズやパステルズのことをなぜ誰も取り上げないのか、不満を感じていました。

東京モッズの人たちのことだってそうです。シーンがあってもマスコミに

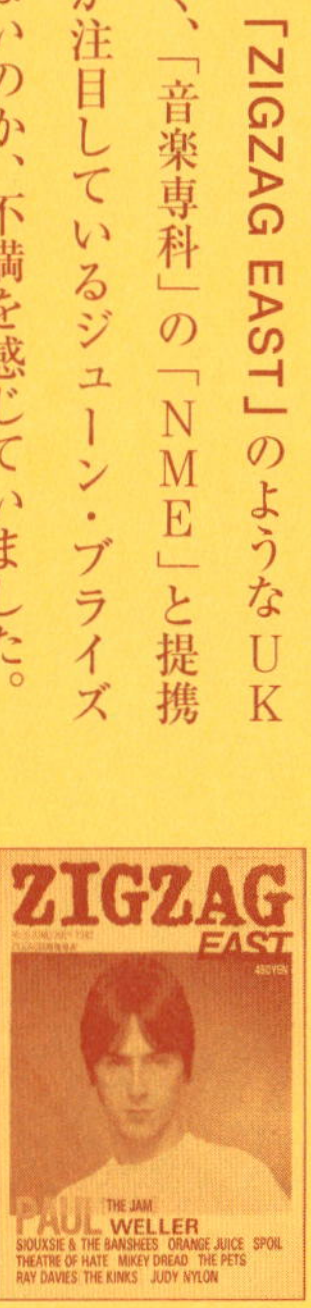

「ZIGZAG EAST」82年7月号

取り上げられない。たまに取り上げられてもどこかチグハグでした。雑誌やテレビに載らないようなことにも詳しくて熱心なファンはたくさんいるし、生きのいいバンドもいる。それを一番よく知っているのは現場のファンでしょう。かつて大貫憲章さんのイベントで質疑応答コーナーがあって、「皆さんの方がよく知ってますよ」といつもおっしゃっていたのを思い出します。ファンは好きな対象のことをとことん掘り下げることができるのです。今でいう「沼」です。今ならばマイナーでニッチなことも誰かがネットに上げているのでしょうけれど、ネットなどない時代でしたので、どうにかして発信したいという熱が高かった。あの時代は雑誌やテレビといった「マスコミ」の力が今より大きかったのですが、そこに載っていない情報を伝える場所が必要だと感じていた。……なんて偉そうなモンではないですが、まあとにかく俺にも言わせろ！　我々庶民にも語らせて！という一心だったのです。

この6号は両面コピーをホチキス止めした全20ページで、たったの１００円。Ａ４で5枚の両面コピーが1枚20円として、ちょうどペイできる設定でした。自分の原稿はいきなりライフワークともいえる**「英国・哀愁のポップスタア達の系譜　第1回オレンジ・ジュースの巻」**です。余ったページには早速アノラックについてイラスト付きで書いております。

「今キテルな〜と思うのはアノラックです！」と、自分的に最もホットな話題をぶつけています。「インディ人生まっしぐら！の**ステファン・パステル**くんのは心なしか西友・ヨーカ堂感覚でキルティングしてあったりする。↑教えてくれたのはペニー・アーケードの佐鳥サンだ」と愛情ゆえに、ついつい失礼なこと言っちゃう芸風はこの頃から変わってません。どうかご理解を！

これが１００円だなんてお得でしょう！と信じて疑いませんでしたが、その考えはあまりに甘く、ずぶの素人の学生たちが思いのたけを並べただけのコピー誌はいくら安くとも手に取ってもらえず、あんまり売れませんでした。86年の夏でした。

太陽だけが知っている——１９８６年後半
ロンドンタイムス、ネオＧＳ、ブルーハーツ

85年夏にＮＨＫで「インディーズの襲来」という特集があり、「宝島」的な国内インディーズが台頭してきており、部員仲間も有頂天などのライヴに行き出すようになりました。話題のインディーズとはどんなものか見ておか

ステファン・パステル
スティーヴンの間違い。「英国音楽」6号より。

…ったたろうか（実は山椎め…
…しがれた俺たちだけど、キラメク太陽背中に受けて暗い今日を…
…本新鮮、粒ぞろいの生きの良さ。

The Sound of Young Scotland

他に去年出たベスト盤も良王入門盤だし、ホントは、3rdLPも、ソウルの影響をうかがわせつつ成長したエドウィンの渋い音がカッコイイ…。それから、OJのレコードって、EPもLPもジャケット・デザインがどれも愛らしくもセンスが良いのです。初期のくまのプーさん的感覚といい、LPでは'Texas Fever'のデザインに常々うならされます。

OJも85年1月19日の炭鉱スト救済Gigに Aztec や EBTG（エブリシング・バット・ザ・ガール）と共演したのを最後に終わってしまい、エドウィンは竹馬の友 Paul Quinn とのEPを出したきり、鳴りを静めておりました。が、何と この7月、1年半の沈黙を破って「Bowie以来の大復活！」（NME がこう書いた）をしているのです。ラインナップは、元アズテク他のマルコム・ロスに、後期OJのプロデューサーのデニス・ボベル。新曲主体にOJ時代のナンバー'Bridge'等も披露された模様。意外にもこの復活は、プレスに暖かく受け入れられ、つくづく、プレスなんて勝手なもの。（今やかわいそうなのは Roddy Frame です。）この1年半にエドウィンのひねくれ方も増々磨きがかかったと見えて、ライヴでも「昔のOJが好きなら、いくらでも見るべき新人バンドがあるぜ！」などと言ってます。確かに Primal Scream の Bobby の POP 論など、かつてのエドウィンやロディの発言を鮮やかによみがえらせ、不気味な程。しかし、若者には初々しい若者の良さが、年期ある者にはその分違った魅力が備わるハズ。最近古くさい Rock を愛聴している という、エドウィンの今後にまだまだ期待したいものであります。 Fru.

あんまり終わったものをタラタラいうのも虚しいんで、比較的最近出たレコードについて。余りに型通りの趣味なのですが とにかく気に入っているのはこの2枚。

◎モノクロム・セット「F・I・N」
◎ヴィック・ゴダード「T・R・O・U・B・L・E」

前者は今更紹介不要ですが、「知的階級の匂い」がして、今一歩敬遠ぎみの感があった私も溶け込めました。楽曲もベスト♥Jet Set Junta がないッと思ったら、Heaven Can Wait なの？私の友人はモノクロムスをカッコイイと言ったけど、私はやっぱり、彼らはオチャメだと思う。

後者は去年、今話題のELレコードから出た12インチと内容が重なるとは言え、ラストの一曲の為にも、買って良かったと思う。V.ゴダードはまだ郵便屋さんを続けてみるのだろうか…。ELと言えば、MOMUS…

と言う人がジャック・ブレルのカヴァーEPを出してて、スコット・ウォーカーに続く王子様と喜こんでいたら、この人って、ジョセフKのリズム隊とバンドやってて、LPには、マルコム・ロスの奥さんの名も…（もっと詳しい話を知りたい方は直接私と文通しませふ）。最近スコティッシュの活躍目立つけど、ラヴ&マネーなんてアメリカの成功ねらう、とか言って、これなら私はジョン・ワーガーを聴く！メジャー進出スコティッシュならWINを推す♥前身のファイアー・エンジンズは、あの閉鎖的アラン・ホーンも契約したがった異色系ギタアバンド。WINは完璧ヒット志向だけど、ポップな曲に鼻から出した様な鼻歌なヴォが凄い。ヒップスウェイはファンキーサウンドにスキンのVo.が私は苦手だ。ジャザティアーズも哀愁バンドですね。ところで、スミスの新曲を聴いて、SASの「忘れじのレイドバック」を思い出すのは私ぐらいでしょう。HA!!

今月のお悔やみコーナー

壱・ストロベリィ・スイッチブレイド
弐・ジューン・ブライズ

壱はOJ、パステルズ等とも交流があったし、主にシングルB面に見られた曲の美しさも絶品だっただけに残念。何で来日すると皆な解散しちゃうんでしょう。弐…前のシングルが余りに余裕の出来で行く末が案じられた為、「やっぱり」の声も。ミニLPは素晴しかったし、フィルはクリエイション・レーベルでソロ活動するそうな。この2組に合掌…

これを仕上げるや、Edwynはメロディメイカーの表紙を飾るわ、Julianちゃーさんは LIVE やるわ、REMの新譜は出るわ、私は夏はオイイよ・忙しくはあるし…。

DISCOGRAPHY

"You Can't Hide Your Love Forever"	'82	POLS1057(英)
"Rip It Up"	'82	(国産)28MM0245 英盤はもってないのでしらない
"Texas Fever"	'84	OJMLP1
"The Orange Juice(the third album)"	'84	OJHP2
"In A Nutshell" (Best)	'85	OJLP3

＊他に、'Clear Cut'（ジャパン・RTL-5）に3rdシングル'Simply Thrilled…'（POSTCARD!）が、クレプスキュールの'Fruit of the Original Sin'に、'Three Cheers for our Side'のド音痴（James Kirk）ヴァージョンが収録されてある。シングルは廃盤。

文：小出亜佐子

英国・哀愁のポップ・スター達の系譜

その壱：オレンジ・ジュースの巻

オレンジ・ジュースほど不当な評価を受けているグループが

ALTAのSwitchが MODS屋になる前のこと。「オレンヂ・ジュースのバッヂなんてひょっとしてありませんて」と嫌虚に尋ねた私、反射的にプッ！と笑われた。あの時の痛手は忘れようにも忘れられません。ホー、彼ら程、本国での評価に比べて、軽視されているグループがあります？（実は山程ある。ただその典型ではある。）日本で発売された唯一のLPは1番の駄作だし、誰が見たって単なるヘアカット・フォロワー扱いで、ライナーには`BCRの再来´なんて表現まで…。かく云う私だって、当時「全英TOP20」でしつこく半年は繰り返された「今年の夏は、オレンジ・ジュースでリップ・イット・アップ!!」云々のCMを皆で笑いの種にしていたという始末…。

でも、Edwyn Collinsという一筋縄でいかないキャラクターも悪い。（ルックスなら誰だってNick Heywardを取るだろうし。）ヤツはすました顔してピンナップにもなるクセに、Strong Socialistだと言う。それでステージではいつも冗談めいた口の効き方。グラム・メイク経験者で、ピストルズより、サブウェイ・セクト、そしてバズコックスの狂信者。ごく初期にはサポートもしてるし、`Rip It Up´にも「僕のfavourite songは、`Boredom´てんだ」って歌われてる。(BUZZCOCKS' tune) 勿論Velvetsファン。そしてポリドール移籍後、OJのレーベルは`Holden Caulfield Universal と銘打たれた。そう、これは「ライ麦畑でつかまえて」の主人公の名前…。

つまり、オレンジ・ジュースの初期コンセプトは、思うに「思春期の蒼さ」でしょう。それは、デビュー曲`Falling & Laughing´というタイトルも示すように、常に`若さ´とは対照的なものに裏打ちされていたように思います。そして、普通口にするのも恥かしい、青春の光と影、云々を、あの新鮮な、ひっかくようなジャングルギターに載せて、セーラーシャツに半ズボン姿で、大胆にも堂々と、シニカルに歌いあげたのです。だからこそ、曲に政治的発言は持ち込まず、そんな事をしなくとも、ただのバカな青二才とは違うんだという確信があったのでしょう。

OJのレコードで何が1番かと言えば、イギリスのプレスや若いバンドなら、ポストカード時代（'80～'81年）の4枚のシングルを挙げるでしょう。しかし、こんなの全て貴重盤で、2トーンやZOOの様に、オムニバス出せばいいのに、と思えど、理想主義者のアラン・ホーンがそんな事する訳ない。（だからスワン・プランズもつぶれるんだッ。）（ご要望があれば、私がお聴かせします♡）Josef Kのオムニは出るのね…。

それを抜いてもOJには普通に聴ける名盤があります。1stLPとミニLP`Texas Fever´は`Rip It Up´しか知らない人に、騙されたと思って聴いて頂きたい。特に前者は初期g+Voのジェイムス・カークのパッパラ♪唄も聴けて、ジャケットのイルカくんの如くみずみずしさをたたえた珠玉のポップス集。後者では、2nd後再び原点に立ち返り、ギュワギュワとOJギタアを存分に味わえます。

このコーナーは「かわい気」「ちゃめっ気」「良心」のどれかが感じられなきゃ、POPぢゃねー、とへ理屈こねる、心の狭い筆者が独断と偏見で、不当にかわいそうだと思う人々を毎回選び、その不幸自慢・及びフォローを行い、同情を乞うコーナーです。今後はレスポンド・レーベル、Vic Godard、Go-Betweens、Jazz Butcher、Pastels、ハノイ・ロックス、デンポール・チューダー、アリスン・スタットン等が登場の予定。

予定は未定、ヨロシクね♡

ねば、という空気だったんです。でも自分にはそんな騒ぎはどこか他人ごとというか、物見遊山という気分でした。そんなところへ、サークル内のバンドでGシュミットやゼルダやシーナ&ザ・ロケッツを歌わされていたまりこが、自分からコレやりたい！と宣言してブルーハーツのコピーバンドを（3音上げて）始めました。どんなガールズ・バンドよりも「自分もやりたい」と思わせる根本的な力が、あの頃のブルーハーツにはありました。

ブルーハーツなら私も知ってる！　元コーツのヒロトと元ブレイカーズのマーシーのバンドでしょ！と、自分も飛びついて、みんなでこぞってブルーハーツを見に行きました。**《ジャスト・ア・ビート・ショー（Just A Beat Show）》**という渋谷屋根裏でのライヴのコンピレーション・アルバムが出た後で、おそらく86年9月頃から新宿ロフト、渋谷ライヴ・イン、そして豊島公会堂、メルダックからのメジャー・デビューと、バンドが大きくなっていくさまをいち観客として目にしました。会場ではブルーハーツのインタヴューが載ったミニコミが手売りされ、飛ぶように売れていたイメージが強烈にあります。自分も好きなバンドに取材できたらこんなふうに自分たちのミニコミをライヴ会場で売れるのに……と指をくわえて見ていました。

ブルーハーツのライヴで、86年9月27日にロンドンタイムスとファントム

V.A.
"Just A Beat Show"

ギフトが豊島公会堂で「birds and flowers」と題したツーマン・ライヴをやると知り、その場で前売りを買った……と、おぼろげながら推測しています。バンドの自主企画でチケットもスタッフが手売りしていたと思います。ロンドンタイムスの名前は「ヒア・トゥデイ」で知っていたけれど見たことがなかったので、ぜひ行かなきゃ！と飛びついた。今思えば、東京モッズ界隈で目立つ存在だったヒロトとマーシーがブルーハーツとして活動し始めたことに、周りのバンドも良い刺激を受けていたんでしょう。

そうして豊島公会堂ではじめてロンドンタイムスとファントムギフトを見に行けば、一緒に「マーチ」やツバキに通ったみどりちゃんも来ているわ、モッズ・イベントと客層が重なる人たちの盛り上がりも目撃するわ、これは何だか目が離せない！と体感しました。厳密には**ザ・ヘアー**も出てきてコアなモッズとは一線を画してたのですが。「マーチ」で顔見知りだったカメラマンのえりちゃんとも再会して、エーコクへの写真提供を快諾してもらい、ロンタイとファントムに取材することをその場で決めてます。即電話をした痕跡が手帳に残っています。

大きな豊島公会堂公演を自主企画してしまうということに、何かが始まっているという予感もありましたし、何よりも私はロンドンタイムスにいっぺ

ザ・ヘアー
当時の東京モッズにも派閥というか、GSはモッズとは違うとか、ザ・ヘアーが一番とか、いろんな趣向のバンドとファンがいたそうです。

んでひかれました。うまく表現できないもどかしさを抱えながらも、エーコク7号にロンタイへの思いを書いています。

「ほかの奴らをいつもみくだしてばかり」

「どこかに逃げたいっていつも思ってる」

「いつも他人を傷つけていい気になってる　そんなことの繰り返しが多すぎる」

　気恥ずかしくて自分では口にできない思いを、あまりにもストレートに歌ってくれている。それがロンタイだった。

「じっとしてるなんてたまらないぜ」

　ほんとにそれ。すべてを投げ出し、声を枯らしてサンペイさんが叫ぶ。

「ステージに出てきて！　踊って!!」

その姿はありがたいことに今や動画サイトで見ることができます。感謝。

　一方のファントムギフトも面白くてたまらなかった。古着を着て手を耳にやってキャ〜〜〜!!と叫べば即席ゴーゴーガールのできあがり。参加型ライヴでしたね。何より演奏がしっかり本格的で踊れるので、自然とキャーキャー叫んでグイグイ踊るしかなくなります。ほどなくして自分たちの大学の学園祭があり、部員の誰かが「恋のサイキドリックGO GO大会」なるイベントの**チラシ**を手に入れ、学内でそんな「イカシた」イベントがあるなんて！と我々は喜び勇んで各々古着に身を包んでイベントに駆けつけ、声の限りキャーキャー叫びまくりました。「英国音楽」7号には「青学で良かったと思った最初で最後の日」と記されております。早稲田や法政や明治に比べたら、青学でインディなロックの演奏が見られるチャンスなどほぼ皆無だったんです。

出演バンドはファントムギフト、コレクターズ、ヒッピー・ヒッピー・シェイクス、ベルズ。主催した音楽サークルがどういう経緯でこのイベントを開催したのか覚えていませんが、部員のサトマはネオGSにはまり、ファントムギフトのピンキーの取材も決まりました。こうして8〜10号にもネオGSバンドたちが次々と掲載されることとなるのです。

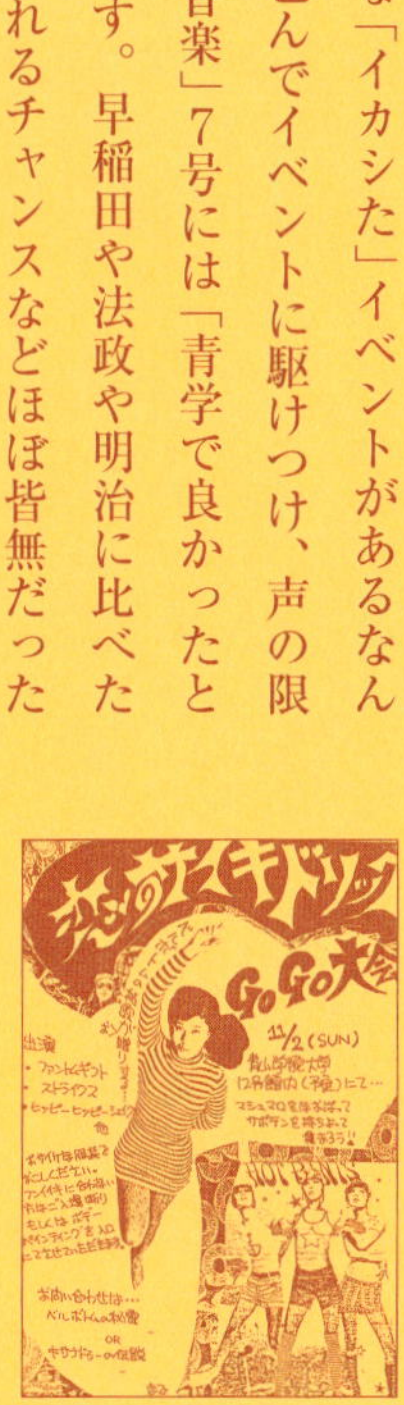

チラシ
フライヤーという言葉が広まったのは90年代だと思います。

赤字にならない程度には「売ろう」と考えていた――
「英国音楽」7号

「英国音楽」7号は、豊島公会堂でツーマン・ライヴを敢行した2組のインタヴューが目玉に決まります。そこへ、格安でしかも速く仕上げてくれる印刷屋さんがある、とサトマが情報を仕入れてくれました。私がその売れっぷりを指をくわえて見ていた**「おげれつ」**という、パンク・ミニコミの人（現在もご活躍の中込智子さん！）から教えてもらったと思います。版下と呼ぶにはあまりに粗い手書き原稿を持ち込めば、自分でコピーしてホチキス止めする代わりに、立派に印刷・製本してくれるのです。はじめてのことで1冊あたりいくらになるか完成までわからず、できあがって支払いをしてから定価を決めたので、スタンプで1冊づつ値づけされています。

当時は宅急便も普及していなくて、どーんとできあがった本の束を運ぶのが重労働でした。7号を何部作ったのかもはや覚えていませんが、毎回お付き合いいただいた部員各位……サトマとサクラだと思いますが、本当に申し訳なかったと思います。あの体験がなければのちに自分が運転免許を取ることもなかったでしょう。すべて原動力の中心にミニコミがありました。

「ムーンリット・マーケット」というエコー&ザ・バニーメンのファンジンの大御所がありまして、とても真面目にミーハーしていて尊敬していたミニコミのひとつでした。そこにほかのミニコミ制作者に取材するコーナーがあり、サトマがねじ込んだんだと思うんですけど、87年の12号で我々は取材を

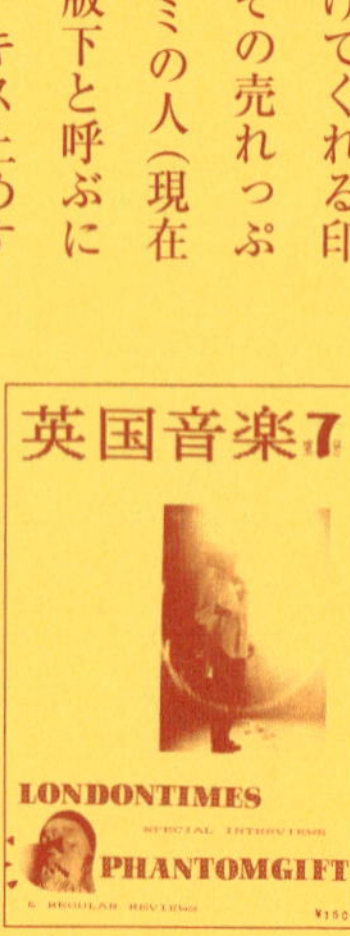

「英国音楽」7号

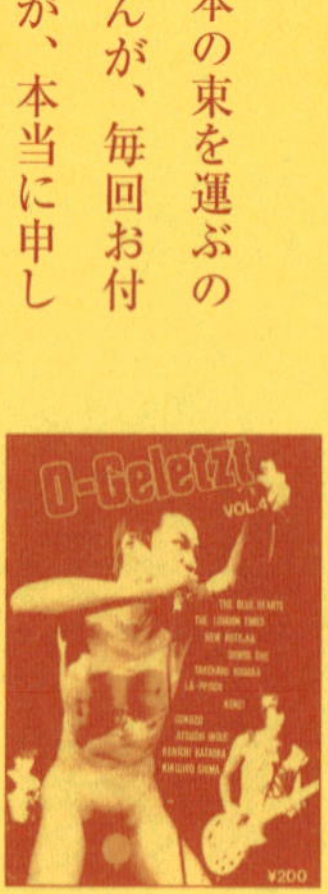

「おげれつ」Vol.4
ブルーハーツなどジャスト・ア・ビート・ショー周辺のバンドを載せていた。

受けております。そこで「英国音楽」は「今は３００刷っている」との発言があり、これは時期的に9号のことだと推測されますが、7~8号はそれより少ない１００か２００部くらいだったような気がします。以下はそこから抜粋します。

「ムーンリット・マーケット」7号

（小出）「7号の時はフールズとかに出たから、あれで結構さばけた。あとはスミスとかアズテックのＦＣ関係でウチワに買ってもらう」

（サトマ）「旅行用の下に車がついてるのに乗せてガラガラと。1度ふたりで行ってその車がなくて、彼女（サクラ）が１００持って私が２００持ってよっこらしょってしょおうと思ったら上がんなくて（笑）。あまりの重たさにＣＳＶに着いてどーんと置いて、売れても売れなくてもココに置いていってしまおう、と。」

（小出）「私は勝手に好きな英国のバンドを取り上げます。作る時には、これをやったら売れるだろうな、っていうのを1コやって、あとを自分たちの趣味で埋めるって感じ？」

……こんなこと言ってたんですね。そもそも英国音楽愛好会でミニコミ制作が破たんしたのは資金不足が原因でしたから、制作費がペイできる程度に「売れる」ことには敏感だったんですね。

86年12月に7号が完成して、14日のCSV渋谷にてロンタイ《無気力な時代》発売記念サイン会できっとメンバーにお渡ししたと思います。ライヴ会場ではお客さんにもちゃっかり手売りしたはずです。

このロンタイとファントムのピンキーが2大特集の7号、その裏といっては何ですが、こっそり自分的メイン記事「英国・哀愁のポップスタア達の系譜　第2回ジャズ・ブッチャーの巻」を割り込ませています。「ロッキング・オン」や「フールズ・メイト」の**ミニコミ売りますコーナー**には、ロンタイとファントムだけでなく、ジャズ・ブッチャーの名を入れてしっかりアピールをしましたので、お目の高い方々が見つけて買ってくれました。私宛に切手同封のお手紙で通販の申し込みをしてもらっていたのです。そのなかにはスミスやアズテックFC会員で友人からすでに名前を聞いていた、ゆきのさんがいて、すぐに文通が始まりました。のちに「英国音楽」に執筆してもらいます。

〝ぶっち〟こと**ジャズ・ブッチャー**には、85年頃、思いを募らせて質問状をファン・レターとともに送りつけたことがありました。当時英文の手紙の書き

ミニコミ売りますコーナー
「フールズ・メイト」にはミニコミ紹介頁があり、「ロッキング・オン」の方は読者の売ります買いますコーナーに投稿した紹介文を載せてもらえました。送料込み××円分少額切手をこの住所に送ってください、みたいな。個人情報ダダ漏れ時代ですね。

方もわからなかったので、おそらくは「ミュージックライフ」に載っていたファン・レターの書き方を参考に、つたない手紙を書いたと思います。それに郵便局で買った国際小為替を返信用に同封して、質問状をぶっちに送りつけたところ、**バンドのプロモ写真とともにお返事が返ってきた**のです。コレはもう家宝のひとつとして、ラフトレ会のお仲間や佐鳥さんに自慢して回りました。今の今まで、この時のお返事（質問の回答）を「英国音楽」7号に載せたと思い込んでおりましたが、まったくその形跡はありません。文中に彼らの好きなバンド名が書いてあるくらいです。どこかに載せるとか何か目的があったわけではなく、ただ単にお返事が欲しくてしたことだったのですね。きっと誰かが似たようなことをしてお返事をもらっていたのが羨ましくて真似したんでしょう。

ぶっちのことは《ザ・ギフト・オブ・ミュージック（*The Gift of Music*）》や《セックス・アンド・トラベル（*Sex and Travel*）》の頃が自分的に最高潮だったので、「英国音楽」7号でぶっちについて書くのは「やっと！」くらいの気持ちでした。せっかくお返事ももらってあるんだから発表したい、という気持ちもありました。この方法で海外インディ・アーティストに取材もできると学習したのだな、と今になって思います。

ジャズ・ブッチャー
ドキっとする美曲がたくさんあるくせに、ふざけたサイコビリーかぶれみたいな曲を混ぜてきて、ジャンル分け拒否するB級ぶりに参っていたのです。今思えばぶっちを通じて、85年以前のアラン・マッギーのクラブ、リヴィング・ルームの空気を感じていたのかも。ポストパンク期は荒野のように雑多ななかから、きらりと光るポップを見つけるのが楽しい時代でした。ぶっちの2nd《ボヘミアン・スキャンダル（A Scandal in Bohemia）》が85年になぜか日本盤も出て「フールズ・メイト」のレコード評でシングル集とともに高評価だったことから自分は興味を持ちました。バウハウスのデヴィッドJが在籍してたのも話題でした。

The Jazz Butcher
"A Scandal in Bohemia"

JoeとButchさんにはカリスマ性もなければ、強烈なメッセージもない。初期には、あのサイコビリー（完全に死語の世界！）のオムニバスに参加するわ、バウハウスの2人とはお友達だわで、まるでイメージが定まらぬ。でも、その名が気になりだしたのは'Sweet Jane'を演ってるって件からかナ？この'Sweet Jane'節って、ButchのLPには1曲はあって憎めない。また、'Soul Happy Hour'って曲に'I don't care for Quinn & Collins'って問題発言があって、ビーモ・Paul Quinnと元オレンジューの愛しのEdwynが自分のお気にの'Pale Blue Eyes'のモロカバー演ってるのが気に喰わないらしいのです。それ程、Velvetsフリークとしての誇りに満ちてらっしゃるという事でしょうか？ちなみに、Velvetsの次に好きなArtistとして挙げてたのが、Robyn Hitchcockだし、他にJ・Richmanや、John Caleのカバー演るし、Rocky Ericsonに曲捧げちゃうし、悟りの極地の彼のシュミがうかがえますね。

Butchって、私にとって、大変落ち着ける存在です。なんでこんなに寛大なんだろう？と、いつも思います。ところで、Butchと相棒ギタリストMAX君って、オックスフォード大学で出会ったんですよ。Butchなんて哲学科。当然ラクってますがね。Max君は立派に卒業してます。全て、私見ですが、こうして、地位も名誉も捨て、加えて、ミュージシャンとしてのメジャーな成功をも捨てこんな地味なこと敢えてやるってのは、相当な開き直りですよ。何も持ってないからこそ、かえって強い。だから寛大。余裕すらある。

いい加減、イメチェンでもして、大志を抱けば？ってのも、もっともな意見ですけど、非難は覚悟の上で、fanとしちゃ、安全EPのButchに甘えていたいもの。どんな時でも受けとめてくれる、それがButchの魅力だから。

亞 Nov.'86
Koibe the changing moods

でもホンネをのたくと、ここらで勝負に出て、済乱也回もしてほしーんだわ。Fanって勝手。

●ロンタイの皆様のインタヴューで、サンペイさんがサリンジャーに「大人は判ってくれない」が好きって聞いて、私は内心うれしくてたまらなかった。おまけに新曲は「バーディ」ときた。やっぱり、という気と同時に、だから私はロンタイが好きなんだ、と思った。

これまで、身も心も「英国音楽」だった私が、何でこんなん書いてるんだ、と思われるでせうが、いやいや、何を隠そう、2年程前ごろ、私も、いわゆるモッズ＋ビート系のGIGをゴソゴソとのぞいてたこともあったのだ。

それはさておいても、私がロンタイを好きな気持ちは、ひょっとしたら、パステルズやジューン・ブライズを好きな気持ちと似てるかもしれなくてよッ。（音的にはジャスミン・ミンクス辺りに近いかな？笑）ロンタイの世界って、少年の狂気と正気のナイフの上の綱渡り。時には頼りなげに、時には鋭く。やっぱり、観なきゃわかんないね。はしょって言えば、皆でパッパラ♪ロナさめる曲もあれば、「汚れなき少年の頃」（難しい合唱での）なんかは、少年の混沌、少年おサイケ、そのもの！を創りあげ、思わず息を飲んだ。あの日、サンペイさんは「幸せだ！」と叫んだ。私は「ロンタイに一生ついて行こう」と思った。でも、ホントだよ。☺

★注★ 実は私はロンタイのLIVEをみるのは9/20の鹿鳴館がはじめてなのでした。

↑ハイ、だけどね、実を言うと、このところは私は片岡健一の捨て身のプッツンぶりが楽しみで♪毎日毎晩ライヴに出かけるーーーのでした。

（ロンタイの…）で、気づいたのは、あの「汚れなき少年の頃」ってエディプス・コンプレックスと言うより、"ジ・エンド"コンプレックスだなーってことです。エヘヘ。

● 前号のオレンジ・ジュースについて、一言フォローします。ゼミで米文学を学ぶ私は、最近、「ライ麦」のホールデンの愛読書がFitzgeraldの'Great Gatsby'なのを思い出しました。これって、昔、Edwynも好きな本として挙げてたんですねェ♡ホールデン意識してるのかな？無学な私の身勝手な推測では、OJの詞って、なんとなく、Fitzgeraldしてる気がするんですよ。

● Penny ArcadeのSさんは貴重なButch fanの1人ですが、彼女のおススメのラジオインセインは、ちょっとバウハウスとか初期K・ジョーク風とも言えそうな音のクセに、妙にすがすがしく、ステキでした。Sさん曰く、本人たちの人格が表われて、非常にストイック。3人なので、ライヴはまるで、ピラミッド・パワーでした。

●と、忙しくて、Mighty Lemon Dropsとか買ったレコオドも聴けない。最後のカリスマ、Pretendersすら2回しかきーてない！ロックンロールが少ない！等不満はあるものの、やっぱり、こんなに、声に存在感のある人を他に知らない。Chrissie大好き♥毎度泣かせてくれる。と、単なるミーハーと化すのでした。

● そういう訳で、このところ英国音楽に喫しちゃって不勉強。ホントは米国音楽も聴きたいけど、ね。Tommy KeeneのLPとか今更探してるのに、どこにもないの。やっぱり、REMがみたいッ！それではッ。

亞 the changing moods Nov.5.'86

▲ あぼした！でも「スペシャル・プライス」でした。大メジャーのゲフィンなのに！あないそー。

CONTINUES OVER

英国・哀愁のポップスター達の系譜

その弐：THE JAZZ BUTCHERの巻

最近の英国は覇気がないッ！と考えた途端、Fave.ARTISTSのリリースがあって、舞ってしまったー。

そーゆーわけで、今回はお休みしてR.E.Mの事でも書くつもりでしたが、めでたく第2回を迎えるこのコーナー。この度、人知れず New LPを出したJazz Butcherの登場です！

今回のLPは、ジャケがまた地味で、「いよいよButchも TV Personalitiesへの道を歩んでるなッ」と思いましたが、内ジャケが、少し技あり(?)で笑けます。

しっかし、前に「君もシリアスになるの？」なんてReady Steady Go! でのフレディ＆ドリーマーズ・メーカーズ みたく言われちゃって、「次のアルバムは全く別のものになるよ！」って言うから、タダケは覚悟してたんですがね… フタを開ければ、全編・見事に「いつものButch」で、いーのかなと思いつ、ニッコリのfanであった。(特に、'Domestic Animal'辺りは「アンタって奴は〜〜！」と一発ひっぱたいてやりたくなるよな、アホらしくもおチャメで愛らしい曲であります。)

しかし、またNME辺りには「何度でも同じ曲をレコードにする」って、ハナであしらわれるんでしょーねえ…。ま、その反面、レコードが出れば必ず買う熱心なファンも確実にいるのですよ。

ここらで ザッと彼らの路跡を追ってみませう。まず、始めの2枚のLPは未だ方向が定まらず、タダケ散漫な印象。特に1st.は自宅録音の延長で、Jonathan Richmanのノリに近いかも。しかし、当時から、現在のセンスは充分うかがえます。(Love Kittenのおチャメさは秀逸！) (ガ) この頃は、LPよりもシングルの方が俄然光ってますので、シングル・コンピの'Gift of Music'は必聴！尚、2nd EPまで 現 WoodentopsのRoloとAliceが参加してますが、ButchはRoloと幼な友達、Aliceとは 深い仲(?)だったらしく、今も好きなグループとして互いの名を挙げ合うという涙ぐましい友情を見せます。(何故Butchみたく、イイ男が'Girlfriend'の様な曲を作るのか不思議だったけど、Aliceのコトだったのかしらぇ？)

で、彼らの音楽性が定まるのが'Sex & Travel'で、以後 Butch Worldは安定する一方な訳です。彼らはライヴもマメにやってて、これが、基本的にシンプルなロックンロールだから、当然イカしてるんですねー。私のお友だちも イギリスで気に入って3回もみてきてくれました。

WHAT A Perpect…

DISCOGRAPHY!

SINGLES 前回のオレンジジュースので「LPだけ？」とY氏に言われたので、ムキになって載せる全ディスコグラフィ。ロコハムでやんん。

Southern Mark Smith		GLASS027
Marnie	(12インチ Bめんで Sweet Jane やってます。)	GLASS033/12033
Roadrunner	(おなじみ？ J.リッチマンの曲)	040/12040
Real Men		041/12041
the Human Jungle	(コレハ名曲！♡)	043/12043
Hard	(Roadrunnerとの違いを誰も指摘できない♪)	046/12046
Conspiracy(by the jazz butcher vs max eider)	+ NewLPよりカットの'Angels'もおとすまちる。(12のみ)	GLAEP104

LP

in Bath of Bacon		GLALP002
A Scandal in Bohemia	Girlfriendなど名曲も多いよ (カット国内盤有。オビタタキは「カッいいいー！ ホッホッホッ ついにジャズ・ブッチャーだぃ！オオット！ ヨーヘーム チャクチャ おもろいぞ〜！」だってね 苦労しましたね、キングさん…)	(国)K25P 561 (英)GLALP009
the Gift of Music	(シングルコンピ、未発表有。)	GLEX101
Sex & Travel	(ミニLP)	MGLALP011
Humburg-A Live LP (German ralease only on SPV)		08-1443
Distressed Gentlefolk		GLALP020

・Butchのおいら身の聴けるオムニバスの数々だよ。

"SHADOW AND SUBSTANCE"GLALP007, "BLOOD ON THE CATS", "WHAT A NICE WAY TO TURN 17" issue 4&5, "ANOTHER SPARK"tape, ！→これをお持ちの方、今すぐ私に連絡を下さあい!!!!

"ABSTRACT MAGAZINE"issue 5, "GUNFIRE & PIANOS"(zigzag mag.)

また、David J 先生の「ON GLASS」ってのに、約1分半参加。あと Butchプロデュースのピーしよーもねー Bandがあったけど、聴くの苦痛。その後 とっとと解散したそうじゃ。めでたし、めでたし。他にもかつて人違い…

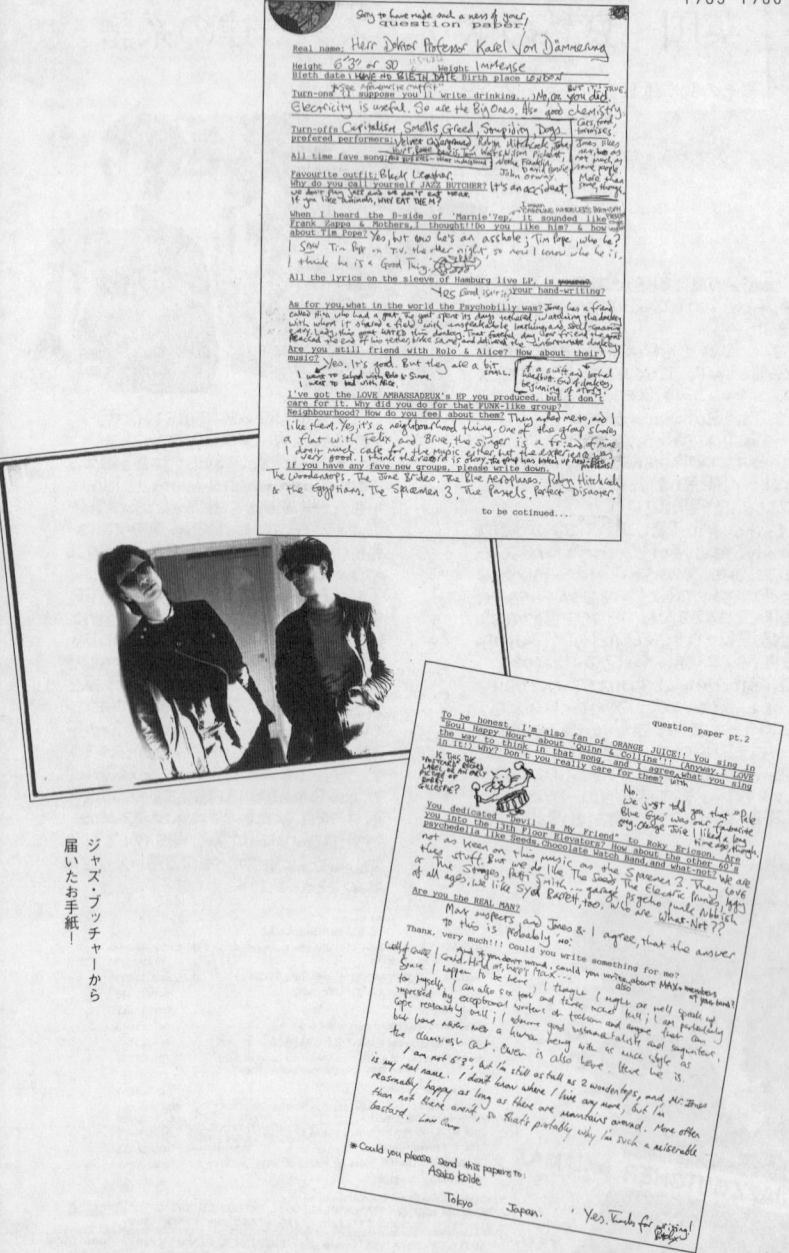

Sorry to have made such a mess of your question paper!

Real name: Herr Doktor Professor Karel Von Dämmerung

Height 6'3" or SO Weight Immense

Bieth date I HAVE NO BIETH DATE Birth place LONDON

*see "favourite outfit"

Turn-ons (I suppose you'll write drinking...) No, or you did. BUT IT'S TRUE.

Electricity is useful. So are the Big Ones. Also good chemistry.

Turn-offs Capitalism, Smells, Greed, Stupidity, Dogs

Cats, food, tortoises.

prefered performers: Velvet Underground, Robyn Hitchcock, John Hurt, Rosie Davis, Tom Waits, Wilson Pickett, Aretha Franklin, David Bowie, John Otway.

All time fave song: PALE BLUE EYES – Velvet Underground

Jones likes sex, but not as much as some people. More than some, though.

Favourite outfit: Black Leather.

Why do you call yourself JAZZ BUTCHER? It's an accident.

we don't play jazz and we don't eat meat.

If you like animals, WHY EAT THEM?

When I heard the B-side of 'Marnie'7ep, it sounded like Frank Zappa & Mothers, I thought!! Do you like him? & how about Tim Pope?

I mean "CAROLINE WHEELER'S BIRTHDAY PRESENT"

Yes, but now he's an asshole; Tim Pope, who he? I SAW Tim Pope on T.V. the other night, so now I know who he is. I think he is a Good Thing.

All the lyrics on the sleeve of Hamburg live LP, is ~~yours~~ your hand-writing?

Yes Good, isn't it?

As for you, what in the world the Psychobilly was? Jones has a friend called Nina who had a goat. The goat spent its days tethered, watching the donkey with whom it shared a field with unspeakable loathing and soul-gnawing envy. Lady, this goat HATED this donkey. That fateful day our friend the goat reached the end of his tether, broke same, and delivered the unfortunate donkey a swift and lethal headbutt. End of donkey, beginning of story.

Are you still friend with Rolo & Alice? How about their music?

Yes. It's good. But they are a bit SMALL.

I went to school with Rolo & Simon.

I went to bed with Alice.

I've got the LOVE AMBASSADEUX's EP you produced, but I don't care for it. Why did you do for that FUNK-like group? Neighbourhood? How do you feel about them?

They asked me to, and I like them. Yes, it's a neighbourhood thing. One of the group shares a flat with Felix, and Bruce, the singer is a friend of mine. I don't much care for the music either, but the experience was very good. I think the record is okay. The group has broken up now – Ego problems!

If you have any fave new groups, please write down.

The Woodentops. The June Brides. The Blue Aeroplanes. Robyn Hitchcock & the Egyptians. The Spacemen 3. The Pastels. Perfect Disaster.

to be cotinued...

ジャズ・ブッチャーから届いたお手紙!

question paper pt.2

To be honest, I'm also fan of ORANGE JUICE!! You sing in "Soul Happy Hour" about 'Quinn & Collins'!! (Anyway, I LOVE the way to think in that song, and I agree with what you sing in it!) Why? Don't you really care for them?

IS THIS THE "POSTCARD" RECORD LABEL OR AN EARLY PICTURE OF BOBBY GILLESPIE?

No.

We just told you that "Pale Blue Eyes" was our favourite song. Orange Juice I liked a long time ago, though.

You dedicated "Devil is My Friend" to Roky Ericson. Are you into the 13th Floor Elevators? How about the other 60's psychedelia like Seeds, Chocolate Watch Band, and what-not?

We are not as keen on this music as the Spacemen 3. They love this stuff. But we do like The Seeds, The Electric Prunes, Iggy & The Stooges, Patti Smith... garage psycho punk rubbish of all ages. We like Syd Barrett, too. Who are What-Not??

Are you the REAL MAN?

Max suspects, and Jones & I agree, that the answer to this is probably "NO."

Thanx, very much!!! Could you write something for me? And if you don't mind, could you write also about MAX + members of your band?

Well of course I could. Hold on, here's Max...

Since I happen to be here, I thought I might as well speak up for myself. I am also six foot and three inches tall; I am particularly impressed by exceptional writers of fiction and anyone that can cope reasonably well; I admire good instrumentalists and songwriters, but have never met a human being with as much style as the classiest cat. Owen is also here. Here he is.

I am not 6'3", but I'm still as tall as 2 woodentops, and Mr. Jones is my real name. I don't know where I live any more, but I'm reasonably happy as long as there are mountains around. More often than not there aren't, so that's probably why I'm such a miserable bastard. Love Owen

*Could you please send this papers to:

Asako Koide

Tokyo Japan.

Yes. Thanks for writing! Butch x

第4章

Here She Comes Again

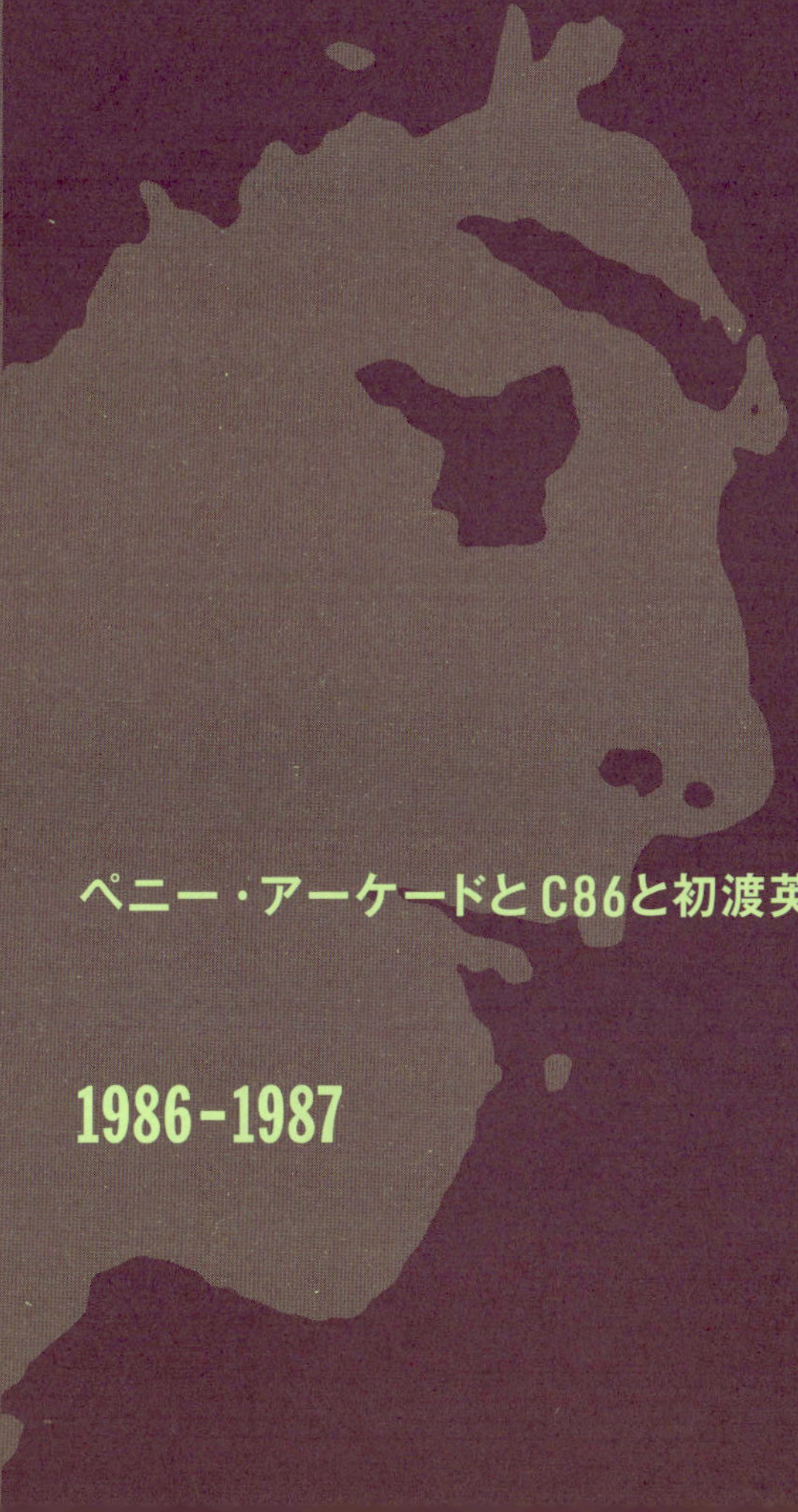

ペニー・アーケードとC86と初渡英

1986-1987

C86前夜

ヴィニール・ジャパンが柏木公園の近くにできたのは86年末ですが、そこで見たこともなかったバズコックスの〈スパイラル・スクラッチ（*Spiral Scratch ep*）〉の**怪しげなサイン入りEP**を格安で買えてビックリしました。その1年くらい前から円高の影響でシスコなどで輸入盤が値下がりし、「NME」や「レコード・ミラー」も500円くらいで手に入るようになっていました。１９８６年はほぼ毎週のように「NME」を買いました。入荷数には限りがあるので、入荷しそうな曜日にシスコに行って表紙をチェックして買うのです。お目当てはパンク10周年記念でスタートした「indie city」というインディ・レーベルの歴史についての連載でした。といっても、英語力不足でしっかり記事が読めたわけではなく、バンド写真と固有名詞をひたすら眺めるのです。今はネットですぐ見つかるような写真や固有名詞の羅列でも、当時の自分には貴重でした。

アズテクやオレジュのルーツにふれ、遅ればせながらパンクから派生した英国インディにかぶれていきました。これがC86につながります。その頃にはほかのバイトもしてみたくなり、レコード屋さんのバイトは辞めてしま

Buzzcocks
"Spiral Scratch"

怪しげなサイン入りEP
あんまり格安だったので、ほんとのサインなのか不安です。

いました。

オリジナル・ネオ・アコースティックの終焉

2章でふれたように、大阪の師匠の導きでポストカード道を歩み出した私でしたが時すでに遅し。自分がやっとポストカードに目覚め、輸入盤を買えるようになった85年は実際は「アコステ」停滞期でした。ラフトレ出身スクリッティ・ポリッティの大成功を受けてか、メジャーなスコティッシュ・バンドは、**ヒップスウェイやラヴ&マネー**のようにすべからくファンクでソウルでメジャーな音作りになっていきます。

85年の1月にはオリジネイターであったオレンジ・ジュースはひっそり解散。オレジュの最後のライヴは**炭鉱ストライキを支援するチャリティ**で、アズテク、エブリシング・バット・ザ・ガール、ザ・ウーデントップスと共演。時代を感じます。

これがオリジナル・アコステ……のちに日本で「ネオアコ」といわれるようになるもの……の終焉だったと考えています。現地インディの動きとして

ヒップスウェイ、ラヴ&マネー
ヒップスウェイは元ジャザティアーズとオルタード・イメージ、ラヴ&マネーは元フレンズ・アゲインのメンバーをそれぞれ擁した、スコットランド産の鳴り物入りメジャー・バンドでした。

炭鉱ストライキを支援するチャリティ
85年1月のこれが、ネオ・アコースティックなるものの終焉だと思っていて、ペニーの再発CDライナーにもそう書いたのですが、トレイシー・ソーンはポストパンク的なものは1984年に終わったと書いていました！　ああ姐さん同じです……。自分はネオアコをポストパンクのひとつと捉えているんですね。あくまでオリジナル・アコステの話です。

は終わり、どのバンドもメジャー・バンドとして次のステップに移っています。UKアコステは青田買いされた後だったのです。

「英国音楽」誌上でも自分はそれをひたすら嘆き、86年末の7号では**「生きてゐたあの人コーナー」**として元ブルーベルズのふたりが始めたマクラスキー・ブラザーズの写真を載せ、「思えば『アコステ』の人たちは『あの人は今』してる人が多い。（中略）でも私はPaleが、Kirkが、Quinnが、Aztecが、Edwynが心配よォーッ」とまで書いている。なんと失礼な。

オレンジ・ジュースの音楽にはキラキラな爽やかさだけではなく、その下敷きに喪失感が垣間見え、デビュー・シングルの〈フォーリング・アンド・ラフィング（*Falling and Laughing*）〉なんてまさに言い得て妙です。それがボンクラ学生だったあの頃の自分にじつにフィットしてしまった。しかもそれに気づいた時にはもういない。運命のいたずらというべきか、自分の目の節穴ぶりよ。

ザ・ジャムに続いてまた……しかもオレジュのことは知っていたのに見過ごしていたのです。どうしてこう間が悪いんだろうかと自分で自分を呪います。ヴィック・ゴダードが「生まれる時代を間違えた」（意訳）と歌っていましたが、これも身に覚えがありすぎました。唯一ザ・ウーデントップスは、

生きてゐたあの人コーナー
「英国音楽」7号より。

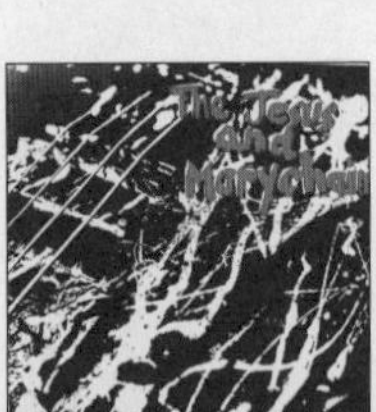

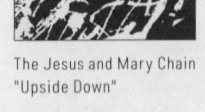

The Jesus and Mary Chain
"Upside Down"

リヴァプール勢と縁深かったのでデビュー・シングルから注目していましたし、徳間ラフトレ会で毎回プロモ・ビデオも見せてもらっていましたが、最初から進行形で追っていた新人は当時それくらいだったかもしれません。

ジュリアン・コープの影響でナゲッツやペブルズといったコンピのサイケ・パンク・バンドを発掘するのも楽しかったのですが、やはり今、現在進行形で、会える可能性のある活きのいいバンドを応援したい。虚しさを埋めるように、オリジナル・パンクを追ってバズコックスやリチャード・ヘルやシャム69などを聴いていました。

クリエイション、そしてザ・パステルズとの出会い

その一方で、見かけたら買っておいて〜と師匠に頼まれた新譜もチェックしていました。おかげで、**ジーザス&ザ・メリーチェイン**、**プライマル・スクリーム**、**ジューン・ブライズ**、**ウェディング・プレゼント**の最初の7インチは西新宿のUKエジソンで買って師匠に送りました。ジューン・ブライズやウェディングスはポストカードの影響を受けてると師匠に教わっていまし

The Wedding Present "Go Out And Get 'Em Boy!"

The June Brides "In The Rain"

Primal Scream "All Fall Down"

た。師匠のお仲間はロンドンでライヴも見ていました。徐々に風向きが変わってきている時だった……と今ならわかります。一部ではポストカードが再評価されていたのです。

メリーチェインで名を上げた**クリエイション・レコード**は、たくさんシングルを出していましたが、学生だった自分はおいそれと手を出せませんでした。それをまとめたコンピレーション・アルバムを格安で出していたので、これ幸いと**《ディファレント・フォー・ドームヘッズ（*Different for Domeheads*）》**を新譜で購入しました。おそらくはチェリーレッドのかつてのヒット・アルバム《ピローズ&プレイヤーズ》に倣ったのでしょう。こちらは当初は99ペンスと破格だったのに対し、クリエイションの方は2・99ポンドのものを輸入盤新譜で買ったのですが、それでも十分お買い得だったのです。今ならネットでいくらでも聴けますが、当時はレコード店にも試聴機すらありませんでしたから、コンピレーション・アルバムの果たす役割は大きかったんです。我々世代がコンピに思い入れがあるのはそのためです。そこから新たに開ける世界があったのです。

ここでプライマル・スクリームを知って即シングルも買い、そして、ついにザ・パステルズと出会います。プライマルのボビーはメリーチェインにい

A1. The Loft "Why Does The Rain" / A2. The Jasmine Minks "Where The Traffic Goes" / A3. Primal Scream "It Happens" / A4. The Pastels "Baby Honey" / B1. Biff, Bang, Pow! "Love And Hate" / B2. Slaughter Joe "Napalm Girl" / B3. The Bodines "Paradise" / B4. The Weather Prophets "Worm In My Brain"

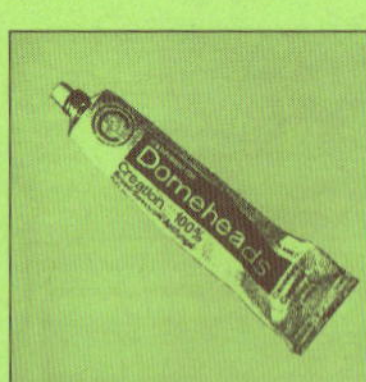

V.A.
"Different for Domeheads"

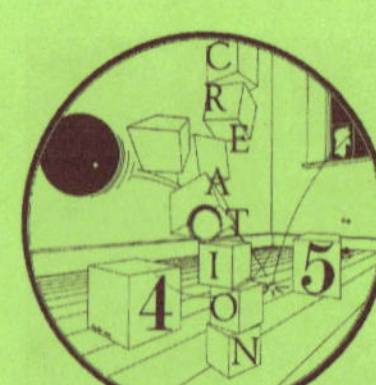

たし、パステルズのこともUK音楽紙では目にしていましたが、ちゃんと聞いたのは《ディファレント・フォー・ドームヘッズ》からです。このコンピは今見ても大好きなバンドばかり。慌ててその前のコンピ**《ワイルド・サマー・ワウ（Wild Summer WOW）》**も買います。ここではパステルズのインパクトが大きく、稲妻に打たれたような衝撃を受けました。なんじゃこりゃ。まさに〈サムシング・ゴーイング・オン（*Something Going on*）〉なのを思い知らされました。リアルタイムでパンクを体験できなかった自分にとってのパンクといえるでしょう。年齢的には10代で体験できたアズテクがパンクでしたが、「自分でもできる」「何か始めたい」という啓示を得たという意味では、パステルズはリアルパンクでした。端的にいってそこが「ネオアコ」と「アノラック」の違いかなと思います。つまり、「アノラック」こそが自分にはパンクだったのです（再び、トレーシー・ソーン姐さんにはアノラックはマリン・ガールズ・フォロワーでしかなかったようですが）。

V.A.
"Wild Summer WOW"

A1. The Pastels "Something Going on" / A2. The Loft "Winter" / A3. Biff Bang Pow! "There Must Be A Better Life" / A4. Revolving Paint Dream "In The Afternoon" / B1. The Legend! "Melt The Guns" / B2. The X-Men "Talk" / B3. The Pastels "Stay With Me Till Morning" / B4. Jasmine Minks "Think!"

スコティッシュ舌っ足らず最強説

それからはどこへ行ってもパステルズ！ パステルズ！と言いまくったので、ラフトレ会のお友だちが全シングルを貸してくれました。佐鳥さんとも「パステルズだよね！」と盛り上がってさらに仲良くなれました。目を皿にして「the Pastels」と表紙に書いてある英音楽紙を探し求め買いました。まるで乾いた砂漠で水を得た魚です。

当時の自分には「スコティッシュ舌っ足らず最強説」とでもいうか、大変失礼極まりない自分内不文律がありました。技術や力強さをひけらかすのではなく、パンクにルーツがあるくせに、従来のパンク的マッチョイズムの対極にある愛すべき舌足らずヴォーカルと、それを引き立たせるポップな音楽こそ最強だという信念です。そして、そう思わせる人の多くがスコティッシュでした。

オレンジ・ジュースは初代ギタリストのジェームス・カークから開眼しましたし、ロディ・フレイムも3rd《ラヴ（*Love*）》以前はその系統でしたし、プライマルのボビーに続き、パステルズのスティーヴン・パステルズはもう決定打でした。ジューン・ブライズはスコティッシュではないですが、自分

The Pastels
"I Wonder Why"

The Pastels
"Something Going On"

The Pastels
"Songs for Children"

のなかでは仲間でした。マンチェスター出身だけどピート・シェリー大先輩も。

そんな頃(85年末?)自分の投稿した文章が「フールズ・メイト」に掲載されました。圧倒的に情報不足だし、未熟なくせに懸命に背伸びしていて、顔から火が出るほど恥ずかしいですが(探さないでください)、仲間内(ごくごく少数です)ではこんなに盛り上がってるのに何で私の好きな音楽が取り上げられないんだろうという、身勝手な歯がゆさを何とかして伝えたい、という心意気だけご理解ください。ジューン・ブライズとクリエイションに注目!と言いたかったのですが、我ながら無理矢理な文章でした。ただ当時の日本の音楽誌は旧態依然としていたというか、強くて賢そうなものが偉いとされる圧力というか、どこか自分は閉塞感を感じて、もっとバランスよくポップに楽しんだらいいのにと思っていたので、それをぶつけてしまいました。

洋楽を好きになったのが遅くてビートルズすらよく知らず、知識もないという劣等感もあって、権威に反抗的だったということもあります。その後知り合う多くの人がこれを読んでいて、指摘されるたびに毎回恥ずかしい思いをしました。

The Pastels
"I'm Alright with You"

The Pastels
"Million Tears"

C86カセット

《C86》というのは「NME」が1986年春に注目のインディ・バンドを集めた全員プレゼント(全プレ)企画コンピレーション・カセットでした。

1981年の《C81》というカセットがあり、日本のラフトレ・コンピ《**クリアカット(Clearcut)**》の1枚目に似た内容なのですが、その5年後版を狙ったのでしょう。その年のはじめの「NME」にはパンク10周年特集が組まれています。それに合わせて《**ポゴ・ア・ゴーゴー(Pogo à Gogo)**》というパンク・カセットが作られ、「NME」のクーポンに送料分を添えて送るとカセットが送られる仕組みでした。子供の頃から「りぼん」などの雑誌の全員プレゼントが大好きだったのでワクワクしました。これと中古で買った《C81》カセットは当時大好きで愛聴しました。どちらもラフトレ・ポストパンク的DIY精神が通底しています。その流れで出た《C86》というのは、バンド、クラブ、ファンジン、レーベル……ひっくるめたインディ~DIY復興応援運動だったと思っています。「アコステ」よりもいっそうパンク的といえるでしょう。

《C86》カセットも《ポゴ・ア・ゴーゴー》と同じように全プレ企画でしたが、

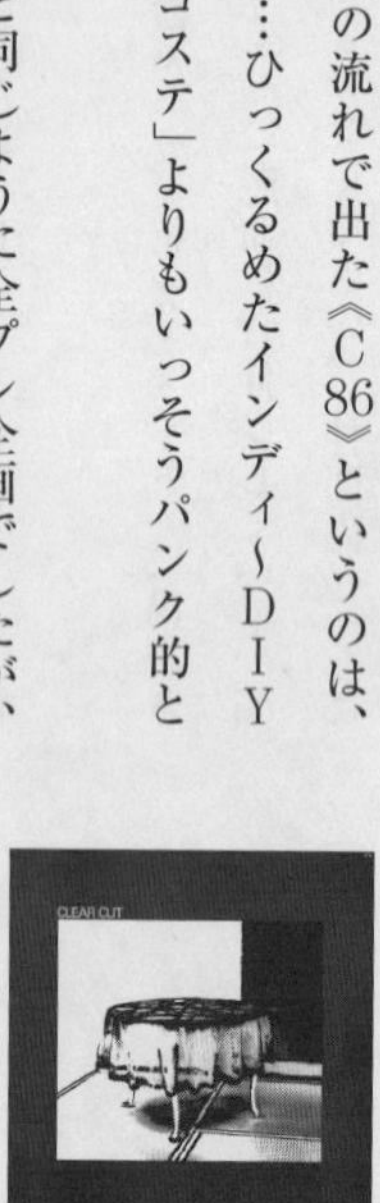

V.A. "Clearcut"

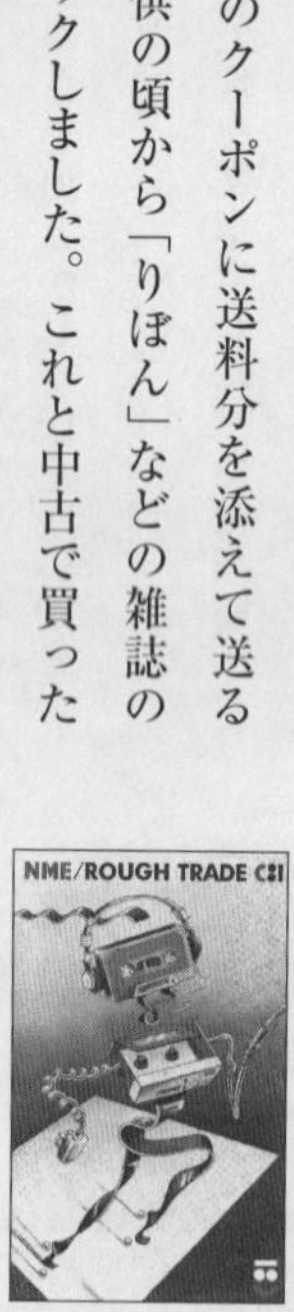

V.A. "C81"

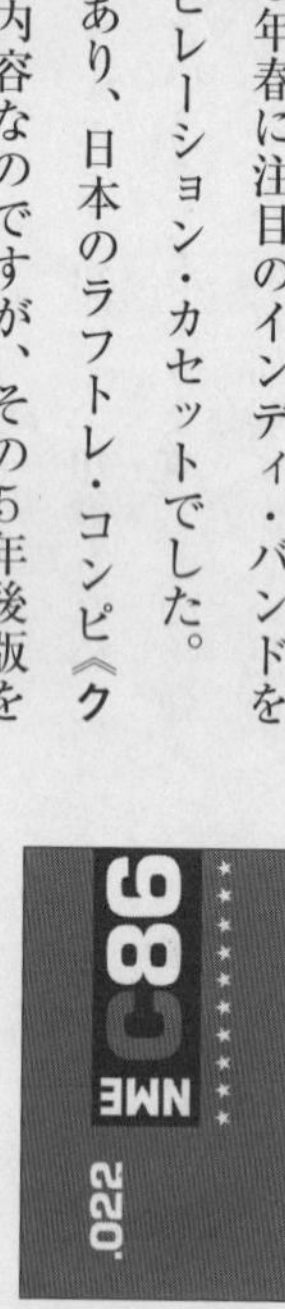

V.A. "C86"

我々のお目当てバンドはすでにシングルで持っている曲ばかりで、わざわざ買おうとは思いませんでした。インディ・レーベル所属のＤＩＹなクラブで演奏する注目ギター・バンドという括りで集めたらしく、案外いろんなジャンルが収録されていたのです。恥ずかしながらその時自分はパステルズ命！だったので、なかにはよくわからないものもありましたし、入って当然と思っていたジューン・ブライズは未収録だったことに今気づいたくらいです（彼らは85年にすでにアルバムも出して次のステージへ移行したい時期だったので収録を断ったとか）。ただ、プライマル・スクリームの〈ヴェロシティ・ガール（*Velocity Girl*）〉で幕を開けるというのは素晴らしいとしかいえません。86年末には《C86》はレコードになって普通に発売され、インディ・チャート最高位3位を記録しています。《C86》がjangly（ジャングリー）とかshambling（シャンブリング）とかtweepop（トゥイーポップ）とかいわれる可愛いギターポップを表す言葉になったのはずっと後の90年代のことです。

V.A."Pogo à Gogo"

「レコード・ミラー」のカワイコチャン特集

86年11月、「レコード・ミラー(RM)」にはこうしたバンドたちを「cuties」と称して、**大々的な特集が組まれました。**おふざけっぽいノリで、どこまで本気で書かれていたのかは知りません。でも、自分が好きなものがメジャー・デビュー前に現行のムーヴメントとしてイギリスのメディアで特集される、などという経験ははじめてのことだったので、とても興奮しました。「英国音楽」7号の「ページが余って困っておる!」頁を利用して、その記事について書いています。

「レコード・ミラー」誌が『カワイコチャンband』の特集を組んでいて、バズコックスにアンダートーンズ、OJ、パステルズ、ジューン・ブライズ!!とお気にバンドのオンパレードでつい我を忘れて大喜びしました。ここでもやっぱりポイントはアノラック!」

その横にザ・スープ・ドラゴンズの似顔絵を描いて、バズコックスやエドウィンの写真とともに載せてます。初期の彼らは思わず似顔絵を描きたくなりますよね。あの記事がきっかけでしばらく**「RM」を定期購読**しました。

《C86》収録バンドの多くは85年から活動していますが、はじめてちゃんと

「RM」86年11月1日号の「cuties」特集

したレコーディングをしたバンドもあったそうです。つまりその前はデモ的な録音か、身内企画のライヴ演奏のみの活動をしていたのでしょう。《C81》時代のインディ・バンドたちの多くがメジャー化した後、スミスの登場がラフトレを救い、さらにショップ・アシスタンツ、マイティ・レモン・ドロップス（この人たちは実はアルバム5枚も出してたんですね）、ボディーンズなど、メリーチェインに触発された《C86》のバンドたちが「NME」のキャンペーンによって次のスターと目されて、メジャーが青田買いしていきます。最初の2組はブルーギターという、クリサリスがラフトレのジェフ・トラヴィスと始めたレーベルから鳴り物入りでデビューしました。**ブランコ・イ・ネグロ**あたりから、ラフトレなどのインディがメジャーと組むのが流行ってましたが、悲喜こもごもですね。勇み足だったともいえます（日本でもインディーズが流行った時、メジャー資本のインディ・レーベルができましたっけね）。

彼らが次々に綺麗な**「RM」の表紙**を飾ってくれたのはうれしかったのですが、たいていはメジャーでアルバム1枚作って、その後が続かずとても空しい思いをしました。自分がいつまでもマイ・ブラッディ・バレンタインとザ・プリミティヴスに思い入れがあるのは、その後もアルバムを出して、今

「RM」を定期購読
PayPalはおろか、メールすらない時代。郵便局で国際郵便為替をお願いします、と言ってカーボン紙の書式に、必要事項を書き込んで送金してました。商品が到着するまでドキドキでした。

ブランコ・イ・ネグロ
ラフトレのジェフ・トラヴィスとチェリーレッドのマイク・オールウェイがワーナー資本で始めたレーベル。

「RM」87年3月7日号

でも活動を続けていて、あの頃のバンドの出世頭として希望を託しているからなんですね。「全英トップ20」が大好きだった自分としてはのちのザ・プリミティヴスの〈クラッシュ（*Crash*）〉のヒットは理想でした。いろいろ音楽性を変えながらも、スターで居続けているプライマル・スクリームも今はこっそり尊敬しています。

１９８７年２月初渡英——単身パステルズのギグへ

「英国音楽」7号を出してから、１９８７年2月末、いよいよイギリス行きを決行しました。大学4年になる前に数週間の語学留学＋αで行きたいと、恥ずかしながら親にお願いしたのです。海外旅行もはじめてで不安もあったので、エーコクで同学年のまりこも一緒にホームステイです。「英国音楽」8号は後輩のサトマに託し、ヒッピー・ヒッピー・シェイクス表紙のマッドネス特集号になりました。スカ・フレイムスにサクラとサトマのバンド、**ザ・ドロップス**が取材もしています。

はじめての英国入りは朝でした。「NME」を隈なくチェックしていたの

ザ・ドロップス
もともとは英国音楽愛好会のサークル内バンドで、ファン・ボーイ・スリーや2トーン・バンドのカヴァーなどしていたが、サクラのスカ好きが高じて、日本初の（?）ガールズ・スカ・ロックステディ・バンドへと変貌。ハロプロ方式（笑）でメンバーもどんどん変遷して続いているらしい。

『ロンドンに行きたい』
当時の音楽ファンがほしい情報の載ったガイドブックはほかにありませんでした。好評だったのか毎年新刊が出ていました。これと『地球の歩き方』を持っていました。

で、偶然にも到着当日の2月13日夜に、ロンドンでザ・パステルズのライヴがあることがわかっていました。まりこは宿で留守番を決め込んでいましたが、私は初海外の初ロンドンギグに単身乗り込みます。だってパステルズのギグだもの！　行くに決まってる。

スマホもネットもない時代でしたが、渡英経験のある友人たちや水上はるこの『**ロンドンに行きたい**』で学習して、ロンドンは住所さえわかれば「A to Z」の地図片手にどこへでも行けると知っていました。ハマースミスの駅から歩いて行ったんでしょう。その後も何度か訪れたクラレンドン・ホテル・ボールルームは、80年代初頭からklub footというサイコビリーのクラブで有名な箱でした。その日はklub footではありませんでしたが、85年頃からクリエイション周辺バンドもたくさんここで演奏していたので、某誌でクリエイション・バンドがサイコビリーと括られていたのもそのためかもしれません。当時のＵＫインディ・クラブの最大勢力はサイコビリーと60's サイケ・リバイバルとゴスだったことはサム・ニーの本『**The Bag I'm In**』でもよくわかるかと思います。

ザ・パステルズはその年の1月に待望の1stアルバム《**アップ・フォー・ア・ビット・ウィズ（Up for A Bit with）**》を出したところでしたから、自分

The Pastels
"Up For a Bit with
The Pastels"

「The Bag I'm In」
2015年刊行。副題が「Underground Music And Fashion In Britain 1960-1990」。60年代から90年代までのＵＫインディ・シーンを、当時のスナップ写真を使用してファッションで総括するという、ありそうでなかった目から鱗な本です。

的には最高潮に盛り上がっています。会場に着くともう、入口付近にアノラックを着たカワイコちゃんたちがたむろしていて、ほんとにアノラッカーは実在するんだ……と感動しまくりました。「英国音楽」9号に**「ロンタイをloftに見にきてるみたーい」と書いています。**客層の雰囲気に共通するものを感じたのか、東京での自分と重ねようとしていたのでしょうか。そこで見たアノラッカーのイラストも載せていますが、このイラストはのちにあっこちゃんのファンジンにも転載されてます。会場は天井の高いクラシックな建物で、ボールルームという名もあってザ・キンクスの〈カム・ダンシング（*Come Dancing*）〉を連想させる内装でウキウキしました。

この**「英国音楽」9号のレポ**が若気の至りといいますか、今だったら絶対ありえないもので、お目当て以外のバンドへの敬意がまったくなく失礼極まりない。当時は日本語で何を書いてもどうせ海外バンドには伝わらないと思っているからか、その時興味ないものの切り捨て方がひどくて、しかし後年再評価してるバンドもたくさんあって……本当に申し訳ないです。可愛くなければ意味がない、といわんばかりの、絵に描いたようなアノラックかぶれのおノボリさんだったんです。

実際にはパステルズもプライマルもアノラックの下に皮パンはいていた

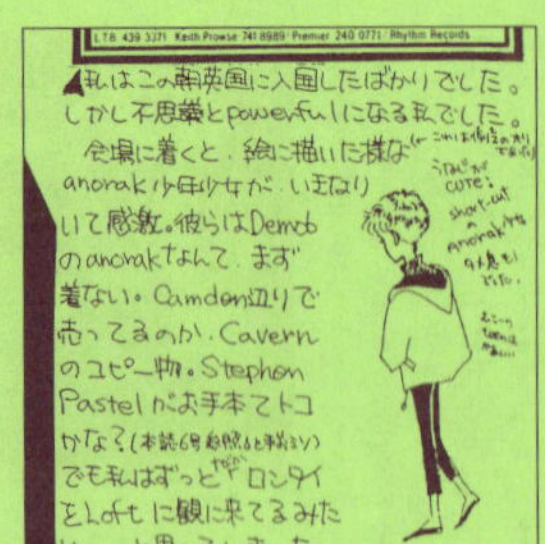

「英国音楽」9号より。

ように、可愛いだけでないヒネリがあるので（初期のPVも参照。ヴェルヴェット・アンダーグラウンドの影響）、可愛いらしいとこだけが取りざたされてしまうのは当人たちの悩みどころだと思います。

会場でラフトレ会での知り合いにもばったり会って、この日のスティーヴンは機嫌が悪かったと教わりました。彼は完璧主義者だと思うので、理想とその日の演奏との落差があったのかもしれません。

しかし私としたことが、その日出てきた**「激しいマッシュルームのギタリスト」がザ・ヴァセリンズのユージーンだとはまったくわかりませんでした**（この「激しい」は「マッシュルーム」にかかる）。まだ最初のシングルが出る前で彼のことを知らなかったはずですし、パッとしない印象だったのです。のちに大ファンになるというのに！　信じられません。

BMXバンデッツはシングル2枚でお馴染みでしたから予習バッチリでした。バービー人形を持って歌う

はじめてのパステルズのギグ！ スティーヴンと地味だったユージーン。（87年2月13日）

んだ〜と楽しんでます。**スペースメン3**はぶっちことジャズ・ブッチャーから質問状のお返事でお勧めされていたので知ってましたが、当時の自分はノイズ系に馴染みがなくてピンときてません。ルックスがカッコいいうえに、最初のバンドだったので邪魔もなく最前列に楽々陣取れたので、写真はしっかり撮っています。最近インスタにあげたら一部マニアから喜ばれました。

会場内ではボビー以外のメリーチェインとストロベリーのジルを見かけています。話しかけるような度胸は皆無。クリエイションからジルのレコードを出すという話も当時ありました。ワーナーとクリエイションが手を組んだ**エレベイション・レコード**なんてレーベルも始まる頃でしたね。

ライヴざんまいのロンドンで マイブラ体験とタルーラ・ゴッシュ

こんな感じで苦もなくパステルズのギグを初体験でき、滞在中はこの後も自分的にとても充実したライヴを楽しめました。2月18日にはバニーメンのライヴ・ビデオなどで憧れだったロイヤル・アルバート・ホールでのスタイ

BMX Bandits

Spacemen 3（87年2月13日）

ル・カウンシル公演があり、ピカデリー辺りのプレイガイドで前売り購入して行きましたが、ライヴというより有名なホールを観光する気分でしたね。

次に2月27日ULUでの**ザ・スープ・ドラゴンズ**。この告知広告は《C86》の3CD版ライナーにも載ってますが、「さすがにこの日はアノラックたちがどっと減る」と「英国音楽」9号に書いてます。前座は**マイ・ブラッディ・バレンタイン(MBV)**とボイス・オブ・ザ・ビーハイヴでとっても豪勢。それくらい当時のスープは売り出し中だったのです。ここでヴォーカルにデイヴィッド・コンウェイがいたMBVをはじめて見ました。

「彼らは例のごとくフィードバック・バンドだけど、メロディがパッパラ♪してるのがよろしいかと思います」(「英国音楽」9号より)

メリーチェインの影響で猫も杓子もフィードバックだったのを揶揄してますね。メリーチェインと自分が和解するのは実はもう少し先です。しかしMBVにはライヴを見て一撃され、慌ててレコード買い集めました。はいミーハーです。ヴォーカルのデイヴィッドの、イアン・カーティスが好きそうなのに可愛い曲を歌うアンバランスさ、コルムのキース・ムーンばりの

エレベイション・レコーズ
ブランコ・イ・ネグロの成功に乗り、メリーチェインのマネージャーでもあったマッギーがワーナーと組んで始めたのがエレベイション。プライマル・スクリームとウェザー・プロフェッツのデビュー・アルバムとシングル、エドウィン・コリンズのシングルを出したけれども、ヒットには至らず。現実は厳しかった。

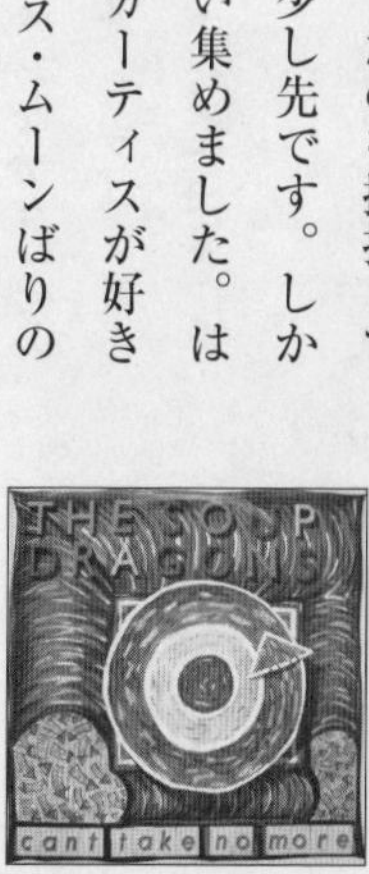

The Soup Dragons
"Can't Take No More"

激しいドラミング、クールなベース女子デビー、知的イケメンなケヴィン。理想的なバンドじゃないですか。ちなみにこの日のスープ・ドラゴンズの演奏は当日予告された通り、〈キャント・テイク・ノーモア（*Can't Take No More*）〉ライヴEPに収録されています。

「この日の有名人は待望のプライマル・スクリームのbobbyちょん！（中略）友だちに無理矢理話しかけてもらったが、意外と反応の冷たい奴だった」……なんて偉そうに書いてます。

翌28日再びクラレンドンでのザ・ウェディング・プレゼントはクローズ・ロブスターズがお目当て。これは同時期に渡英していた佐鳥さんも一緒だったのかな。「革ジャン率高し」と書いてるけど男臭い客層だったらしい。そんななかでメロディの爽やかなクローズ・ロブスターズに惚れてます。ウエディングスは男が惚れるバンドという印象でした。

3月6日はザ・プリミティヴスと**タルーラ・ゴッシュ**を見にクラレンドンへ。

「その手の音が好きな人は頭痛の日」だったらしい。「私は**絶対タルーラ**だったので、ひとりハマースミスへ。またアノラック少年団が多く、彼らは中心の暴動たちから安全圏へ私を導いてくれたりして大感動しました」

My Bloody Valentine "Sunny Sundae Smile"

My Bloody Valentine "The New Record By My Bloody Valentine"

そうはいってもプリミティヴスが始まるともう盛り上がりがすごくってステージに近寄ることができなくなり、人の頭の向こうにかろうじて見えたトレーシーの姿を写真に収めてます。

ライヴで盛り上がる反面さみしさも

こういったライヴ（イギリス英語でギグ）の盛り上がりを見るにつけ、もうインディのムーヴメントとしてはメジャー移行期だとどこかで感じました。スープ・ドラゴンズやプリミティヴスはテレビにも出ていたし、しっかりしたマネージメントが付いている印象でした。彼らがメジャーな活動展開をすることには何も異論もなく、むしろそうあるべきだと思っていましたし、おらが村の出世頭として喜ばしく見ていました。ただ85年かせめて86年にロンドンにいたら何かが始まる感が味わえたんだろうなという気持ちもありました。

けれど、その盛り上がりをこの目で確認することはできました。レコードだけ聴いているのと、演奏している姿を見るのとでは印象がまったく違いま

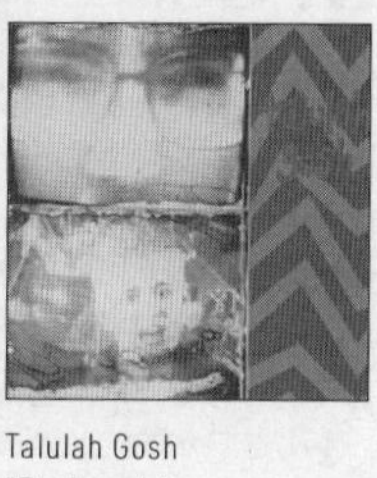

Talulah Gosh
"Backwash"

絶対タルーラ

その心を書かねば！　タルーラ・ゴッシュのコンピ《バックウォッシュ（Backwash）》の日本盤ライナーに詳細を書いています。一目惚れでした。待望の、普段着の、自分でもマネしたい！って思える出で立ちの女の子たち。最初はレインコーツ。そしてタルーラ・ゴッシュでした。タルーラ・ゴッシュのバンド名はオルタード・イメージのクレアちゃんの記事からとったとか、持ち歌に〈パステルズ・バッヂをなくした日〉なんてのがあるとか、マリン・ガールズやドリー・ミクスチャーも着てそうなプリントワンピとか、飾り気のない声とか、ジーン・セバーグを真似た髪形とか……これは待ち望んでいた夢のグループ！と確信しました。

The Wedding Present
the wild flowers
CLOSE LOBSTERS
Bam Bam & the Calling

Saturday 28th February, 7·30. £4

…やっぱり皮ジャン野郎が多い。おやじもいる。Bam Bam & the CallingにWild Flowersは、前者はJah!かAlarm，後者はIcicleのよう。Close Lobsters↓はVo.の動きがモリシを思わせたけど、なかなか軽やかなメロディでこの日の清涼剤となる。ここで早くも客から「Felicity〜！」との声が。(ようするにSmithsっぽかったが…はレコード曲…と同じという) そう，実は私もWedding Present自身より，Orange Juiceの'Felicity'のカバーが目当てでした。いよいよ**Wedding Present**が登場しても，当人達の曲よりFelicityを求める声が多く，こうなると意地でしょう。ついぞ彼らはFelicityを演ってくれなかった。だって，彼らの曲って区別つかないもん。ギターカッティングが凄いのは認めるけれど。この日の有名人はCocteau Twinsのお2人でした。RobinとEdwyn Collinsが縁あるって知ってたら…とまたまた心残り。(いろんなfanzineもつくってたみたいだったのにがいるびれたし。)

↑Talulah Goshはつたないながらも，懸命に演奏に向かう姿が，正にPastelsの後継者を思わせました。フロントのLizちゃんが脱けちゃって，(あと raincoatsとか weekendsとかっていったなダゞ！) 彼女の持ち曲も持ってったのか，'Beatnik Boy'演らなかった。1度聴きたい'The Day I Lost My Pastels Badge'なる曲もLizの曲だったのでしょーか。代わりに新たなカワイコちゃんがコーラスやってた。金髪ベリーショートになったMarigoldちゃん(Amelia…) は真剣さ故に痛々しくさえある。途中つっかえて，GのPeterになだめられてたのが印象的でした。ジャケット＋プリント柄スカートのDo! Family的いでたちも好きです。

↓Primitivesは前の晩TVでビデオもチラと流れ，いかにも売り出し中。紅1点のTracyはアイドルぽく声援もかかってたけれど，さすがに演奏はTalulahよりシッカリしてました。どっかで聴いたイントロ…と思えば'Ticket To Ride'でした。'Thru the Flowers'では紙吹雪をまくfanがいて，うつくしかった。

この日は有名人探し所ではなかったけど，帰り際もらったチラシで大ショック。この頃のチラシのgigなんて既に観れないものばかりなのです。まず，Mighty Lemon Dropsの前座にPale Fountains！(しかし，日本に帰ったらChillsに変更されてた。何してんでしょうね…) そして，遂に恐れていたことが…。J. Cope tour決定。Butchも見れないしッ！と怒りまくって家路につく私でした。

FRI. 6TH MARCH
PRIMITIVES
…LULAH GOSH
…LLIANT CORNERS
…PPLE MOSAIC

…Sさん曰く「その手の音が好きな人は頭痛」…日，Weather Prophetsでしょ，Razorcuts…Desperatoes，そしてTalulah Gosh＋…rimitivesと，その手が目白押し。私は絶…Talulahだったので1人Hammersmithへ。…来たAnorak少年団が多く，彼らは中心の暴…な連から安全圏へ私を導いてくれたりして大感動しました。そんな彼らもTalulah始まると，まん中行ってルンルン♪と楽しんでいたのが微笑ましかった。

しかしFanzineの祖"Sniffin' Glue"のコピーも手に入れ，もうコワイものはないッ！(Damned is GREAT！ってデッカくかいてあったりするんだこれが。) Liverpoolで子供に雪をふっかけられよーと，Glasgowで道に迷おーと！レコード屋のあんちゃんにダマされよーと！私は負けません。ただ，イギリス人にはタイプライターがあるってのが強いけど…。(亜) MAY 87

▲結局この日Bril. Cornersは抜けてWildだったの。私，このバンドとつくづく相性悪いみたいね。！ —cult…い—(泣)

ULU ENTERTAINMENTS
Tickets £4.
Doors 7:30 pm.
UNIVERSITY OF LONDON UNION MALET STREET WC1
THE SOUP DRAGONS
VOICE of the BEEHIVE
MY BLOODY VALENTINE
The HOBGOBLINS
SPONSORED BY NATIONAL WESTMINSTER BANK
Friday 27th February

▲さすがにこの日はAnorak連がドッと減る。**My Bloody Valentine**はまずルックスが気に入った。私はGのKevinくんが、ごとうはDの(マイク・ネスミス風)(of the monkees fm.)Colmくんがお気に。彼はやたらうれしそうにドラムを叩く。彼らは例の如くフィードバックバンドだけど、メロディがパッパラ♪してるのがよろしいかと思います。後にIrishと判明、あの明るさは何? 1st EPはネオサイケ狙ってるし、Produceのせいか、時流なのか? でもキャッチーなメロは好みです。

Voice of BeehiveはPretendersかBangles(American)かってなテレテャス女の子バンドで「ふーん」でしたが、調べたら超縁故band。Bill DrummondのLPでコーラス参加したり、D. Balfeのところのタレントさんで、リズム隊はex-Madnessでした。彼らが何とThat Petral Emotionsの'It's a Good Thing'演り出すと、ポジ風兄ちゃんが乱闘の中に突入して行った光景は忘れません。今が旬だよ!てな冒険モンの(the) **Soup Dragons**は、さしづめ日本ならBlue Hearts並みの盛り上がりと思ったけど、日本に帰るとブルハは更にデカくなってました。でもブルハfanのごとうまりこもSoupies気に入ってくれました。

VoのSean、DのRossはジャケ写と別人! RossはマトTシャツ着用。あんたも好きだね、Keith Moon!! 案の上'Kids Are Alright'演りました。とにかく元気で'Hang-Ten!'なんて皆で合唱。支持されてるのね。ラストは何と'Purple Haze'! BMX Banditsとこんなつながりを見せるとは!「明日の'おはようこどもショー'(Saturday Morning Show!)見てね!」などと言って去った。(尚このLiveはレコードになるとか。)いやはや、余裕!でした。

この日の有名人は待望のPrimal ScreamのBobbyちゃん!「予定されてたgigがキャンセルされて残念」とか友達に無理矢理話しかけてもらったが、意外と反応の冷たい奴だった。師と仰ぐJulian Copeを見習えー! とも思うが、その辺りBobbyちゃんはまだ若いのでしょう。 でも実は27-8だったのでした… 'young & stupid' by Josef K より

す。とくに当時はＵＫインディ・バンドの動いてる姿なんてそうそう見れませんでした。会場や客層の雰囲気でも印象は変わります。どんな髪型で何を着てどんな態度だったかも重要です。バンドもお客さんも含めた、こうした場の盛り上がりというのは、音楽配信だけでは実感できない大切なことでした。今ではＳＮＳなどもあって、そこでバズったりなんてこともありますが、私は実際に自分の目でライヴを見て、自分の肌で感じることを大切に思っていました。アレだ、現場主義？　事件は会議室で起こってるんじゃないとか何とかいうアレですよ。

見に行ったバンドのなかで、ステイ先のママが名前聞いたことあるわ〜と唯一言ったのはスタカンでしたが、それが自分の見た最後のスタカンでした。当時の自分は大きな会場でのライヴやその規模のバンドに興味を失っていたのです。

スタカンのグッズは買い込みましたが、私の魂はさらばＴＳＣバッヂ。帰国後４月の国技館公演も行かず、さらにインディ道を邁進することになるのでした。

英語学校のない時には『さらば青春の光』の聖地ブライトンへ日帰りで行ってみたり、宿を取ってリヴァプールやグラスゴーなど北へも足を延ばしました。ロンドンと違って地方都市の情報は少なくて『地球の歩き方』も数ページでしたが、ZOOとポストカードの跡地は番地を見てしっかり訪ねました。記念写真を撮るくらいしかできなくても大満足でした。自分には聖地ですから。

余談ながら。ロンドンの英語学校ではユッスー・ンドゥールさんと一緒でした。その前の年末、ピーター・ガブリエルとルー・リード目当てで神宮球場の「ジャパンエイド」なるイベントへ佐鳥さんについて行き、ユッスーさんのライヴも見ていたのです。クラスは違ったけどカフェテリアで会って、声をかけて写真を撮ってセネガルの住所に送りました。ユッスーさん、あの写真届いていますか。

「英国音楽」8号——1987年春 ファントムギフトが大人気

帰国するとサトマに託した「英国音楽」8号が無事できあがっていました。4月15日には《アタック・オブ・マッシュルーム・ピープル（Attack of

「英国音楽」8号

Mushroom People)》発売。5月4日には渋谷ライヴ・インで《アタック・オブ〜》発売記念イベントの「GS天国'87」があり、「英国音楽」8号も売らせてもらったのですが、イベントは大変な盛況で、混乱するなかで体を張って8号を売りさばきました。サトマがリリース元のミントサウンドとも連絡を取ってくれていたのでイベント内で販売することができたのでしょう。同じ頃にファントムが「11pm」にもテレビ出演し、英国メンバー数人もファンの踊り子として収録にも行きました。

ネオGSを名実ともに代表するファントムギフトの、注目度と人気が破竹の勢いだった時でした。その加熱する人気からライヴに人が押し寄せ過ぎて、かつてのように思い切りグイグイとモンキーダンスをするスペースはなくなり、恩知らずな我々は内輪で愚痴をこぼしていました。私はロンドンタイムス・ファンなのを再確認していたし、ストライクスやオリジナル・ラヴも見逃せなかったので、ライヴ通いは相変わらず満喫していましたが、やはりメジャーに行ってしまうと自分はファンとしては無意識に一区切りしてしまい、あくまでインディ・バンドを見に行くことを好んでいたようです。後から振り返って見ればそうでした。

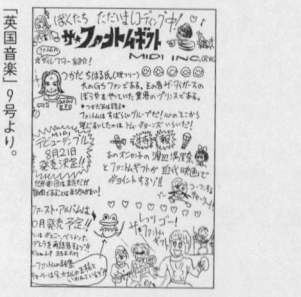

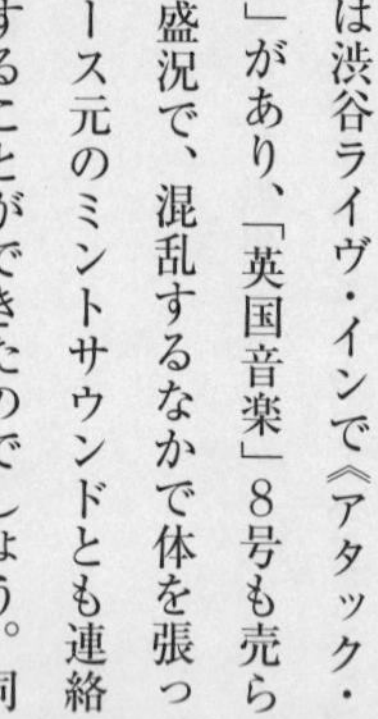

V.A. "Attack Of...
Mushroom People"

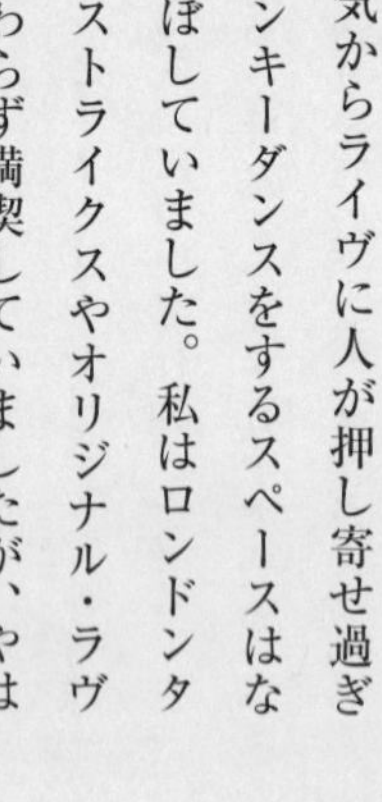

「英国音楽」9号より。

自信作！「英国音楽」9号完成！

ここまですでにその名前は何度も登場していますが、佐鳥さんは同じ大学の1学年上で、86年4月に自分が大学3年になってから、一緒の講義を取って定期的に会うようになっていました。「英国音楽」の友人たちは「英国」内でもそれぞれ好みが分かれていて、サクラはテリー・ホール・ファンだったことからスカにはまっていきます。自分はやっぱりUKインディが本丸で、「NME」を追っかけてますから、そういう話題で盛り上がったのは、月1度のラフトレ会の皆さんでした。そこで出会った佐鳥さんと、まさか大学で「ジャズ・ブッチャーが……」「パステルズが……」「アノラックって……（笑）」という会話ができる!!ということは新鮮な喜びでした。**「トクサツガガガ」**が他人ごとに思えないわけです。

ペニー・アーケードは、85年クリスマス・パーティのために石田真人、齊藤靖、佐鳥葉子の3人で結成され、翌86年3月に佐鳥とバウハウスのカヴァー・バンドで一緒だったエコが加入し再編成されたそうです（ばるぼらさんまとめ）。8月17日には三軒茶屋でラジオ・インセインと最初のライヴをしています。このライヴに私も行って、ペニーのお仲間の集まりにも誘ってい

「英国音楽」9号

トクサツガガガ
丹羽庭の漫画で2019年1月にNHKでテレビドラマ化。原作もドラマもお勧め。孤独なオタクたちが〝追加戦士〟として集結していく感じなんか、もう他人ごととは思えません。娘に教わりました。

ただき、バチェラーズのＥＢ（いび）さんや池水眞由美さんとも会って、優しくしてもらってうれしかった覚えがあります。「英国音楽」6号完成前なので、5号を渡したりしたかもしれません。「フールズ・メイト」の例の投稿を知ってくれていたのかもしれません。ジャズ・ブッチャーだけでなく、ゴー・ビトゥイーンズの話が普通にできる!!と感激した覚えがあります。

当時の手帳によれば、86年は輸入盤店に通ってＵＫインディを追っかけながら、ブルーハーツやロンタイやネオＧＳ系のライヴに行き、取材も取りつけ、ペニーのライヴにも行く、という日々を過ごしています。

12月になり、ロンタイＣＳＶサイン会のあった日、ペニーはスタジオぺんたのオーディションでグランプリとなり、**シングル・レコード**制作発売権を獲得し、いよいよ本格的に動き出すのです。そのレコードも完成して、今こそその時！と「英国音楽」9号にペニー・アーケードのインタヴューを載せました。私の「哀愁のポップスタア」連載はついにアルバムも出したパステルズ！ですし、自分の初英国ライヴ・レポも載せてます。メジャー・デビュー直前で飛ぶ鳥を落とす勢いのブルーハーツに、英国音楽初の外タレ取材のギャズ・メイオールのインタヴューも揃いました。さらにファントムのナポレオンとストライクスも載ってるのがイカスと思いませんか？

Penny Arcade "A Boy From The Penny Arcade"

メンバーたちは納得いかない出来らしく、アルバム未収。

ここで3たび登場の「ムーンリット・マーケット」より抜粋しますと……

サトマ「ブルーハーツやって、これを載せれば売れるだろうなっていう胸算用はあって。これがあるからあとのやつはマイナーでもいいな、とか」

小出「ちょっとくらい高くても、ブルーハーツあるしね、っていうのが合言葉になって」

サトマ「で、それがメインになるはずだったんだけど、GAZとポテト5が来るっていうんで、ダメでもともと、インタヴュー申し込んでみるしかないんじゃないかってスマッシュに電話したの。（中略）もうはったりだらけで、『英国音楽』という雑誌の者なんですけど、とか言っちゃって（笑）。すごい偉そうに電話して」

こうしてブルーハーツとギャズの取材も実現し、タイミング良くペニー・アーケードの記事も並びます。その導入部です。

――「『フールズ・メイト』や『宝島』を眺めては、ひとり取り残されたような寂しい思いをしているそこのアナタ！　そんなアナタにご一見、ご一聴をお勧めしたいのが、このペニー・アーケード。私たちはずっと、こんなバンドを待っていた」

そこのアナタって、自分ですね。思い切り大きく出てますね（笑）。

石田「ちょうど同時期にさ、驚いたもんね、ショップ・アシスタンツ出てきた時」

――「自然発生的にね、全然場所違うのに同じようなバンド出てきたってのはおもしろいなって気がする」

……と石田さんも言い切ってらっしゃる（笑）。でも本当に石田さんも佐鳥さんもほとんど日本のバンドの影響を受けてないそうで、ジェシー・ギャロン・アンド・ザ・デスペラードウズがブロンディのカヴァーを出した時に、同じようなバックボーンを持つバンドがたまたま日本とスコットランドにいたんだな、と痛感しましたっけ。

私はといえば、「佐鳥さんはhistory of british female vocalistです」と

まで書き添え、やっとペニーを大々的に紹介できる喜びが紙面から伝わってきます。記事の最後には、「英国」9号完成予定の87年6月以降のペニーのライヴ2本の告知もしっかり載せました。同志と慕うバンドをしかるべき人たちに広く伝えたい、との思いで必死でした。

9号の裏テーマはザ・パステルズとザ・ウーデントップス

自信作であった9号に忍び込ませたのは、ペニー・アーケードだけではありません。自分のライフワーク連載**「英国・哀愁のポップスタア達の系譜蘇る其の参」**は満を持してデビュー・アルバムを出したザ・パステルズ特集です。まだまだファンとしては新参者と自覚していたので、「読者の山口さん」にフォロー原稿をお願いしています。山口さんというのはペンネームで実は当時文通していたゆきのさん。知り合ったのは初渡英の後でした。「ロッキング・オン」か「フールズ・メイト」の売りますコーナーを見て「英国音楽」7号を買ってくれた、スミスとアズテックのFC会報の常連さんでもあり、お勧め編集カセットや英音楽記事のコピーを送りあって情報交換するよ

英国・哀愁のポップスタア達の系譜

蘇る・其の参：the pastels の巻

ありそうでないもの＝PastelsのLP：曲が2パターンで終わってしまうから。これが私の定説でした。何たってシングル毎1作主義を貫ぬいた彼らだったし。ところが、その(出る)ないハズのPastelsのLPが出てしまった。しかもかなり強力なのが。えらいこっちゃ。
(代わりに今度はTV Personalitiesがシングル毎1作に突入)

今やPastelsは少しも「哀愁」バンドではありません。それどころか英国Anorak達のアイドル。街にはStephen Pastelのクローンはあふれ、本人も当惑してる様子。CreationのAlan McGeeが偉大なる3大Scots bandとしてOrange Juice, Primal Scream, Jesus &MCを挙げたが、PrimalやJesusの連中はまずPastelsを挙げるだろう、で[illegible]もあるくらいです。

でも1昔前は確実にかわいそうな存在で、同情歌好家の私の関心を一身に集めることになりました。だって彼らの1stEPは(Cherry Red 'Seed 1'収録)82年に出ているのです。ヘタウマPopをコツコツ続けて約4年、気がつけばJesus等かわいい後輩達は注目のスターとなり、Creationにいた為か、彼らもJesus便乗組扱いで(始めてっきりそー思い込んでたのはこの私)。そこへきてCreationとは他人の事でケンカ別れ。思わず涙を誘われ[illegible]

何でPastelsが軽視されたかというと、金がない、テクがない、コードがないの三拍子。しかし、そこが彼らの偉大なトコだ！と私は言いたい。

Pastelsのライヴtapeを聴いてある人が「Ramonesみたい」と言った。鋭い！そう、Ramonesは彼らのFave.だ。(Stephenのsurnameが'Pastel'ってのもソレっぽいでしょ。あとBMX BanditsのDuglas Bandits、みたいな) つまりRamonesの如く、ごくごく単純なコード進行のくり返し、旋律歌詞もシンプルで、チープではあるけど愛すべきpop song。他にStephenはTV PersonalitiesやModern Lovers、Swell Mapsといった地道な人々のやり方が好きってよく言ってるから、長い下積みも苦でなかったのかもしれません。初期シングルでもTVP'sのDan Traceyにお世話になってるみたいだし。(絶品ながら2ndEP B面で"チュビチュチュビチュ"とコーラスしてるのはex-StrawberriesのJill la Roseとか)。音源提供：Y子嬢[illegible]

今思えば「2パターンの曲」からの転換を試みたのが4thEP 'Million Tears'でした。印象的なベースラインで始まるこの曲は個人的に大好きな曲ですが、B面の'Baby Honey'は新局面を見せ、Syd Barrettまで例えられてウケる所ではウケていたようです。
(その後はProducerのJoe Fosterって[illegible] My Bloody Valentineに[illegible]…うーん…？)

単純なフレーズの反復が売りのPastelsだけど、ここへ来て、コードも少々覚えたし、レコーディングの要領も飲み込めたし、いつまでも新人扱いでは終わらない、という意地。正に機が熟すのを待ってLPを完成させたと言えましょう。その結果彼らの後続組と何歩もひき離した。何とも頼もしい限りのこの頃のPastelsなのでした。

Pastels

Stephen Brian Martin Berniece

29

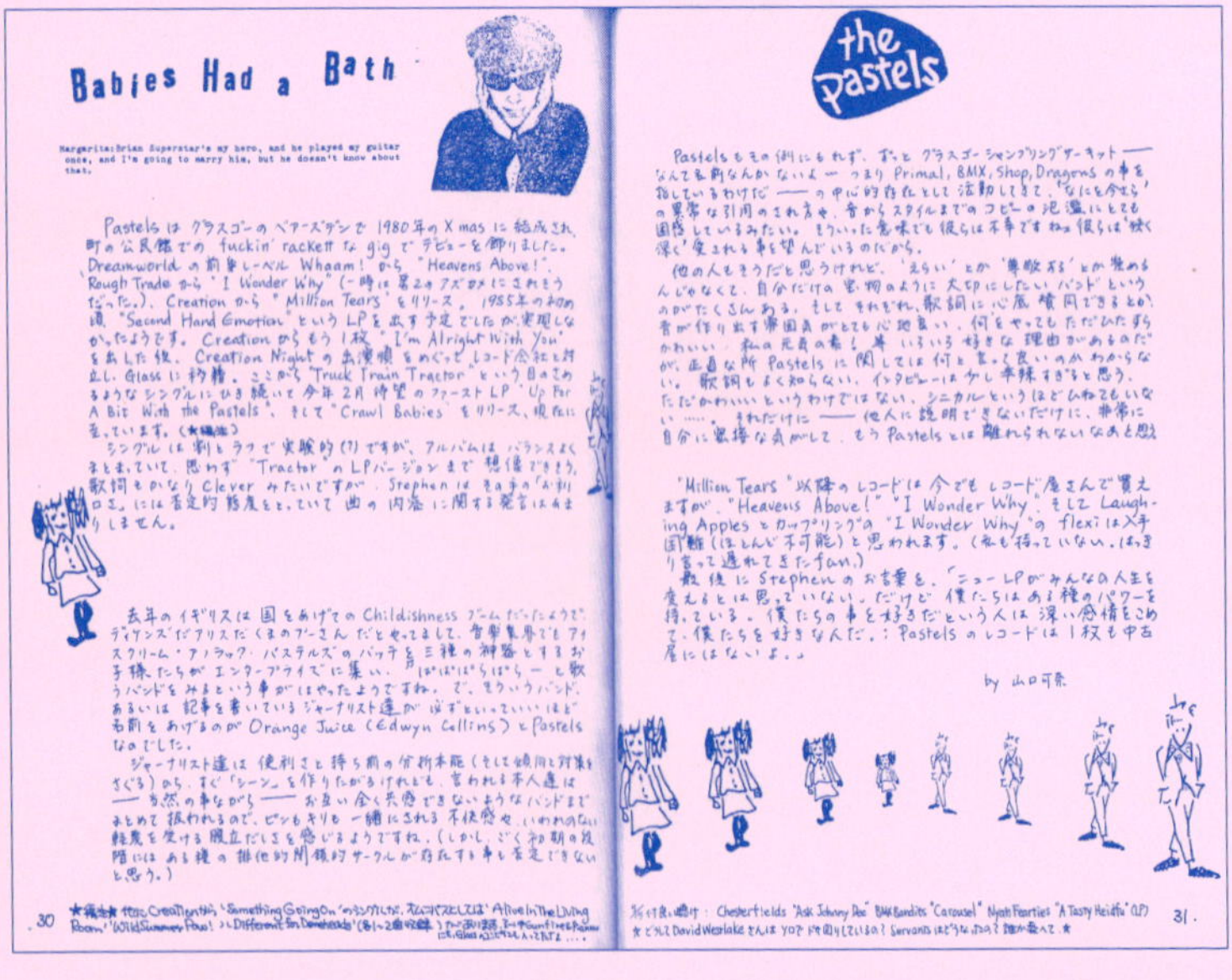

Babies Had a Bath

Margarita:Brian Superstar's my hero, and he played my guitar once, and I'm going to marry him, but he doesn't know about that.

Pastelsはグラスゴーのベアーズデンで1980年のXmasに結成され、町の公民館での fuckin' rackett な gig でデビューを飾りました。Dreamworldの前身レーベルWhaam!から"Heavens Above!"、Rough Tradeから"I Wonder Why"(一時は第2のアズテカメにされそうだった。)、Creationから"Million Tears"をリリース。1985年の初め頃、"Second Hand Emotion"というLPを出す予定でしたが実現しなかったようです。Creationからもう1枚"I'm Alright With You"を出した後、Creation Nightの出演順をめぐってレコード会社と対立し、Glassに移籍。ここから"Truck Train Tractor"という目のさめるようなシングルにひき続いて今年2月待望のファーストLP"Up For A Bit With the Pastels"、そして"Crawl Babies"をリリース、現在に至っています。(★編注)

シングルは割とラフで実験的(?)ですが、アルバムはバランスよくまとまっていて、思わず"Tractor"のLPバージョンまで想像できそう。歌詞もかなりCleverみたいですが、Stephenはその手の「お利口さ」には否定的態度をとっていて曲の内容に関する発言はあまりしません。

去年のイギリスは国をあげてのChildishnessブームだったようで、ディケンズだアリスだくまのプーさんだとやってまして、音楽業界でもアイスクリーム・アノラック・パステルズのバッヂを三種の神器とするお子様たちがエンタープライズに集い、"ぱぱぱらぱらー"と歌うバンドをみるという事がはやったようですね。で、そういうバンド、あるいは記事を書いているジャーナリスト達が必ずといっていいほど名前をあげるのがOrange Juice (Edwyn Collins)とPastelsなのでした。

ジャーナリスト達は便利さと持ち前の分析本能(そして傾向と対策をさぐる)から、すぐ「シーン」を作りたがるけれども、言われる本人達は——当然の事ながら——お互い全く共感できないようなバンドまでまとめて扱われるので、ピンもキリも一緒にされる不快感や、いわれのない軽蔑を受ける腹立たしさを感じるようですね。(しかし、ごく初期の段階にはある種の排他的閉鎖的サークルが存在する事も否定できないと思う。)

30 ★編注★ 他にCreationから'Something Going On'のシングルが。オムニバスとしては'Alive In The Living Room' 'Wild Summer Wow!' 'Different for Domeheads'(各1〜2曲収録)など。[illegible]

the pastels

Pastelsもその例にもれず、ずっとグラスゴーシャンブリングサーキット——なんて名前なんかないよ—つまりPrimal, BMX, Shop, Dragonsの事を指しているわけだ——の中心的存在として活動してきて、'なにを今さら'の異常な引用のされ方や、音からスタイルまでのコピーの氾濫にとても困惑しているみたい。そういった意味でも彼らは不幸ですね。彼らは'狭く深く'愛される事を望んでいるのだから。

他の人もそうだと思うけれど、'えらい'とか'尊敬する'とか褒めるんじゃなくて、自分だけの宝物のように大切にしたいバンドというのがたくさんある。そしてそれぞれ、歌詞に心底共鳴できるとか、音が作り出す雰囲気がとても心地良い、何をやってもただひたすらかわいい、私の元気の素！等いろいろ好きな理由があるのだが、正直な所Pastelsに関しては何と言って良いのかわからない。歌詞もよく知らない。インタビューは少し辛辣すぎると思う。ただかわいいというわけではない。シニカルというほどひねてもいない……。それだけに——他人に説明できないだけに、非常に自分に密接な気がして、もうPastelsとは離れられないなあと思え

"Million Tears"以降のレコードは今でもレコード屋さんで買えますが、"Heavens Above!" "I Wonder Why"、そしてLaughing Applesとカップリングの"I Wonder Why"のflexiは入手困難(ほとんど不可能)と思われます。(私も持っていない。はっきり言って遅れてきたfan。)

最後にStephenのお言葉を。「ニューLPがみんなの人生を変えるとは思っていない。だけど僕たちはある種のパワーを持っている。僕たちの事を好きだという人は深い愛情をこめて、僕たちを好きなんだ。：Pastelsのレコードは1枚も中古屋にはないよ。」

by 山口可奈

気が付いた曲：Chesterfields "Ask Johnny Dee" BMX Bandits "Carousel" Nyah Fearties "A Tasty Heidfu" (LP) 31.
★どうしてDavid Westlakeさんはソロでドサ回りしているの？Servantsはどうなったの？誰か教えて。★

うになっていました。ゆきのさんは当時神戸在住で、7号のスープ・ドラゴンズの似顔絵をすごく喜んでくれました。

もうひとつ9号に自分が載せたのが**ザ・ウーデントップス初来日記**でした。自分の感想だけでは記事がまとまらず、徳間ラフトレの下川さんに寄稿をお願いしました（ほどなく下川さんは退社して渡英）。デビューした頃の英雑誌で、ティアドロップ・エクスプローズのオーディションを受け、ワイルド・スワンズとジャズ・ブッチャーに参加し、デヴィッド・バルフのフードレコードからデビュー・シングルをリリースという記事に、当時ハマった固有名詞のオンパレードでこれは自分にとってのひとりスーパー・グループ！と注目してレコードを探して買ってから、独特の浮遊感と疾走感あるサウンドに病みつきに。

その後ラフ・トレードと契約して話題となり、徳

間でもPVを見せてもらうと(「ポッパーズMTV」でもよく放映されました)、フロントマンのロロちゃんは可愛いし、自分がFCやるならザ・ウーデントップス(発音が難しいので「うどん」と呼んでいた)しかないと思うくらい好きだったんですが、若い頃の自分はまだひとつのアーティストに責任持って一生ついていく自信がなくてFCはやめました。C86〜クリエイション〜スコティッシュ周辺ともまた違う文脈でしたしね。その初来日は自分には初渡英直後で強行スケジュールでしたが大いに楽しみました。レコードからの想像を超えたエネルギーに溢れて、人懐こいロロちゃんとバンドの人力でのハイパーな演奏には誰もが歌って踊るしかないでしょう。彼らは2回来日していますがそれは多くにとって忘れられない体験だったようで、後日知り合った人たちとたびたび「あのうどんはすごかった」という話になりました。フリッパーズのふたりもまさにそうで、〈レッド・ラバー・ボウル〉という曲は彼らに影響されて作ったと聞いてます。

ジャンル分けが難しいバンドなので再評価されにくいですが、あえていうなら「見過ごされている80's バンド」でしょうか。**ジョン・ピール**のお気に入りでもあります。マンチェブームの時に「ロロ何やってんだよ!」ってよく言ってました。人力ビートで踊れるギター・バンドの先駆者だったからで

ジョン・ピール
John Peel。説明不要ですよね! 好きなバンドのほとんどがイギリスBBCラジオのジョン・ピール・セッションに呼ばれたり、彼の番組で曲がかかったことで注目を集めて飛躍してます。神と呼んで手を合わせます。1986年からストレンジ・フルーツ・レコーズのジョン・ピール・セッションの12シングルが出ていて、今のようにネットで簡単に音を聴くことはできなかった時代なので、その渋くもマニア心をくすぐる音源が正式に手に入ることに感謝し、日本の自分にもジョン・ピールという名前を特別なものにしていました。あのジャケットに小さく並んだ出演バンド名を見ては涎を飲み込んでいたあの日。

Girls at Our Best
"The Peel Sessions"

す。あたしがやらずに誰がやる?ってバンドにはつい熱くなりますね。イビサで人気が出てハウス・ミュージックとして評価されたらしいけど、自分はハウスやダンス・ミュージックにまったく興味がなくて離れちゃったのが残念です。２０１９年にロロのソロで来日してあの頃の曲を披露して元気な姿を見せてくれました。次はバンドで来てほしいものです。

「英国音楽」の青春、あの頃の話

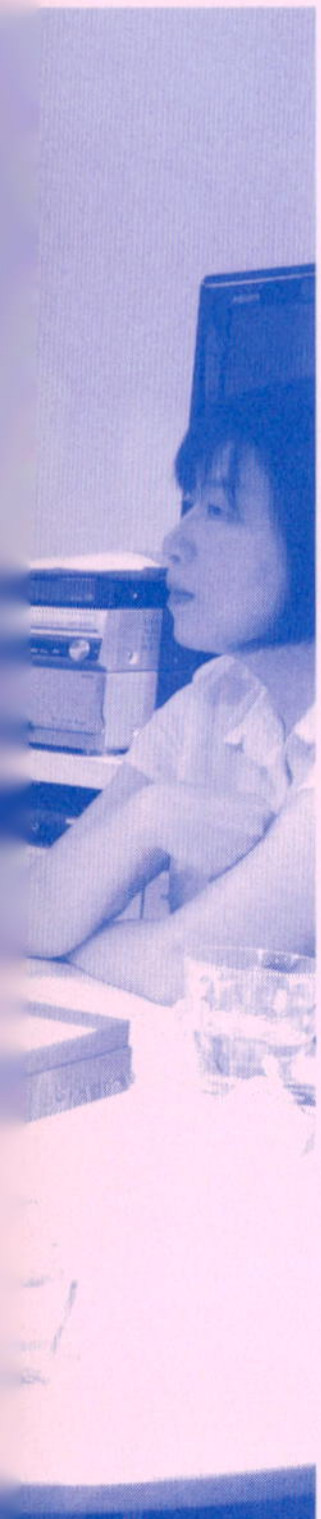

——まず最初に、小山田君はどこで「英国音楽」を知りましたか？

小山田　（「英国音楽」9号を見て）パステルズとかさ、ペニー・アーケード載ってる……はじめて買ったのこれだ。ＣＳＶで平積みになってたよね。ライヴ・レポート！　これこれ。これに衝撃を受けたもん。スティーヴンのペイズリーのシャツ！　この辺の（バンドの）ライヴ記事ってどこにも出てなかった。

【座談会参加者】
小山田圭吾（ex.ロリポップ・ソニック）
佐鳥葉子（ペニー・アーケード）
薄田育宏（ex.ウッドストック大阪店）
司会：小出亜佐子　写真：相馬章宏

佐鳥　「英国音楽」9号の発売は87年6月だって。

小山田　C86直後ぐらいだね。

薄田　それに出てたペニーの告知を見て小山田君たちがライヴに行ったんだね。

小山田　（引き続き9号のライヴ・レポ見ながら）これマイブラ？

——前のボーカルいた時のマイブラ。

小山田　その頃を見てるんだ！　レアだね！　ウエディング・プレゼントとか……これ全部見たいと思ってた（笑）。（スティーヴン・パステルの写真を）ヴェルヴェッツぽいね。これ（パステルズのイラスト）描いたのアギなんだ。完全マリン・ガールズとかチェリーレッドのロゴみたい。（さらに9号見て）あ～〝うどん〟ね。うどんの2回目の来日の時、カジ君に会った。カジ君まだ半ゴスで、薄化粧して（笑）。クリストファー・ネメスみたいなかっこして。ロンドンで流行ってたボロっぽいかっこ。そん時はじめて喋ったの。うどんは最前で見た。がんばって前まで行った。みんないつから知り合いだった？

佐鳥　わたしはラフトレの会で小出さんと知り合った。

小山田　ラフトレの会はどういう会だったの？

——ラフトレ新聞とか作ってた人がやめて、その後の担当の人が私たちとほぼ同世代の人で、その人がスミスの問い合わせをしてきた人たちに声かけてた。

小山田　ラフトレ友の会の存在を知らな

かったもん。どこでやってたの？

佐鳥　徳間の会議室で月1でね、多くて10人くらいが集まった。

小山田　行きたかったな〜。

佐鳥　アズテックの〈オブリヴィアス〉のビデオとか見せてもらった。

小山田　あ〜あれね……昔の渋谷のタワーの降りてきたところに柱があって。その柱がブートビデオ屋だったの。

一同　ええ!?

小山田　柱がくりぬいてあって、人がひとり入ってて、そこでブート・ビデオ売ってるの（笑）売店みたいな感じで（笑）当時1万2800円くらいですっげー画質粗いやつで、ラフ・トレード・コンピってのが売ってたの。それに〈オブリヴィアス〉とか〈ウォーク・アウト〜〉のPVとか、〈ダウン・ザ・ディップ〉のライヴとか、アズテックだけじゃなくてゴービトとかプリューンズとか、ラフトレが当時出してたものを編集したビデオが売ってて、断腸の思いで買った（笑）。それくらい、映像ってものを見るのがほんと難しかったよね。今ではYouTubeで見れるけどさ、プライマルのファーストの頃の〈インペリアル〉のライヴとか、ボビーが水玉のシャツ着てたの、小出さんがダビングしてくれたじゃない。あれとかビックリした。あれってどうしたの？

―― あれはNHKのBSの「トランスミッション」。さわきさんに教わって。

小山田 ロフトとかね〜、ライヴも見たことなかったし。BMXのダグラスの家を紹介する番組とか（笑）。あの番組で「英国音楽」をパット・フィッシュが紹介してたんだよね。パーンって（本を）投げるんだよね（笑）。あと、小出さんにダビングしてもらったテープでさ、ジュリアン・コープが編集したサイケのコンピが本当にやばくって（笑）。まだジャーマン本とか出すはるか前だよね。インデックスが渦巻きみたいに手書きで書いてあって（笑）。あれすごい（笑）。ジュリアン・コープって、ファン・クラブあったの？

―― メンバー少なかったけど、あったよ（笑）

小山田 小出さんの周りってファン・クラブ人脈だよね。みんな女子だよね、ファン・クラブやるのって。女子しかいないよね。男で入るの勇気いるよね（笑）。

薄田 当時いた？　男のメンバー？

―― 少しだけどいたよ。マニアな人が。薄田君もお姉さんが入っててつながったんだよね。

小山田 ジーザス・アンド・ザ・メリー

チェインのフィルム・コンサート行ったよ。ひとりで行ったかもしれない。ファン・クラブとか知らないで。どっかの会議室だったと思う。「ロッキング・オン」か「フール・ズメイト」に載ってて、レコード会社主催だったのかなあ。

——「英国」9号にメリーチェインのファン・クラブ告知載せたんだよ。

薄田　ファン・クラブを作るには、まずレコード会社とやりとりするの？

——作りたいんですけど公認してくださいーってレコード会社に連絡するとか、現地のファン・クラブに連絡するとか、かな。

小山田　今ってファン・クラブってないよね〜。邦楽とかはあるかも。

——チケット取るための……優先販売のためのファン・クラブだよね。

薄田　ぼくなんか大阪にいて、チケットぴあみたいなとこでチケット買いに行くと、友だちからもっといい席取れる方法あるよって教わって、直接ウドーとか呼び屋さんの事務所に並びに行った。

小山田　それよくやってた。朝、新聞の広告見て、学校も遅刻して。並んで整理券もらって。中学生くらいからやってた。

薄田　そこにのちに小出さんの師匠になるまりあさんもいた。

小山田　師匠がいるんだ（笑）。

——ポストカードとか全部教わった。大阪にいた師匠。ジュリアン・コープのおっかけで知り合ったの。恰好がストロベリーみたいで華やかなんだけど、レコードたくさん持ってて詳しかった。

小山田　あの当時オレンジ・ジュース推してる人なんていなかったよね。気がついたらセカンドが出てて。ちょっとチャラいイメージだったよね。アズテックの方が好きだった。後からファースト聞いて評価変わったよね。その頃のリアルタイムのグラスゴーのシーンを追ってた人なんてほとんどいなかったよね。

薄田　（大阪で）高校くらいの時にチケット並びに行ったら、その人が仕切ってて、受け取った整理券の番号を見比べて交通整理してるような人で、そういうライヴに行く人は知り合いみたいになってて。小出さんと知り合う前に、東京にもアズテックとかオレンジ・ジュースとか好きな人がいるから、気が合うと思うよって言われてた。のちに姉がアズテック・ファン・クラブ通じてつながって。

小山田　アズテック・ファン・クラブとラフトレ友の会が「英国音楽」周りだったんだ。イソベ君とかは？

——イソさんって石田さんの友だちだったんだよね？　ジャニスつながりだと思う。

小山田　もしかして、あのレコードの後ろについてる（借りた人が）感想文（書く紙）で？　この人よく同じの借りてるなあみたいな（笑）。ネットない時代ならではだよね（笑）。

佐鳥　このPって人いける！とか（笑）。石田君よく感想書いてたから。字がきれいだし。

——私はそう聞いた気がする。小山田君もジャニス行ってたんでしょ。私は高円寺（パラレルハウス）までしか行かな

かったんだけど。

小山田　貸レコ屋でジャズ・ブッチャー借りたな。新宿の。オリ（小里誠）さんがバイトしてたから、オリさんが入れてたのかも。どこだったか忘れたけど。大きい貸しレコ屋。

――　ジャニスで石田さんとはつながらなかった？

小山田　そこではなかったね。たぶん同じレコード借りてたと思うけど。

薄田　本格的につながるのは「英国音楽」買って、ペニーのライヴ行ってから？

小山田　そうだよね。そこでイソベ君とかもつながって。小出さんの実家行ったよね。いろいろ見せてもらった。みんなで公園も行ったよね。

――　英国音楽フレキシ発売記念だったらしいよ。11号の。

小山田　〈エキゾチック・ロリポップ〉入ってるやつか。11号に薄田君も書いてたんだ。

――　薄田君は足塚先生（笑）。田中兄が88年のベスト・イベントにあげてるんだよね。砧公園ピクニックって。

ほんとにさみしくて、誰も知り合いいないし

小山田　（11号見ながら）シー・アーチンズのライヴとか見れないよ！　活動期間短いし。ワイルド・スワンズ！　再結成だ。革ジャン着てる！　そういえば、ロータス・イーターズってインドネシアだかフィリピンだかで、今、人気あるんだよね。1000人くらいが「ファースト・ピクチャー・オブ・ユ～」って合唱して、どうしてああいうことが起きたんだろう（笑）。急にドラマか何かで取り上げられたとか、突然あれだけ大合唱するって。2000年越えてんのに（笑）。……パット・フィッシュ倒れたんだっけ？　この世代が倒れ始めてる。ジェネシス・P・オリッジが心配だな。

もダン・トレーシーも。パンク世代が。

—— ピート・シェリーも死んじゃったし。

小山田 (さらに11号見て)スタンプもかっこよかった……この時代一番イギリスの真空時代だよね。インディ・バンドとかたくさんあったけどさ、それ以降になるとムーヴメントがでかくなるじゃん、マンチェとか。ポスト・パンク的なものは終焉してて、スミスもジーザスも終わってて、マンチェが出る前の狭間な時代じゃん。いろんなのあったよね。スタンプとか。ステレオラブもマッカーシーだったしさ、マイブラも化ける前で。プライマルもファーストで。

薄田 「NME」とかが売ろうとしても空回りだったよね。ところで、87年くらいに大阪でライヴやった時の話だけど……。

小山田 小出さんに、ウッドストック行って薄田君に会うように言われて。大阪ミューズホールのライヴだよね。カレー屋かなんか行ったよね(笑)。こないだ大阪で、フォーエバー・レコードの東瀬戸さんに会ってさ、彼が阿木譲さんの遺品を整理してて。あのライヴの前に井上さんが送ったテープの現物を見せてもらった。ライヴを企画したのが阿木さんの店で、PBCってインダストリアル・バンドがあって、テトラ君って井上さんの友だちと松蔭さんって現代美術の人がいて、そのレコ発。ボアダムスも出て、町蔵も出て、D'fって、のちのウルフルズの人がいるんだよね。D'fはたぶんジーザスのサポートで見たことある。当時のネオサイケ、ネオアコみたいなイメージ。あと、オフマスク00とかも出て。それがたぶんロリポップとして最初のライヴだと思うんだよ。

—— 実はその前のライヴ(新宿ロフト87年11月26日)でも〝ロリポップ〟って言ってるんです。

佐鳥 ピーウィー見に行ったら、「今日からロリポップになりました」って言われて、だから私たちピーウィーは見れなかった(笑)。だから手帳に〝ピーウィー〟って書いたのをバツして〝ロリ〟って書いてある(笑)

小山田 あ、わかった、ピーウィーやってたんだけど、おれがやめるっていったら、井上さんが、小山田君の好きにしていいからって(笑)。ほかの人が抜けちゃってふたりになって、井上さんちのMTRでオケ作って。そのライヴはピーウィーとしてブッキングされてたんだよ。で、2、3曲やった。その次のライヴがこれ

(大阪ミューズホール)なんだ。
薄田 それ(新宿ロフトのライヴ)がオリジナル・ラヴと一緒でペーターズも出たのかな。
小山田 ペーターズには、なめちゃんがいて、あのへん井上さんの友だちで。結構良かったよ。ディーヴォみたいな。
薄田 なめちゃんはアメリカ村の古着屋で働いてて、ロリポップ・ソニックの話を聞いて、小出さんからも聞いて、阿木さんのとこで手伝ってた人からも、今度バンド・オブ・ホリージョイみたいな人が来るよって、ピーウィーのことを聞いて。
小山田 カヴァーしてたもん。バンド・オブ・ホリージョイ。ギター弾きながら、バスドラかなんか踏んでやってたの。ヴェルヴェッツのカヴァーとかも。大阪が(ロリポップの)2回目なんだ。
薄田 ロリポップの本チャンのライヴは見れなくて、東瀬戸さんに頼んでリハを見せてもらった。クアトロくらいの普通の広いホールで、ふたりでぽつんと(笑)。

小山田 ほんとにさみしくて、誰も知り合いいないし。ほかのバンドは怪しげな感じだったし……おびえてた。でもストラップ忘れちゃって、たぶん山本さんだと思うけど、ボアダムスの誰かそばにいた人にストラップ借りたんだよね(笑)。あの頃のインディーズの感じって怖かったじゃん、今ないよね。ライヴ・ハウス怖いとかさ。
── ペニーも対バン大変だったんじゃない?
佐鳥 はじめはね~、今でいうゴスとかパンクとか。でもソドムとかに可愛がられて、あの人たちスミスとか好きだから、そういう感じだね~とか言われて、ちょっと違うんだけどとか思いながら(笑)。
小山田 ほんとになかったからね。ネオサイケっぽいのはあったけど、ルースターズのエコバニぽい感じとか、D'fとかくらい。メリーチェイン以降の感じはなかったよね。
佐鳥 小出さんに「英国」に書いてもらって、小山田君たちが来てくれて、やっと好きなことやってもオッケーな感じになった。

小沢とふたりで、いろいろなバッヂ作ってた

小山田 まみちゃんとか古閑君がやってた4ADぽいバンドとかあったよね。ケイス・オブ・サイセリアとかエクセホモとか。
── コクトー・ツインズとかは英国音楽のサークルの人たちも好きで。ディト・オブ・バースとか、バンドやる人たちみんな好きだったイメージ。
小山田 84、85、86年くらいがコクトー・ツインズでしょ、ちょっとゴスとかつながってて。それ通ってからここ(メリーチェイン以降~C86)にきてるんだよね。最初にアズテックとかあって、ゴスっぽいのを通って(C86へ)。
薄田 「英国」読んで小出さんの趣味が引っ張ってるというか、タイムスとかTVパーソナリティーズとか、知らなかった

よね。ギリギリ、パステルズやジャズ・ブッチャーぐらいで、その先輩バンドみたいな系譜は知らなかった。

小山田　ポスト・パンクぐらいまでさかのぼると小学生になっちゃうもんね。うちら（笑）

薄田　ヴィック・ゴダードはエルではじめて知るけど、その前わかんないもんね。

――　私も全部師匠から教わって知ったから（正確にはタイムスはロンドンタイムスから）。日本では「フールズ・メイト」にも取り上げられないことにもどかしさがあったなあ。

小山田　「レコード・ミラー」のアノラック・キューティーズ特集みたいの、あの当時デカかったよね。

薄田　あれとマイブラの麦畑の中のジャケ。あれ見た時衝撃だった。

小山田　4つマッシュルームあるやつでしょ。あれカッコいいとおもったね。

――　〈ニューレコード（*The New Record by My Bloody Valentine*）〉ってやつね。

薄田　あれと、「レコード・ミラー」のキューティーズ特集が同じくらいの頃で。

小山田　パンクでもピストルズとクラッシュじゃなくて、アンダートーンズとバズコックスで。

――　それがマリン・ガールズとか、オレンジ・ジュースにつながるっていう。で表紙がスープ・ドラゴンズ。

小山田　（11号見て）パシフィックとか懐かしいね。

――　この「英国音楽」11号のCMジングル作ってくれたよね。

小山田　やったやった（笑）。CM作ったね。

――誰に聞かせるわけでもないよね（笑）。友だちに配って（笑）。コーンドリース！とか言ってるの（笑）。

小山田　（12号表紙を見て）《ワイルド・サマー》、このクリエイションのコンピ。これでいろいろ知ったよね。パステルズも入ってたよね。〈サムシング・ゴーイング・オン〉。これではじめて聴いたのかも。このバッヂ…これは？

――ドラム猫とパステルズのは君たちにもらったのです。そっちのバッヂは原宿にスマッシュってお店があって、そこにヴィック・ゴダードのバッヂがあったの。

小山田　スマッシュの話、昨日もしてたんだよなあ。あそこに行きたいって（笑）。

――なんであの時パステルズ・バッヂを付けてきたんでしょう？

小山田　パステルズ好きだったんだよね。ほら〈パステルズ・バッヂ〉って曲がタルーラ・ゴッシュにあったじゃない。アイコニックなものでしょ。それでじゃないかな。パステルズ・バッヂ絶対売ってないから、新宿かなんかに作りに行った。いろいろ作った気がする。オレジュのハートのとか。いろいろ作ってた。ないから（笑）。小沢とふたりで。

――当時〈レッド・フラッグ〉をカヴァーしたのは？

小山田　やりやすかったんじゃない？ロバート・ワイアットがやってて、ロディもやってたんだよね。それで好きだったんだよ。小沢とふたりでできたし。

――自分は阿木さんの「ロック・マガジン」を読んでなくって。

小山田　薄田君が書いた時、買って、その前とか全然知らなかった。

薄田　ぼくが書いたのは復刊号で、PBCのレコード発売と復刊とノイ（阿木さんの店）のオープンが重なって、小山田君が出たあのイベントがあって、その後「英国音楽」に原稿やマンガを書くようになるのかな。

小山田　薄田君がこの辺のインディのこと書いてくれてるんだよね。「ロック・マガジン」、あんまり売ってなかったし、ちょっと上の世代かな。瀧見さんとか、伊藤さん、若林さんが「フールズ・メイト」に書いてて。小野島さんのやってた「ニューズウェイブ」もあったね。

薄田　「英国」の男版って感じ。88年くらいになると「英国音楽」とかミニコミの方が「フールズ・メイト」より情報が載ってたんじゃないかな。

小山田　「フールズ・メイト」はYBO²とか日本のインディとかトランス・レコードばかりになっちゃって、のちにヴィジュアル系につながる展開に入るよね。そういう時にこういうミニコミがあったんだよね。情報が雑誌しかなかったからね。

薄田　「英国」で一番部数多かったのはどれ？

――最後の2号だと思うけど、フレキシも500しか作ってなくて、本は300か400しか作ってないと思う。

小山田　こういうのってヤフオク出てるの？

薄田　最後の2号はフレキシ付きだと、数万円で取り引きされているんですよ。

一同　ええ〜!!

小山田　これ（「英国」）全部合体させて1冊に製本したら？　ブツとしてあるとうれしい。「サーチ・アンド・デストロイ」ってアメリカのパンクのファンジンやって、90年代には「リ・サーチ・マガジン」やってた人、世界中のブック・フェアをまわって当時の自分のデットストック売ってて、まとめて1冊にしてる。

——海外のファンジンみたいに復刊してみたいけど、面倒くさくって。

佐鳥　（当時のロリポップのセットリストを出して）これ、ペニーの解散の後、出てきたんだけど。

小山田　対バンした時に交換したんだ。

——〈ドリアン・グレイ〉やってたんだね。

小山田　〈ロシア〉はインストだ。〈I.Y.C.〉って曲なんだろ？　全然わからない。

薄田　あと、これ覚えてる？（88年当時の小山田君からの年賀状を出す）

小山田　全然覚えてない！　おれ年賀状作ってたんだ！　真面目に作ってるな。パステルズ好きだったんだな！

薄田　ライヴ写真のシリーズもあって。誰かのお土産写真（ロディ・フレイムのライヴ写真がハガキになっている）に「こんにちは。ロディ・フレイムです」って書いてる（笑）!!

小山田　こっち（ウーデントップスの写真ハガキ）はロロになってる！　「こんにちは、ろろです」!!　（最後は）「ろろより」だって（笑）。

薄田　井上さんからはじめてもらったテープもあるよ。ロリポップの。阿木さんに送ったのと同じような。

小山田　シンク・カーネーションやペニーも井上さんのテープに入ってる。シンクのゆうたろう君亡くなったんだよね……。

佐鳥　お葬式行ったよ。その時、当時の音源をまとめたのをもらって聴けるようになった。

小山田　ヤマドゥ（フィリップス）にもらった。シンク・カーネーション知ってもらいたいよね。

——　フィリップスって、どうしてつながったんだっけ？　フィリップスもシンクも武蔵美だよね。

佐鳥　シンクは武蔵美ではないんだって。造形？とかあの辺の近くの美大だけど、いつも武蔵美の学食にいたんだって（笑）。

小山田　武蔵美は学祭も出たよ。フィリップスとシンクと久野君のジャズ・ボーンズ！　ひろちゃん（ブリッジ）は知ってると思う。武蔵美のバンドとよくやったね。フィリップスは仲良かったよね。

佐鳥　ペニーはリリキューとやったことある。

小山田　リリー・フランキーさんが武蔵美の頃にリリーズ・キュート・プロジェクトってバンドやってて、コミックバンドみたいで面白かった。ペニーもうちらも対バンやった。

佐鳥　ほかのバンドは怖めだったけど、フィリップスはフレンドリーだったよね。

小山田　ハウスマーティンズみたいだったよね。シンクは男ＥＢＴＧ！

佐鳥　私とひろちゃんには憧れの人たちで話せない（笑）。

小山田　イケメンだったよね。あの頃ゆうたろう君ちに行ったんだ。小沢とふたりで。その時映像録ったんだよね。ふざけてセッションした。

佐鳥　ペニーのリストの中にビロードと対バンしたってあるんだけど……やってないよね？　ブッキングだけだよね。

小山田　それ絶対やってない。沖野君が海外行っちゃったんだよ。ビロードがね……ほんと孤独なバンドで誰も友だちができないまま解散した（笑）。沖野君は井上さんに紹介されて、沖野君がデモ・テープ聞かせてくれて。ドアーズの〈ブレーク・オン・スルー〉をリズムボックスとギターと歌やってるのがすごいかっこよくて。それで誘われた。沖野君はモッズ・バンド（シャウト）やってたんだよね。最年少でモッズ・メーデー出たって。あと沖野君は60's好きだったけどＮＷとかバニーメンとか知らなくて。いろいろダビングし合ったりして一緒にやってた。（ばるぼらさんがまとめた資料を見て）ビロード、ケース・オブ・サイセリアともやってるんだ。たぶんライヴ5、6回くらいしかやってない。レーベルの人と沖野君が知り合いでシングルが出たんじゃないかな。ダムドぽいパンクの人。16トンズも出したレーベル。何回かライヴやって毎回5人くらいしか来なくて1人は田中の弟（笑）。田中の弟くら

いしかファンがいなくって（笑）しかもイベントの一番最初だからほかのバンドの客すらいなくって、客5人で（笑）。それで沖野君がNY行くって言って自然消滅。沖野君はその後すぐロンドン行くんだけど。

佐鳥　私もロンドンで知り合った。誰かに紹介してもらって住所片手に行って。

小山田　フリッパーズで《カメラ・トーク》の時、パリの道で撮影してたら沖野君が歩いて来て（笑）。あれ！とか言って。その後ロンドン帰って沖野君ちに遊びに行った。ロンドンじゃなくてパリの道に、なんでいたんだろう（笑）。その頃〈ローデッド〉が出たばっかくらい。その後すぐ帰ってヴィナペ始まるんだよね。古閑君のエクセホモのルックスが忘れられない（笑）。対バンしたの覚えてるよ。ロリポップで。

佐鳥　ペニーも対バンしてる。

小山田　あの頃、相馬君が作ってたペニーのチラシとか、あれすごい良かった。どうやって作ったの？

相馬　デザイン事務所にいたからモノカラーコピーしてた。

佐鳥　シルクスクリーンぽいんだよね。

小山田　相馬君とはどこで知り合ったの。

――「英国」買ってくれて、2色刷りの手紙をくれる人で……。

小山田　レベル高い（笑）!!　吉本君は？

――吉本君は京都のあのらっぱに来てて。

小山田　吉本君、手書きでジャズ・ブッチャーのTシャツ作ってくれたの、持ってると思う。すごくうまくって絵が。あの豚の絵が完コピで。

――どこにもないから自分で作るって時代だったね～。というわけで、そろそろお開きにしますか。

（2019年9月　スリー・ディーにて）

小山田君、ハードなスケジュールなのに、昔の話をあの頃と変わらずにたくさんしてくれて、感謝してもしきれません。ありがとうございました　（小出）

SMALL CIRCLE OF FRIENDS

スモール・サークル・オブ・フレンズ

東京ネオアコ・シーン・バンド紹介 その2

Roof

【結成当初】

佐々木光紀（EB）（Vo＋G）
荒川康伸（Dr）
加地秀基（カジヒデキ）（B）
池水真由美（Key）
清水弘貴（G）

↓

【2nd『Two Lane Blacktop』録音まで】

佐々木光紀（Vo＋G）
関沢カズヒコ（G）
北沢ミチアキ（G）
関美彦（B）
岡部テツヤ（Dr）

↓

【1992年の『Two Lane Blacktop』リリース頃】

佐々木光紀（Vo＋G）
関沢カズヒコ（G）
北沢ミチアキ（G）
黒沢タツヤ（B）
小林克美（Dr）

Bridge

【結成当初】

大友真美（Vo）
池水真由美（Key）
清水弘貴（G, Vo）
加地秀基（B）
EB（Dr）

↓

【1990年、ヒットパレードの前座ライヴ〜】

大友真美（Vo）
池水真由美（Key）
清水弘貴（G,Vo）
加地秀基（B）
黒澤宏子（Dr）
EB（G）

↓

【1991年より】

大友真美（Vo）
池水真由美（Key）
清水弘貴（G, Vo）
加地秀基（B）
黒澤宏子（Dr）
大橋伸行（G）

Marble Hammock

【結成当初】

清水弘貴（G）
池水真由美（P）
荒川康伸（Dr）
佐鳥葉子（Vo）
斉藤圭介（SS）
SAITO RYUSUKE（B）
石田真人（G）

↓

【1991年4月以降】

清水弘貴（G）
池水真由美（P）
荒川康伸（Dr）
佐鳥葉子（Vo）
斉藤圭介（SS）
SAITO RYUSUKE（B）
黒澤隆寿（Vln）

Venus Peter

沖野俊太郎（Vo＋AG）
石田真人（G）
土中康史（G）
古閑裕（B）
小松孝信（Dr）

※メンバーは、結成当初から時系列で並べました。時期がわかるものは明記しました。参考資料：「Ask Zinesters 3」、ウェブサイト「渋谷百景」

第5章

Something Going On

何かが起きている

1987-1988

パステルズ・バッヂの意味

ペニーを「英国音楽」9号に載せた反響は思ったより早く、そして思いがけぬ形で現れました。「はじめに」でもすでに書きましたが、これは知る人ぞ知る伝説かもしれませんが事実です。ただし記録がなくて記憶が怪しい！

まずは物理的な証拠から探ります。「英国音楽」9号のペニー記事の最後に**ライヴの告知を入れました**。6月25日@下北沢屋根裏対バンはＸＯＹＯ（元ソドムとかの人らしい）、キッチン・ア・ラ・モードほかと、7月31日@下北沢屋根裏Ｗラジオ・インセインとの2件のライヴです。しかし、9号ができたのが6月20日頃なので9号を見て6月25日のライヴに来られた人はいなかったでしょう。つまり、１９８７年7月31日下北沢屋根裏が、本書「はじめに」で記した、その日でした。共演のラジオ・インセインに**池水眞由美**さんの同級生がいたということで、お客さんは何かしらメンバーとつながりのある人ばかりでした。そこにみんなから離れて、階段に座っている見慣れぬ少年がふたりいて、それがのちのフリッパーズ・ギターの小山田君と小沢君だったというわけです。

小山田君は「オリーブ」に載っていて一部では有名人だったようでした

「英国音楽」9号より。

池水眞由美
バチェラーズ～ルーフやブリッジほか多くのバンドに関わり、現在はスリー・ベリー・アイスクリーム。

し、彼らふたりが渋谷でレコード買ってたら、声かけられてテレビに出たって話も聞きました。そんな子たちと自分が知り合えたのは、ひとえに当時ほぼ誰も評価してなかった、パステルズなんぞを愛好する希少な人間だったからでしょう。お互い「珍獣発見！」みたいなものです。

かつての朝ドラ「ひよっこ」で主人公のおじさんが「ビートルズう」と口にするのと、我々にとっての「パステルズう」は同じだと思います。当時のパステルズ本人たちはバンドのイメージが固定化することを嫌って、常にもどかしさを抱えてきたようなので申し訳なく思いますが、でもそうなんです。パステルズという雷に打たれてしまったもので仕方ない。許してください。**パステルズのバッヂ**を付けるということには大きな意味があるわけです。

パステルズのバッヂ
当時は並行して「プライマルう……」というのもあった。手作りでないパステルズ・バッヂってもはやほぼお目にかかれない。おそらくごく初期しか作ってない。スティーヴンの勤務する図書館にバッヂ製造機があったとか！　私もパステリズム・バッヂしか持ってない。ゆきのさんは86年頃パステルズを見てご本人からパステルズ・バッヂをもらったそうだ!!　タルーラ・ゴッシュが最初にその名を馳せたのはおそらく、〈パステルズ・バッヂを失くした日〉なんて曲をやっていたことが大きい。タルーラの女子ふたりはお互いパステルズ・バッヂをしてたから仲良くなったんだって。

「英国音楽」10号　あなたはエル支持派？　反対派？

そんななかで作られた**「英国音楽」10号**。もう何の打算も衒いもなく、自信をもって我々のその時の関心がストレートに反映されています。

10月に**エル・ナイト**があったんですね。インディおたくな自分は、バブル

「英国音楽」10号

期の日本でオシャレに持ち上げられるものに非常に敏感になっていました。高校時代にクレプスキュールのことは素直に受け入れたというのに、大学生活も終盤を迎えて世間が見えてきたのか、カフェバーでハウスマヌカンに消費されてなるかと警戒していたのです。

「あなたはél支持派? 反対派?」というアンケート用紙を作ってペニーのライヴに集まるお仲間に答えてもらいました。「エルきらいなひとなんているの?」と屈託なくEB(いび)さんに言われた記憶があります。まったくその通りです。素直でなくてすみません。こんな自分はフリッパーズのふたりが友だちじゃなかったら絶対、フリッパーズに反発してました。あいつらマネじゃん!とか言ってね。あの頃の私は、とにかくまず、マスコミが売り出し中のものは疑ってかかってました。若気の至りと笑ってやってください。

自分も含めて周りに本当の意味でのアンチ・エルなんていなかったのです。私も何だかんだ言いつつ、エル・ナイト見に行ったら王様こと**キング・オブ・ルクセンブルグ**がヒラヒラの似合う王子様だったのであっさり寝返り、キャーキャー言って楽しみました。エル反対派なんていなかったのに、私の目論見を汲みとって数名(O君とされてます)がアンケートで反対派に回ってくれたのでしょう。感謝しかありません。

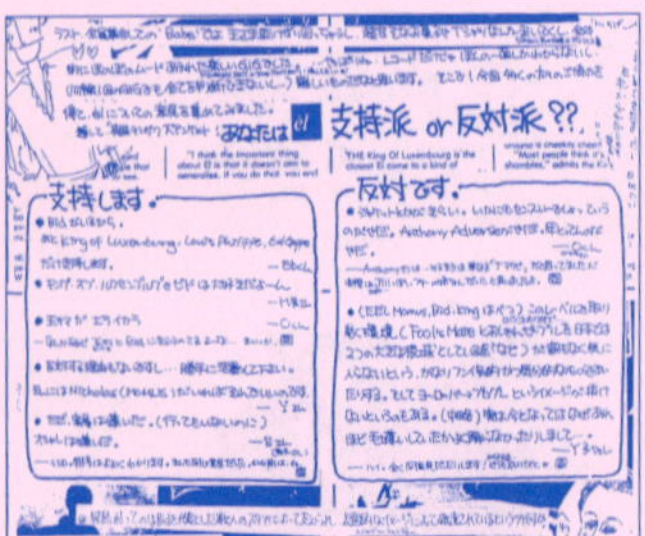

「英国音楽」10号より。

エル・ナイト
正しくは「エル・クラブ・ナイト」。パルコ劇場のサイトに記録が! 陽気な世紀末。

10号は引き続きネオＧＳ系のバンドも並んでいます。ネオＧＳと一口に言いましたが、厳密にネオＧＳを標榜していたのはファントムギフトとヒッピー・ヒッピー・シェイクスくらいで（自分の知る範囲でです）、皆さん60年代を土台にしながらもそれぞれ個性があることは、ライヴに通っていれば自ずとわかりました。20ヒッツの記事でも「もう飽きましたこの（ネオＧＳという）文字」なんて偉そうにボヤいてます。トレンドとして取り上げられるとバンドはメジャー・デビューできるけれど、ファンとしてはお客が増えて距離感が変わってしまうことへの不満がありました。20ヒッツの取材は、洋楽歴の長い人たちから自分が体験できなかった話が聞けたうえに、テンポール・チューダーの話なんかで大笑いができて、とても楽しかった思い出があります。ほかにベルズ、オリジナル・ラヴ、ワウ・ワウ・ヒッピーズ、ロンドンタイムス、ウェルズと、すべて当時我々がライヴに通い詰めていたお勧めバンドたちでした。ロンタイはサンペーさんとナベちゃんと**ロンドンの話**もしてます。今ひさびさに読み返して**ザ・タイムス**のエドのお父さんが日本人と結婚してるとか、そんな話もしていて、へーへーとか思いました（笑）。テイモテの話しか覚えてなかったわ！

キング・オブ・ルクセンブルグ
かつて動画サイトで来日当時のTV出演の姿が見れたのに……削除されていました（涙）。

ロンドンの話
こどもたちのcityツアーの話も……トモロヲさんや人生も一緒だった。

ザ・タイムス
TVパーソナリティーズの初期メンバーのエドワード・ボールのバンドですが、そんなこともよくわからずに、ポップなネオ・モッズバンドとして大喜びで聴いてました。

すべての道はTVパーソナリティーズに通ず

かねてからラフトレ経由で**TVパーソナリティーズ**には一目置いていたのですが、パステルズがTVP'sのレーベルからデビューしてたことを知って歓喜していたところ、さらにまったく関係なくロンドンタイムスを追っかけていたらライヴでザ・タイムスのカヴァーをやっていて狂喜したのがこの頃。別々に愛好していたものが一気につながったのです。すべての道はTVP'sに通じた頃でした。そのココロはモッズであり、ザ・ジャムだと思うのですが、まあ向こうの人はいろんなプライドもあってソコはなかなか認めないでしょうね。そんなわけで私の**「哀愁のポップスタア」**は当時自分の旬だったTVパーソナリティーズとザ・タイムスです。でも資料不足で自信なさげです。

10号にもお友だちに寄稿してもらった記事があります。ポップなジャケットに目を惹かれ7インチを集めていた**ザ・チェスターフィールズの3枚目のシングル**に**〈アスク・ジョニー・ディー（Ask Johnny Dee）〉**という曲がありますが、そこで歌われたジョニー・ディーにブライトンで会ってきたと、ゆきのさんが言うではないですか。ジョニー・ディーは彼がやっているファ

Television Personalities
"I Know Where Syd
Barrett Live"

TVパーソナリティーズ
カルトという言葉が一番ピッタリくるバンド。〈シド・バレットはどこ？〉なんてシングル・タイトルに引き寄せられていました。当初の日本盤は7インチのみのリリースでしたし、きちんと日本で紹介されたこともなくて、手さぐりで聴いていました。

The Chesterf!elds
"Ask Johnny Dee"

これを執筆中に、2019年チェスターフィールズ再結成ライヴにジョニー・ディーがDJ出演して、サポートがロドニー・アレン！というニュースが。生存確認。元気そうで何より。熊本の同名バンドは彼の名をもらってつけたそうです。最近再始動しているようです。

ンジン「**especially yellow**」でスミスのモリッシーにインタヴューしていて、スミス・ファンのゆきのさんはそれを購入し、ジョニーと文通していたのです。９号のパステルズ原稿に続き、10号ではそのジョニー・ディーへのインタヴュー寄稿をお願いしました。

いたのさんはジャズ・ブッチャー目当てでエーコクを買ってくれてから、文通が始まりました。スミスの似顔絵が「レコード・ミラー」に載ったことがあり、パステルズやぶっちのシールも作ってくれて、仲間内で「画伯」と呼ばれていました。**ジーザス・クドゥント・ドラム**のメンバーとも文通していたので、彼らについて10号で寄稿してもらっています。

あっこちゃんとサラ前身シャ・ラ・ラとファンジン仲間

ふたりとも当時関西在住だったので、奈良のあっこちゃんを紹介してくれました。あっこちゃんこと山内章子さんは、高校生にしてアズテックＦＣ会報に積極的に投稿していたＦＣ内の有名人で、関西でアズテックＦＣ会を開いたり、イギリスの**シャ・ラ・ラ**というフレキシ・シリーズを付けていた

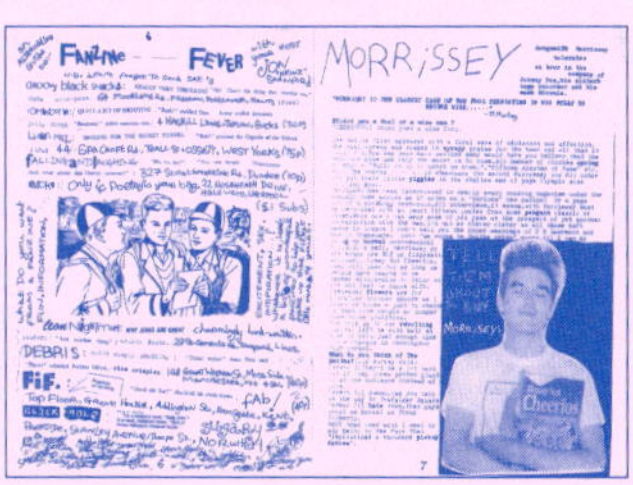

「especially yellow」No.4より。

ジーザス・クドゥント・ドラム
関連バンドはレスタースクエアのプロデュースのアルバムを出したりしてます。フリッパーズとも縁がありませんでしたっけ？

the TIMES

the TIMES

私がthe TIMESのカッコ良さに気づいたのはロンタイ(London Times)が'Red with Purple Flashes'をカバーしてからです。運よく殆どのLPに出会えたけど'Pop Goes Art'だけは見たこともなくて、「日本じゃ見たことないね」とロンタイのサンペイ氏の心憎い言(インタヴューも見てね♥)(ちゅうこと)。

the TIMESのEddieはTVP'sのメンバーだったけど、'This Is London'のレーベルと溝の間の所に、'They could have been bigger than TVP's'って彫ってあるのは笑いました。Mood Sixとも縁あるとかで、'Boys About Town EP'収録'Victim'はM.S.のTonyの曲だとか。'Enjoy'にもMood Sixのメンバーはクレジットされてます。(※最近出たNikki Suddonと共演T-RexカバーEPのTIMESってVenus In Fursの人で theTIMESとは無関係だって。special thanx to Navi♥)

LPで1枚、といったら私は'This Is London'です。私などついつい JAMみたい〜と思ってしまったけど、聴き返すうち、全編抜群のthe TIMESのPOPセンスに病み付きになります。3まででPistols LPを買って、黒のスーツに黒のタイ♪とPower Popを唄える'Whatever Happened to Thamesbeat'にはEdのPop Musicへの想いひしひしだし、'Big Painting'はスカッと決まって爽快だし、本当にどれもかっこ良い♥♥

'Go! with the Times'は荒削りながら'Red with Purple Flashes' 'My Andy Warhol Poster'(TVP's的感覚)とEdのsongwritingはサエてます。'Your Generation'と、(Generation Xの.ね?)そしてナポ・ソロのテーマ'Man from U.N.C.L.E.'演ってるのもご愛敬。(中学生だったのよ)

'Hello Europe'は The Sound of Young Europe! なんて黒人と白人の握手の図付で、これはMOTOWNのパロですね。〈Postcardではなくて!〉そこで このLPは幾分黒っぽくなって、'Things We've Learnt'なんてCAFE BLEUしてて、スカタンかっ!とつい怒ってしまった。でも、それは地味なか損してるだけで、聴き込むとじわじわくるかも。♪the words are Hello Europe & hello America、とつぶやいて、'Enjoy'へ続くことをほのめかしています。

次の'Up Against It'は番外編。映画'Prick Up Your Ears'(プリック・アップ…)にもなったJoe Ortonの書いた幻のBeatles映画'Up Against It'のサントラ、という名目です。裏ジャケ(Yellow Submarineのパロ)のライナーによれば、ウソか真か、EdはMood SixのTonyと'Up Against It'をヒントに劇を製作、大好評を得た、とFaceやらCity Limitsやらの評まで載せています。その真偽のほどはさておき、このLPは文句なく楽しい。'Anarchy in the U.K.'のモロ・パクリ'Mutiny in the British Empire'は圧巻(?) PistolsもBeatlesも知らない私でも充分楽しめるLPです。でもその'Up Against It'の脚本が発見され、ミュージカル化が決定、音楽担当は、当然the TIMESではなくて、Todd Rungrenだそうで、Edはどう受けとめてるんでしょう…。

'Enjoy'は'London'→'Europe'からのいとこのFrankの物語三部作完結編。中ジャケには「私とFrank」てな内容の文章が綴られていますが、ほぼEdの半自叙伝とも言えそう。Frankの初め参加したバンドというのはTVP'sを思わせ、Londonで出会ったのがTIMESの仲間かな?あとは殆ど空想大活劇で、裏ジャケには「Frankは大統領暗殺の罪を着る! 果して誰の仕業か?」てな予告編があって、中に詳しい物語が細々書かれてる、という凝り方。このLPはCOKEの(Edwyn Collinsと同じだよ〜ん)ジャケからもわかる通り、アメリカ文化がテーマ。裏ジャケはWarhol, James Dean etcのAmerican Heroesで埋められています。(アメリカ版This Is Londonかな?)ラストの曲では♪Red with Purple Flashes等の歌も織りこんで、歌詞カードのラストには'Absolute End'との言葉。最近の活動のウワサを聞かないだけに少し不安です。

the TIMESって1度好きになると、とことんつき合わされてしまいそう。パクリにもファンゆえに、という愛情とセンスを感じるし、自分の曲すらパクってしまう、憎めない奴です。安っぽい音でもこんなにカッコイイ!と常に立証してくれるthe TIMES。また忘れた頃にふとレコード届けてほしいものです。

※収録オムニバスはよくわかりませんが、最近には'Beyond the Wildwood'でシド.フロイドのカバーがアホっぽくて?よい♥
♥special Thanx To YUKINO…

DISCOGRAPHY the TIMES

SINGLES
4th Floor/Oxford St. W1 (CLC Records 001)
Where's Bill Grundy Now? EP(Part Time Punks etc.)
King's Road Records 001.later RT033) ↳NME'Pogo A Go-Go'85収録—tape—
Smashing Time/King & Country (Rough Trade RT051)
I Know Where Syd Barrett Lives/Arthur the Gardner
(RT063) Jap. 盤は Magnificient Dreamsで(RT-8)'シド・バレットはどこ?'という邦題
Three Wishes(Whaam! Records 004)→Jap.Clean Cutsに収録
Biff Bang Pow!/Picture of Drian Gray(Creation Artfact
flexi 002)
Sence of Belonging (RT 109)
How I Learnt to Love the Bomb (Dreamworld)
The Prettiest Girl in the World(Ger. Constrictor003)
ALBUMS
...And Don't the Kids Just Love It! (Rough 24) 1981年
Mummy You're not Watching Me (Whaam! Big 1)* 82?
They Could Have Been Bigger Than the Beatles (Big 5)* 82
*re-released on Dreamworld
The Painted Word (Illuminated Records Jams37) 84
Chocolat-Art live (Ger. Pastell Records POW 2) 85

12 SINGLES 7"は'London Boys'(Unicorn phz-1)
I Helped Patrick McGoohan Escape(Artpop no1)
Blue Period(no2)
Boys About Town(Pop 43doz)
Times TV(Blaze 16T) ← ♪David Jonesなんて曲もあります (MODS時代のBowieの曲)
ALBUMS
Go! with the Times (Artpop Art21/Ger. Pastell POW 3)
Pop Goes Art (Art 20) Whaam!から元々出ていたらしい。
This Is London(Art 19)
Hello Europe(Art 17)
Up Against It(Art 16)
Enjoy(Art 15)

・これよんだ人エライ! お疲れサマでした♥

I PRESSED THE FIRE CONTROL... AND AHEAD OF ME ROCKETS BLAZED THROUGH THE SKY...

英国・哀愁のポップスタア達の系譜 其ノ四

T.V. Personalities & the TIMES の巻

この春〜夏、私は the Pastels → T.V. Personalities → the TIMES → the London Times というサークルにどっぷりハマりこんでおりました。そこで このコーナーで TVP'S と the TIMES を取り挙げることにしたのはいいけど、どちらも LP 5枚以上出ちゃってるベテラン(?)だし、資料は少ないし、頭の中も整理ついてないし。で、今回 まだまだ 読みが足りません。文中、不適当な発言 等、ございましたら、どうか ご遠慮なく ご指摘下さいまし。よろしくお願い致します。

T.V. Personalities には 大まかに言って 2つのイメージが あるでしょう。1つは古き良き Rough Trade のグループの1つとして。もう1つは the Pastels を中心とした 最近の英国 Indie Pop のお師匠としてのイメージ。前回も触れた通り、the Pastels は TVP's の Dan Tracy のレーベル、Whaam! からデビュー、Stephen Pastel はコトある毎に TVP's を誉め讃えています。他にも Creation レーベルの Alan McGee、Soup Dragons、BMX…と TVP's 信奉者は多いそうです。Cherry Red 'Seeds 1' の解説；'Dan Tracy is one of the great songwriters' という言葉は今の英国 Indie pop scene を代表するものなのでしょう。

TVP's って活動歴がまた長くて！唯一の国産EPの解説では '75年結成とか。初期、Dan は Nicholas Persons とか名乗ってて、増々コトをややこしくしてくれる。メンバーも毎回違って、今や Dan Tracy ＝ TVP's ということみたい。

最初の Rough Trade からの LP、超ヘタクソでチープな音作りのクセに、POPでキャッチーな曲が目白押し！の文句なしの傑作！と言いきってしまおう。'MUSIC BY EDWARD, MARK, DANIEL' の Ed は 現 the TIMES の Eddie なのでした。世界は狭い！この LP は後のものに較べて サイケ色が薄く、それは Eddie のせいか、時代の反映か？ Ed も1曲 リードをとってるようで、作曲も参加したとかで、Dan は このラインナップ 気に入ってたそうです。the King of Luxenburg が本物より上手にカバーした 'A Picture of Dorian Gray' も この LP に入ってます。produce は Vic Hammersmith-Broadway って これ、JAM の producer、Vic Coppersmith-Heaven のパロディ？よ(笑) ホントにムダがなくて 飽きのこない LP です。

2nd では、クレジットないけど、Ed は抜けているハズで、一皮むけたようなサイケな曲が増えるけど、(the JAM) MODS っぽい 'Painting By Numbers' とか 'Lichenstein Painting' とか お注目。表題曲は Teardrop Explodes の 'Tiny Children' 辺りを思いおこさせます。

3rd は 未発表曲等の compilation で これも おススメ。1st EP の曲も入ってて 'Part Time Punks' (NME PUNK tape に入ってた！) 同様、もたつく ドラムとか 微笑ましくて 大好き。the Creation (Pete Townshend が FC に入ってたので有名なバンド) 'Makin' Time' と 'Painter Man' の曲もやっていて、このへん Alan McGee と気が合うのでしょうね。'Perfumed Garden' は アコースティックに 幕が開き、「泣ける」ともっぱらの評判です。(ちなみに TVP's は CREATION 001 'Alive in the Living Room' にも入ってる)

4th は その McGee 氏の右腕 Joe Foster 参加。曲数が多い！とビックリした人もいます。すごく詩的で印象強い曲が いくつかあるし、the Jazz Butcher の 'Mind Like A Playgroup' 的感覚の曲もある反面 ('A Sense of Belonging' とか 'Say You Won't Cry' とか…)、全体として 長くて退屈。60分もあるし、1枚っきあえるかな？というのが 正直な所。(既きこんでない から よくわからないけど)

5th は ヘタさは定評ある TVP's なので、代表曲が 聴けるのが売りの live in Germany。Butch といい、jcd といい、ドイツの方が ウケるみたい。('I know where Paul Weller Lives〜' とうたうのも好きなの) 余計なプレスの評価に左右されないからかな。現メンバーの Jowe Head (ex Swell Maps) は ドイツで Polookas とかってレーベル やってるらしいし。

Dan Tracy のやってた Whaam! レーベルは 元来 the TIMES と Marine Girls のためのものだとかで、George Michael に イチャモンつけられて (ホント？)、Dreamworld を再スタートさせたそうです。でも、その名が Lichenstein の絵 Whaam! から来てるのは ミエミエなのに。(それを Tate Gallery でみつけて 'Weller a guitar!' と叫んだのは私) Dreamworld には the Mighty Lemon Drops が(かつて)いて、メジャーへ行きましたが、だからって Dan が 若い連中に 愛されている訳でもないでしょう。互いにつきあいもあるようだしね。なな Bobby のコトは 良く 知らないの。

Hockney や Syd Barrett や (最近は Morrissey の ウタも あったらしい) こどもたちの うたを、ペナペナな音にのせて、ダサイ ジャケに 包んで、あくまで マイペースに うたい 続ける TVP's の 姿は、ほんとうの Indie scene の 実在しない今、いつのまにか、若いミュージシャン達の 理想となっているのかもしれません。

もーすぐ New LP 出るらしいって 今に 気むつんじゃ…？ そのへんも マイペースなのよね。

♥ Special thanX to YUKINO
・入手できない 貴重な レコードは 高円寺 パラレルハウスで 買った。
本当に ためになる レンタル レコード やさん。しかし 閉店して しまったらしいの。悲しいことです

そしてもし代が幸せじゃなかったら
その涙を僕がわけあってあげる
でも夢だけはすてちゃだめだよ
明日に…

●T.V. パーソナリティーズ

メンバーは、ニコラス・パーソンズ（ギター、ボーカル）、ラッセル・ハーティー（ベース）、ヘルヴィン・ブラッグ（ドラムス）の3人組。

1975年に "ザ・ブローン・アップス" として、当初5人組で……した彼らは、T.V.パーソナリティーズと改名したあと

僕は知っています彼の住んでいるところ
シド・バレットの住んでいるところ

むかし むかし
彼はとても有名でした
今では誰も彼のことを知る人はいません
……ているのかどうかさえも
……います彼の住んでいるところ

V. PERSONALITIES

ファンジン・ライターたちとも直接やり取りしていました。そういえば、「ファンジン」って言葉はあっこちゃんからはじめて聞いたのでした。87年のことです。それまでは「ミニコミ」と呼ぶのが普通でした。

英インディ・レコードやカセットやファンジンまで、ファン垂涎の品を何でも扱っている**リズム・レコード**の通販も、あっこちゃんから教わりました。リズムは毎月丁寧なカタログを送ってくれて、目を皿にしてチェックして注文しました。最終的には自分の作ったフレキシも扱ってもらいました。スコットランドの音楽紙「ＣＵＴ」も教わって購読しましたっけ。そのあっこちゃんのイギリス旅行にお姉さんとともに同行したのが**薄田育宏君**で、もともとは薄田君のお姉さんとスミスやアズテックＦＣでつながり、そこから薄田君とも文通するようになりました。彼が大阪のウッドストックでバイトしていたので、これまでレコード店委託は東京だけだったのが、大阪ウッドストックでも置いてもらえるようになりました。また、あっこちゃんたちのその初渡英は86年の夏のことで、サブウェイのマーティンを訪ねたりして、まさにＵＫアノラック・シーンの原点を目撃しているんです。あっこちゃんの情報は誰よりも早くてリアルだったので、みんな一目置いていました。その行動力に誰もが触発されることになります。

シャ・ラ・ラ

サラ・レコーズがきっちりと過去の資料をアーカイヴしているので、ぜひ見てみてください。貴重なファンジンやフライヤーもあげていて素晴らしい。シャ・ラ・ラについてはこちらに詳しいです。

サラを始める前のマットを含む、複数のファンジン・ライターによるフレキシ・シリーズがシャ・ラ・ラ。カタログ番号のba ba-ba baはフラー！の〈ヒップ・ヒップ（Hip Hip）〉のコーラスから。サラのクレアはひとりで自分のファンジンにフレキシ付けてたのね。ファンジン・ライターでフレキシ制作経験もある、クレアとマットのふたりが始めたのが、サラ・レコーズでした。あっこちゃんやゆきのさんは彼らと文通していて、あっこちゃんこと山内章子さんの写真はサラのザ・ウェイクのシングルを始め、多くのレコード・ジャケットに使用され、とくにサラのコンピ〈エア・バルーン・ロード（Air Balloon Road）〉のさくらんぼ写真は、サラのロゴにも使用されました。サラの本『POPKISS』では、あっこちゃんは「sarah fan」と紹介されてます。

10号の表3といいますか、最後のページに「All fanzines are GO!」と題して、バニーメン・ファンジンの「ムーンリット・マーケット」と群馬のモッズ・ジン「マイ・ライフズ・ア・ジグソウ」とオリジナル・ラヴやＮＹパンクなどと一緒に詩や絵も載せた「ポピー」の3誌の小さな広告を載せています。ポピーちゃんはライヴ会場で出会いました。小さいながらもファンジン同士の交流がありました。８号にも、私がその溢れる愛にいつも感嘆していたアラーム・ジンの「ウォーク・フォーエヴァー」の一面広告も載せていますが、果たして効果はあったのでしょうか。ミニコミ同士、仲良くなったミニコミがあったら、お互い広告を出し合っていたのでした。

クラブ・イベントのＤＪチームの名前を決めるのが楽しかった

どうしてその話が持ち上がったのか忘れましたが、10号の表紙を開くと我々「英国音楽」メンバーによるクラブ・イベントの告知が一面を飾っております。おそらく自分たちの踊りたい曲ばっかりかかるイベントがほしいよね

『POPKISS』

リズム・レコード
rhythm onlineとしてネットショップが残っていましたが、２０１８年12月に閉店してしまった模様（涙）。海外向けファックスも贅沢だったので、航空書簡にクレジットカード番号を書いて注文を送っていたような。ロンドンに同名の店がありましたが別の店です。

薄田育宏
渋谷のマキシマム・ジョイというレコード店店主でした。現在はディスクユニオンにいらっしゃいます。

～なんてサトマやサクラとダベって（今ダベるって言わないよね）いて、じゃあ自分たちでやろう!!と盛り上がったのでしょう。レンタル・スペースのような場所を借り、プリントごっこでチケット作ったんじゃなかろうか。学生で前払いする資金もないでしょうから、無名の学生の無理な条件でも貸してくれるお店だったのでしょう（記憶も記録もなくてごめんなさい）。

イベント名と自分たちＤＪチームの名前を考えるのが楽しかったのはよく覚えてます。「the king of dance craze」というのは、サトマやサクラの好きなスカと、我々が共通して好きだった60's のイメージから即決まりました。チーム名の「nutty squad」のnuttyはマッドネスから、squadはトレイシーちゃんのバック・バンドのソウル・スクワッドから、絶対イカす！と思っていただきました。自分で発音はできませんが。

サクラによる告知ページには「ネオ・アコースティック」という文字も踊ってます。一方私のページの告知には一切その単語は使っていません。従来のネオ・アコースティックとは一線を画した、新しい価値観なんだという確信のようなものがあり、自分のＤＪタイムは**「the sound of Blue Boy」**と名乗っています。このイベントはＤＪチームそれぞれが友だちを呼んで英国音楽やペニー・アーケード周辺のお仲間にたくさんチケットを買ってもら

the sound of Blue Boy
オレジュのポストカードからのセカンド・シングルのタイトルからいただきました。「英国音楽」10号より。

ったと思います。いろんな人が来てそこで交流もあったらしいのですが、自分たちはＤＪなんてはじめてのことですから、それだけでいっぱいいっぱいで何も覚えていません。自分がかけるものをキッチリ決めてその通りにかけたと思います。

小沢君は来れず、小山田君が友だちを連れて来てくれましたが、小沢君と小山田君のふたりが来たと思い込んだ人もいたかもしれません。たくさんの人が集まってくれた証拠にと、記録としてぐるっと見渡して撮った写真だけが残っています。我々主催者も含めてきちんと記念撮影もしていなかったのを後悔しています。

ロリポップ・ソニックの誕生——１９８７年末

小沢君小山田君と知り合って間もなく、小山田君がバンドをやっていることと、小沢君は東大受験が終わるまで加われないんだってことを聞きました。小山田君のバンドはもともとは井上由紀子さんが中心に作ったもので、ネオアコじゃないから……みたいな理由をつけられて、最初は聴かせてもらえなかった覚えがあります。そのうちに小沢君が入ったらバンド名をロリポップ・ソニックに変えるんだって話も聞きました。ロリポップとソニック……UKインディ・ファンが好きそうな2つの単語でした。

プライマル・スクリームのメジャー移籍後のシングル〈ジェントル・チューズデイ（*Gentle Tuesday*）〉のすべての曲を熱狂的に聴いた後に、1stアルバム**《ソニック・フラワー・グルーヴ（Sonic Flower Groove）》**がちょうど発売されたかされないか……の頃でした。**ソニック・ユース**もマストな気分だったのでむしろそっちだったかも。イキってる感じのソニックという言葉とロリポップという可愛らしい言葉と。そんな硬軟とり混ぜたイメージを狙ったのかなと思いました。そもそもプライマルの1stタイトルがそんな感じでしょう。あの頃みんながプライマルになりたかったんじゃないかな。

《ソニック・フラワー・グルーヴ》はメジャー作品としては本国でも売れなかったせいか、その後メジャーからは契約切られるし、メンバーもスタイルも変えていくし、コアなインディ・ファンたちはインディ時代に演奏していたアレもコレも入ってないとか、**BBCセッションの方がいい**とか文句をいうのがお決まりになってるけれど、日本の自分たちにとっては、キラキラ鳴りまくる圧倒的な12弦と、ひたすら甘いメロディと甘い声を、どうだこれで

Prinal Scream
"Sonic Flower Groove"

ソニック・ユース
メリーチェインと並んで、当時のインディ・ファン必聴バンドがソニック・ユースでした。グラスゴー・シーンとゆかりも深いですが、我々は「フールズ・メイト」経由でソニック・ユースを聴いていました。

BBCセッションの方がいい
オレンジ・ジュースにしろアズテックにしろストロベリーにしろ、初期からのファンが言う決まり文句。後追いファンにはちょっとイラっときますが、私もスミスとプリミティヴスはBBCセッションが好きでした（笑）。名作セッションは気軽に聴けるようになってほしいです。

もかと聴かせるプライマルは十分に革新的でクールだったんです。

井上さんと小山田君のふたり組バンドは結局２回見たと思います。奇跡的にテープが残っていまして……なぜなら２回とも当時大好きだったオリジナル・ラヴとの共演だったので、オリジを録音するつもりで録音の用意をして行って、小山田君のバンドも始まってみたら可愛かったので慌てて録音したらしく、１曲目が切れちゃってるのがまた臨場感あります。オリジナル・ラヴはほかのバンドにはない引き出しがあってクールで熱くって、みんなオリジナル・ラヴが大好きでしたね。エーコク的にも盛り上がっていたオリジと小山田君のバンドが共演しているなんてうれしい偶然でした。

井上さんと小山田君のバンドはピーウィー60'sという名前でした。もともとはバンド編成で活動していましたが、私がはじめて見た時に小山田君がＭＣで「メンバーが抜けちゃってふたりになって、名前もロリポップ・ソニックに変わって」と言ってます。ふたり組になって小山田君のカラーを出せるようになったのかもと想像します。87年11月26日新宿ロフト夜の部でした。コレクターズの映画『さらば青春の新宿ＪＡＭ』でも言ってましたが、当時新宿ロフト夜の部は敷居が高くなかなか出ることができないイメージだったので、井上さんってすごいなあ～と感心しましたっけ。

井上さんのキーボードと小山田君のギター・ヴォーカルのみの簡素な演奏で、鼻歌っぽい曲が多く、失礼ながら歌詞はあってないようなものでした。のちにレコーディングもされていない未完成な曲ばかりでしたが、ナナナコーラスのポップな可愛らしさが決め手となり、秒速で録音ボタンを押してます。ザ・バンド・オブ・ホリー・ジョイの〈ローズマリー・スミス（*Rosemary Smith*）〉のカヴァーもしてます。ふたり組でやるのにピッタリな曲で、原曲を小沢君が聴かせてくれたのをよく覚えてます。この時期の小沢君は、東大受験のためにバンド活動は控えていたけれど、大学入学後のロリポップ加入を見据えていたわけで、彼を加えたロリポップが強力なギター・バンドになるのはわかっていたし、その音楽的な趣味と最高のセンスを全面的に出せば、まだ見ぬ理想のバンドが完成すると確信できました。それで次のエーコクにはロリポップの曲を入れたフレキシ・ディスクを付けよう、なんて話をすでにして盛り上がっていたんじゃないでしょうか。

このライヴの時に告知してるのが、年末の大阪のライヴでした。井上さんはバンドを積極的にあちこち売り込んでいたようでした。自分は大阪在住だった薄田君とも文通していたので、ふたりともメリーチェイン好きな同世代だし、きっと気が合うから絶対に見てきて～！と薄田君に強く勧めたところ、ちゃんとライヴに行って小山田君と井上さんに会ってくれて、それから始まった縁が今も続いてるので、自分いいことしたな〜と自画自賛します。関西のエーコク読者の田花君もここでふたり組のロリポップを見ていて、ほんとラッキーです。

私が見た2回目は年が明けて88年1月15日クロコダイル。ヴェルヴェッツの〈アイム・スティッキング・ウィズ・ユー（*I'm sticking with you*）〉をカヴァーしてます。のちにカセットに入れる〈ゴー！（*Go!*）〉も披露されています。この後私は卒業旅行で渡英したので、自分が見たふたり組ロリポップはこれが最後でした。どうも私はこの時の録音テープを誰かに渡そうとイギリスに持っていったらしいんです。

めざせ、働くファンジン・ライター

１９８７年は大学４年で一応就職活動の真似ごとのようなことをしました。１学年上の佐鳥さんも就職していましたし、高等部の部活仲間が先輩から話を聞く機会を作ってくれてなんとなく就職のイメージだけはできました。男女雇用機会均等法は86年施行ですからヨチヨチ歩きです。そんな甘い考えだから女性の地位が向上しないんだ！と怒る方もいらっしゃるでしょうけど、当時の自分の感覚を正直に言いますと、4大卒総合職の女性はエリート中のエリート、スーパー・ウーマンでした（その頂点が雅子妃）。前述の「ムーンリット・マーケット」をやってらした方は大手経済系出版社勤務で憧れでしたが、自分の学歴では難しいうえに、出版にこだわる理由もありませんでした。音楽関係に就職活動する同世代の男性たちも見てましたし、WAVEのあるセゾングループも人気でした。ラフトレ会で徳間ジャパンに通ったり、出版社に取材したり、編集部のバイトをしたりもしましたが、自分の体力ではとても務まらない仕事だとわかりました。

「英国音楽」がやっとのことで好きな特集でも採算を取れるようになり、いよいよ面白くなってきたところでした。まだまだやりたいことがあって終わりたくなかった。それには**5時から女**になるしかない……というわけで、親に頭を下げて契約社員の口を紹介してもらいました。本当に甘ちゃんで申し訳ないです。

同列に語るのも恥ずかしいですが、高校くらいの時に読んで決定的に影響された記事がありまして、「ミュージック・マガジン」で確か高橋健太郎さん

5時から女
「5時から男」のCMはもう少し後の88年の流行語ですが。

がＵＫインディ・レーベルについて書いたもので、ラフ・トレードにしろファクトリーにしろ、2足の草鞋というか、片やレコード流通網と店舗、片やテレビ司会者という経済的な下支えするものが別にあることで、やりたいことを貫いているという記事だったと記憶しています。名だたるインディ・レーベルと自分を一緒にするのはおこがましいと十分承知しておりますが、この記事がきっかけで、やりたいことを貫くためには安定した収入源を別に確保すべきだと思ったのです。

それから、親族に芸術的な趣味を持つ人はいても、それを生業にする人はいなかったことも大きいと思います。家でも自営業は大変だ～とばかり言い聞かせられていた印象です。好きなことを生業にすることは自分の頭にはありませんでした。ヘタレでごめんなさい。のちに現実には**2足の草鞋なんて生易しいものじゃない**と知ることになるのです。

2足の草鞋なんて生易しいものじゃない　当時は4大卒で事務職となると募集が少ないうえに、女性の同級生の多くは金融や商社に就職しても、事務職だと数年で肩叩かれて転職したり寿退社したりしてます。そんな時代だったとご理解ください。

ブライトンでジョニー・ディーやドリス・デイズと出会う

曲がりなりにも就職内定が決まるとローンを組むことができたので（それ

も実家暮らしだからですよね）、１９８８年２月にひと月余りの卒業旅行に再渡英しました。今回は友人ともこさんと、とーるちゃんと、なおちゃんの３人が一足先にロンドンでフラットを借りていて（それぞれ卒業後バイトなどでお金貯めて長期ステイ）、そこへ私とまりこも転がり込ませてもらいました。見たいライヴばかり見る楽しい共同生活。毎週火曜日に「timeout」と「ＮＭＥ」を買ってギグ欄をチェックして予定が決まっていました。私はアズテクの再来日公演を見るために、ひとり先に帰国したので見逃したものも多いのですが、アズテク来日とあっては仕方ないと今も思います。

　すでにゆきのちゃんからジョニー・ディーを紹介してもらって文通していたのが前回との大きな違いで、ブライトンでまりこも一緒に待ち合わせしました。するとなんとジョニーは**ザ・ドリス・デイズのデニス**を連れてきてくれたではありませんか。ドリス・デイズは「英国音楽」10号のジョニーの記事でも「ペイル・ファウンテンズとドリアカとバージニア・アストレイを混ぜ合わせたみたいなんだけど（中略）何か違うものがある」と大プッシュされていますが、自分もゆきのちゃんにデモを聴かせてもらい、まだどこにも音源を発表していないのに、こんな完成された美しい世界を持つバンドがあるんだ！と衝撃を受けて、大興奮で盛り上がっていました。

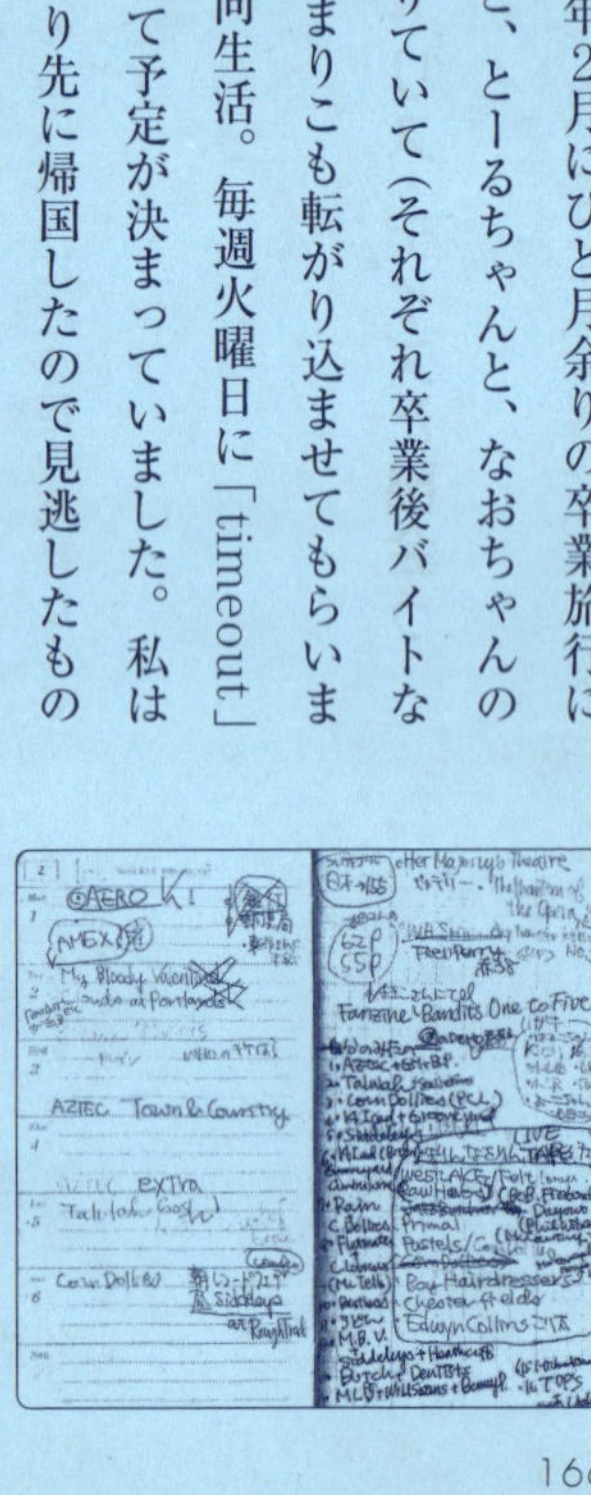

渡英の時の手帳より。
ライヴとレコード買いの日々。

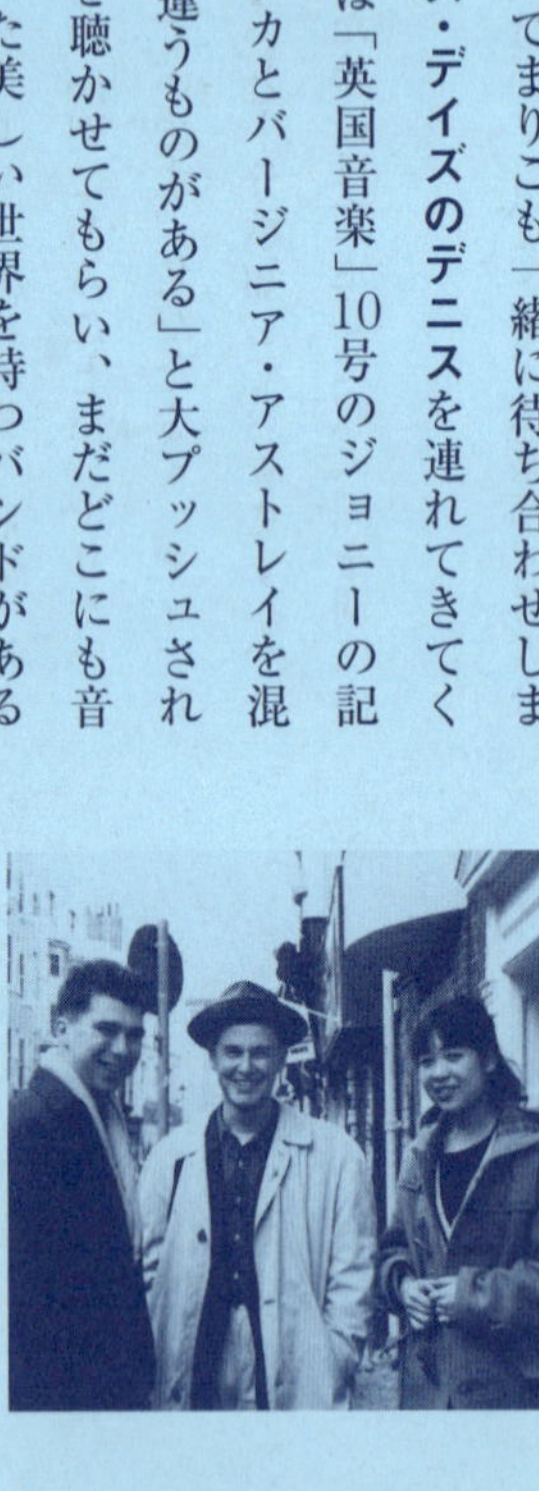
ザ・ドリス・デイズのデニス
文通していたジョニーとブライトンで待

ロリポップと並んで当時の自分の大注目バンドでしたから、この対面には大喜びしました。これを皮切りにジョニーの彼女のクレアとデニスの彼女のネッサも加わり、我々のフラットに遊びに来てもらったり、一緒にパブに行ったりしました。彼らは我々の片言英語にも辛抱強く耳を傾けてくれる、とても寛大な人たちでした。

私の帰国後には、ともこさんがドリス・デイズのレコーディングに遊びに行き、それがクリエイションからパシフィックと名前を変えて出したデビュー・シングル〈バーヌーン・ヒル（*Barnoon Hill*）〉の冒頭のナレーションとなったというわけです。ともこさんのソフトな声にデニスがインスパイアされたのかも。パシフィックはシングル2枚を出した後、尻切れトンボになってしまいましたが、デニスはのちにハウスにも興味を示していたので方向性が変わってしまったのかもしれません。その後も仲君とカジ君が初渡英の時にデニスのスタジオを訪ねたり、友人かさはらさんがブライトンに留学した時に彼らと交流したりと、私がすっかり不精してる間にも誰か何かとつながってくれています。

ち合わせ。左からジョニー、デニス、著者。ザ・ドリス・デイズはパシフィックのことです。

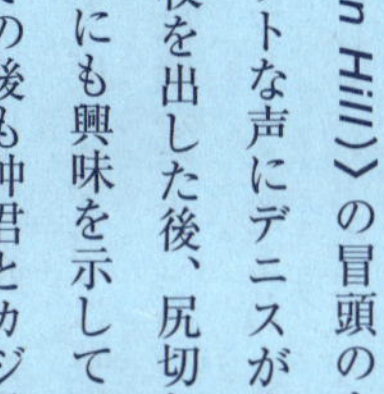

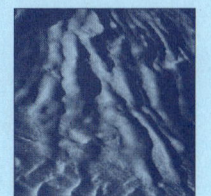

Pacific
"Sea Of Sand E.P..."

バーヌーン・ヒル
Bandcampで無料ダウンロードできます！　新星堂制作コンピ《３×20（Colours）》にも収録。２０１７年チェリーレッドの《C88》にも！　小沢君がナレーション部分を引用したことで有名だとネットに書いてある（笑）知りませんでした。

フレキシ付けたい！

「英国音楽」に**フレキシ・ディスク**を付けたいという思いはどこから始まったのか。

初渡英の後にゆきのさんがジョニーと会った話を聞いたりして、もっとアーティストに話しかけるとかしたら違う世界が広がったのかも……と自分の人見知りと英語力のなさを悔やんだので、今度の渡英では英国10号を持参して、もっと積極的に行こうと思っていたのは確かです。あっこちゃんやゆきのさんとの文通を通じて、ファンジンにはフレキシだよね～という意識が強くなっていたこともありました。かつてオレンジ・ジュースには、出なかったファンジンに付くはずだったフレキシがありましたし、パステルズも1枚作ってましたから、フレキシ付ファンジンはファンジンの最もカッコいい理想の形でした。何よりパンク・ファンジンの祖「Sniffin' Glue」だって、最後の号にオルタナティヴTVのデビュー・フレキシ〈ラヴ・ライズ・リンプ（*Love Lies Limp*）〉を付けていました。これも師匠に教わりました。フレキシ付きファンジンのDIY的由緒正しさよ。

インディ・ポップ然としたロリポップと出会ったことで、「英国音楽」にフ

フレキシ・ディスク
この言葉もあっこちゃんやゆきのさんからはじめて聞きました。日本ではソノシートといってました。

レキシ付けよう！という絵が俄然くっきりと現実的なものとなりました。
フレキシ・ディスクのことを日本ではソノシートといいますが、そもそも自分は子供の頃からソノシートが大好きでした。紙芝居には朗読ソノシートが付いていたし、子供向け特撮やアニメの絵本にもよく主題歌のソノシートが付いていました。本から音が出るかのようなカラフルなファンタジー……幼少時から「ソノシート付き」という言葉にはどこかウキウキさせられます。元祖メディア・ミックスです。

デニスにもフレキシ参加のお願いをしてましたが、パシフィックがクリエイションと契約して叶わなくなってしまいました。あっこちゃんからは大好きな**クローズ・ロブスターズ**のギターのトムさんを紹介してもらい、**グラスゴーで会ったりもしてます**。彼は寡黙な人でしたが、スープ・ドラゴンズのスシィルもいて彼がとにかく明るかったのを覚えてます。でも気後れしちゃって彼らとはそれきりになってしまいました。何より彼らはすでに自分にはスターだったのでフレキシ参加を頼もうとは思いもせず、会えただけで感激でした。ファンジン付録のフレキシはレコード・デビュー前の新人のお披露目であるべきというイメージだったのです。

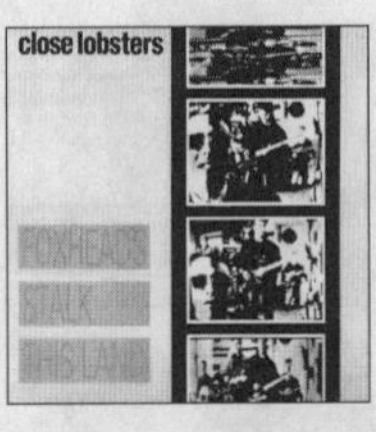

Close Lobsters "Foxheads Stalk This Land"

クローズ・ロブスターズ
前の章にも出てきますが、《C86》収録のグラスゴー出身の青春そのものバンド。ウェディング・プレゼントの寵愛を受ける。

グラスゴーで会ったりもしてます
それはマイクロディズニーのギグだったらしいが自分は一切見ていないか記憶がない……。

インディ・バンドとファンジンの幸せな関係

当時あっこちゃんが猛プッシュしていたインディ・レーベルは、「英国音楽」11号で特集してもらった**ミディアム・クール**でした。サブウェイ、サラの次はミディアム・クール！くらいの勢いでした。お勧めバンドはフラット仲間にも伝えていたので、彼女たちは先にミディアム・クールのバンドのライヴを見に行ってとっても気に入って、そこに貼ってあった**スチュワート・サトクリフ**のポスターをもらって、**フラット**に貼っていました

自分もミディアム・クールの代表バンドであったザ・コーン・ドリーズを2回見る機会がありましたが、その2回目の時のサポートが同じミディアム・クールのザ・レインでした。注目レーベルの新人バンドということもあり、ともこさんの強力サポートでメンバーに突撃しました。「英国音楽」を渡してインタヴューとフレキシ参加をお願いするとその場でOKが出て、よくわからないうちにインタヴューが終わってました。連絡先もくれてちゃんと音源も送ってくれました。こうして、なんともあっさりと初の海外アーティストのフレキシ参加が決定したのでした。

実際口頭ではそのまま原稿にできるほど会話ができないので、後日手紙

MEDIUM C·O·O·L

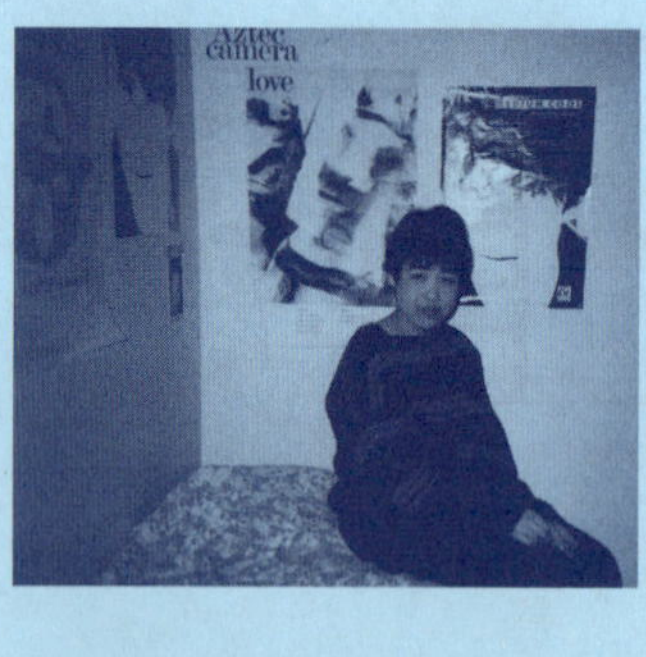

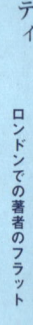

ロンドンでの著者のフラット

で補足質問もしています。不精な自分は完成したフレキシと本を送って以来、彼らと連絡していませんが……突然やってきたどこの馬の骨とも知れない日本人に、ファンジン取材と音源提供を快諾してくれるとは……なんていい人たちだったんでしょう！　当時のロンドンのインディ・バンドとファンジンとの関係性はそんなものだったのだろうと感じられます。YouTubeやSoundCloudにアーティストが好きに楽曲を発表したりなんてできない時代です。ファンとアーティストの間にあったファンジンの存在をアーティストも大切にしてくれていたんだと思います。

さて、残念ながら自分はマッカーシーのライヴを見る機会に恵まれなかったのですが、ギタリストのティムとはたびたび顔を合わせました。友だちが仲良くしていてライヴに行くと必ずいたのです。私たちは主にその友だちと喋っていて、たまに話しかけるとティムはクスクス笑っていたので、仲間内で笑い上戸と呼ばれていました。真面目一辺倒バンドのマッカーシーの清涼剤的存在。その子がまさかのちにステレオラブで偉くなるとか……音楽マニアなんだな～とは思ってましたけど、人生何がどうなるかわからないものです。

この時見た**タルーラ**は、アメリアちゃん学業専念のためしばし休養する前のギグと思っていたのですが、結局タルーラ・ゴッシュの最後のギグだった

スチュワート・サトクリフ
ハンブルグ時代のビートルズのベーシスト。ミディアム・クールのかっこいいサイトでそのポスターの一部が見られます。上質な音楽もですが、何よりデザインが完成されていてクールでしたね。

ミディアム・クールのサイト

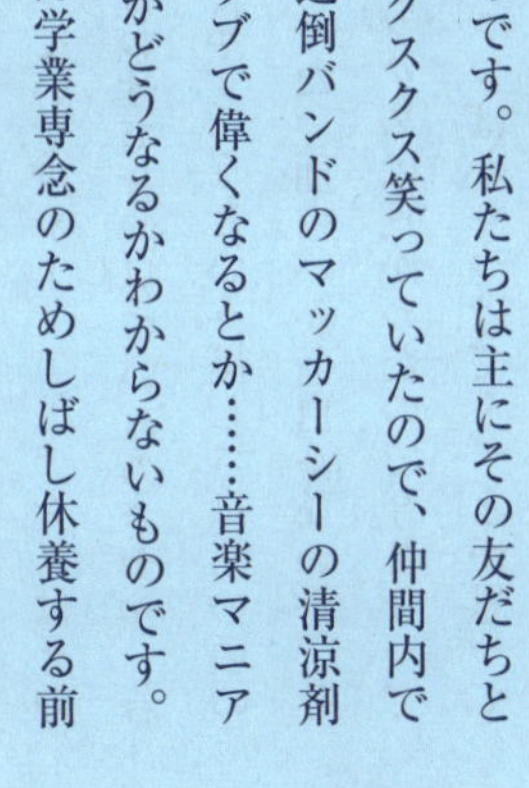

1988年2月にロンドンで見たライヴ

Talulah Gosh

と後からわかりました。前座はサラ1番リリースの**シー・アーチンズ**。当時の自分は演奏が面白くないと即ぶった切っていて、シー・アーチンズはその典型。TVパーソナリティーズの前座と合わせて2回見ているのですが、若いもんががんばってるね〜と、大きな懐で見守ろうという優しさはあの頃の自分にはないのです。自分自身も若く青かった。面白いか面白くないか。それだけ。シー・アーチンズのレコードやルックスは良かったので今となっては残念な気持ちもありますが、それ故にカッコばかりつけて……とか思ってしまったひねくれ者でした。

いよいよ見ることが叶った**TVP's**は、「演奏がなが〜〜くて退屈だよ〜」と事前にデニスに脅されても耳を貸さず、期待たっぷりで臨んだものの、1時間半以上演奏して知らない曲が大半。目撃できたこと自体を喜んでいたけれど、あの頃自分はサイケ音楽を聴かなくなっていて、その後TVP'sからも気持ちが離れてしまいました。同じことがジャズ・ブッチャーのライヴにもいえて、ずっと好きで見たかったのにマックスが抜けていて変わってしまい……昔の曲も聴けたのはうれしかったのですが……以下同文。見れた！というありがたみと期待したものや時代とのズレ。現地人ではないからオンタイムでの目撃は難しく、どうしてもズレが生じるのです。

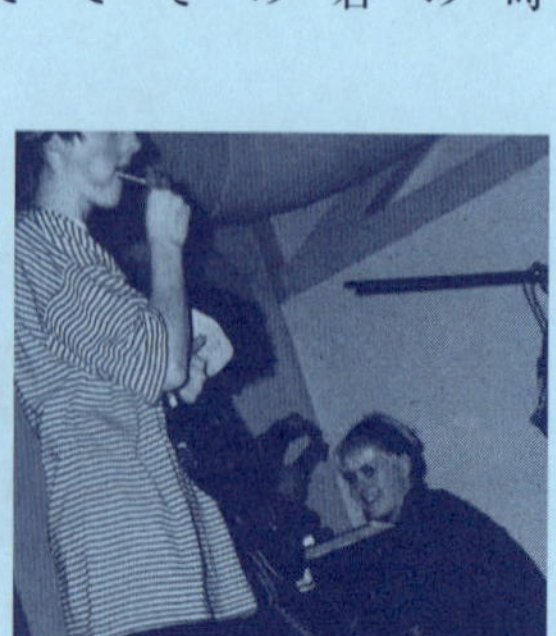
Talulah Gosh

Sea Urchines

そんななかで先入観なく心底楽しんだのは**グルーヴヤード**というバンドでした。14アイスド・ベアーズの前座ではじめて見て即気に入り、**ブライトンのライヴ**も見に行きました。サイケなバンドで、ボーカリストのパフォーマンスは激しく「青筋立てて血管ブッ切れそうになるまで熱唱する」のだけど、フルートが特徴的でコーラスもあり、とにかく踊れて楽しかった。みんな小柄な子たちだったのも話しかけやすかったのでしょう。ライヴの熱気のまま即フルートのサイモンに話しかけ、フレキシ参加を要請して手紙のやり取りまでしたけど、フレキシ参加は叶いませんでした。

結局ポップ・サイケは好きだったのですが、当時ブライトンはプライマル一味やアラン・マッギーが住みついてクラブを始めたとのニュースもあり、この日もマッギーが一目で契約したといわれたブロウ・アップの人がＤＪをしていて、プライマル御一行もいらしてました。しかし自分がイギリスのクラブに慣れなかったせいかボビーさんの姿はとうてい健康的には見えず……再び以下同文……すっかり引いてしまったのでした。この経験がやっぱりおクスリはよくないな～という印象を植え付け、マンチェやハウスに乗り切れない原因となりました。

TV Personalities

Grooveyard

アノラックから革ジャンへ？

ここまでくるとなんとなくおわかりでしょうが、88年になるとUKではアノラックにみんな飽きたというか、〝cuties〟とか〝shambling〟ってバカにされやすいし、アルバム1枚出せて生き残ったバンドたちはとくに、次はもっと強そうに見せたくなるんでしょうね。クリエイションのバンドたちはもともとメリーチェインのヒットで注目されたわけで、最初からバーズやラモーンズやモンキーズやシャングリラスばかり好きだったわけでもなく、それもまた一面だったわけで、この頃から徐々にサイケやらストゥージースやらMC5な方へ流れていったんですよね。ハウスはまだあったかどうか。**プライマルのセカンド・アルバム**も出ていなかった88年初頭は、その経過観察中の時期だったと後からわかります。自分はそれがもう嫌で……インディ・シーンの人たちみんな、アノラックを脱いで革ジャンに着替えちゃってさあ〜みたいな変わり身の早さが目につきました。

ま、そもそも実際アノラックを着ていたのは一部なんですけどね。バンドを偉そうに見せるのに革ジャンって安易じゃないですか。そんな時代の象徴みたいなブロウ・アップには自分はいいイメージがなかったのですが、それ

Primal Scream
"Primal Scream"

はライヴを見ていないからで、実際見たら案外楽しめたのかもしれません。そもそもグルーヴヤードのジャスティンはブロウ・アップにも参加してました。しかもこのジャスティンさん、お父さんがボンゾ・ドッグ・バンドだったとかで、英国ロック的にじつに由緒正しい方だったんですね。

この頃ロンドンの街には**プリミティヴスの〈クラッシュ（Crash）〉**のポスターが貼られ、テレビでもボブカットで60年代ふうにしたトレイシーを中心に〈クラッシュ〉を演奏する姿が見られて、またもおらが村の出世頭の活躍ぶりを実感できて心からうれしく思ったものです。しかしメジャーに売れると反動もあって、ポートランズという我々がよく行ってたライヴ・ハウスにプリミティヴスを見に行くと、すでに行列で入ることもできず、寒さに耐えかねて帰ってきたら、その後プリミティヴスのロゴ入り特製チョコバーが配られていたと聞き、二重に残念な思いをしています。

2月19日にはインディ・バンドにとっては大きな会場のタウン＆カントリークラブ（アズテック・カメラもここで見ました）でウェディング・プレゼントのギグがあり、人気の高さがわかる熱気を感じたのですが、前座のクローズ・ロブスターズとフラットメイツだけ見て、インディ・バンドがよく出ていたパブのファルコンへ移動。そこで**ボーイ・ヘアドレッサーズ**がやるはず

Primitives
"Crash"

The Boy Hairdressers
"Golden Shower"

ボーイ・ヘアドレッサーズ
パステルズのスティーヴンとショップ・アシスタンツのデイヴィッドの〈53rd＆3rdレコーズ〉からシングル1枚を出して、のちにメンバーのノーマンとレイモンドがティーンエイジ・ファンクラブを結成する伝説のバンド。ターナー賞を受賞するアーティストのジム・ランビーや、ジョー・マカデリンとフランシス・マクドナルドも在籍。グラスゴー界隈でお馴染みの面子ばかり。

だったのです。なのにキャンセルされていてガッカリしたのですが……。

「しかし疲れた私を元気にさせる出来事が！　そこにスティーヴン・パステル先生がいらしたのだ！　楽しみにしていたマクテルズの演奏も先生のおかげでうわの空。あの紺のダッフルに上までボタンを留めたシャツにVネックという姿でマクテルズを見てらした」（「英国音楽」11号より）。

なんということでしょう。自分は先生に声をかけて**サイン**をもらうのがやっとでした。マクテルズも先生も写真はありません。先生に対して自分のファンジンに何かお願いを……なんて思いつきもしませんでした。そのパブにはほかにも**ピーター・アスター**と**ジューン・ブライズ**のフィルもシドリーズもいらしていたらしいのですが、もうパステル先生だけでキャパいっぱいでこれ以上何か望むのはバチが当たりそうでした。なのにこの日は帰りの地下鉄でもうひとつ出会いがありました。

「ふと見るとそこにタルーラのアメリアとピーターがちょこんと座っていた！　ウェディングスを見てきたそうで、私たちも見てきたことにした」（「英国音楽」11号より）……あなたたちも？　みたいに聞かれて「はい」としか答えられなかったんですね〜。佐鳥さんにウェディングス見なかったことをいまだに言われますが理由があったんです。どうかお許しください。

手帳にしてもらったパステル先生のサイン。

ピーター・アスター
ロフトでウェザー・プロフェッツでソロ活動も素晴らしいお方。

ジューン・ブライズ
前の章でもたびたび言及してますが《C86》にもクリエイションにも入っておかしくなかった最重要バンド。

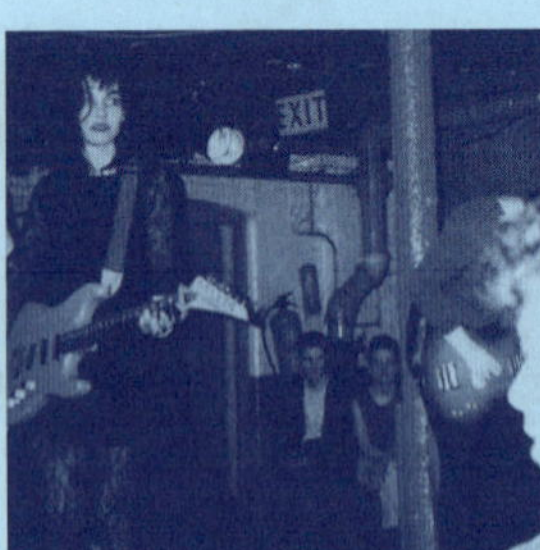

My Bloody Valentine（88年2月）

前回見た時にいた初代ヴォーカルが抜けて**ビリンダが加入したマイブラ**も見ていますが、網タイツにピンクギターの派手なお姉ちゃん（ビリンダ）が登場してビックリしつつ、いまだに大好きな〈ストロベリー・ワイン（*Strawberry Wine*）〉のメロウなイメージよりずっとハードな演奏だったものの全然嫌じゃなかった。変化しても必ずカッコよく変化するという自分のマイブラのイメージはこの時固まったかもしれません。

ほかにもいっぱい後悔していることはあって……やっぱり**シドリーズ**です……当時一番クールなバンドだと思いました。ライヴが面白いかというと正直またちょっと違うのですが、3度もライヴを見てほかに1度見かけてるのにクール故に気後れして話しかけられなかった。今頃**インスタでつながったりして**。ネットのない時代でしたから、海外の人とつながるのって大変なことだったんですよ。ちなみに《C86》以降のバンドのなかで最もネオアコなのはシドリーズだと当時から思ってたのに……バカでした。

あと印象的だったのは、なおちゃんが**ザット・ペトロール・エモーション**の大ファンで、自分はライヴを見れなかったのですが、そのメンバーをちょこちょこ見かけたことです。とくにヴォーカルのアメリカ人のスティーヴ・マックはカムデンのレコード屋で働いていて、店員として気軽に話してくれ

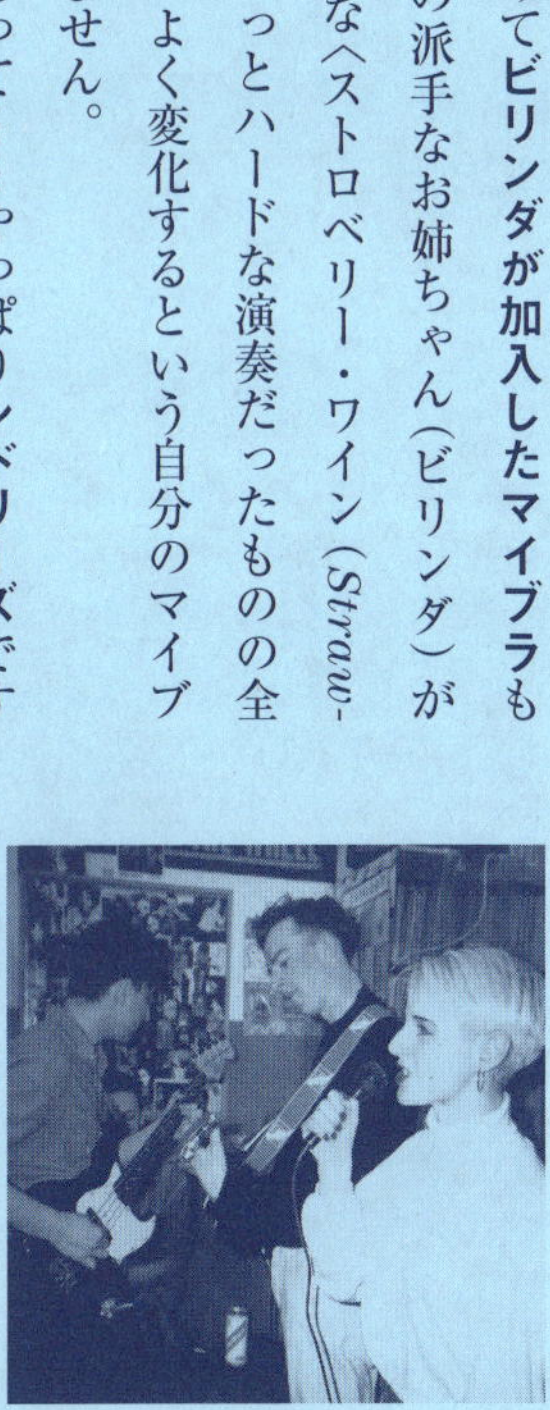
The Siddeleys（88年2月）

インスタでつながったりして
インスタにシドリーズのこの頃のライヴ写真をあげたら、メンバーのアランさんが喜んでレスをくれました。

ザット・ペトロール・エモーション
元アンダートーンズのメンバーふたりを含むオルタナティヴ・バンド。ジューン・ブライズのピンク・レーベルからシングルもあり《C86》に入ってしかるべき。

た印象があります。元**アンダートーンズ**でもあるダミアンも誰かのライヴで見かけましたっけ。みんな音楽好きな人たちって感じでした！

アンダートーンズ
映画『グッド・ヴァイブレーションズ』（未見）でも描かれているらしいジョン・ピール大推薦アイリッシュ・バンド。バズコックス、オレンジ・ジュースとともに後世への影響力大のポップ・パンク。

第6章

(Once I was) Happy in HAPPY extreme

憧れのフレキシ制作！
アノラック・パーティ

1988

最初のボーナスが出たら フレキシ付き「英国音楽」を作るんだ！

楽しかったロンドンのフラット生活から帰国し、アズテック再来日を見てペニーのライヴでみんなに会って、大学生活最後の春休みは終わりました。アズテクは大阪公演も見に行って、あっこちゃんと神戸のゆきのさんちに泊まって語り明かしました。

こうしてあれよあれよという間に社会人です。４月の平日は会社の研修所で合宿生活だったので、週末に実家に帰っては当時出たての**ザ・ヴァセリンズ〈ダイイング・フォー・イット（*Dying for It*）〉**をガンガン聴いていた記憶だけあります。慣れない会社員生活のストレスが溜まっていたのでしょう。でもボーナスが出たらフレキシ付「英国音楽」が作れると思って、それだけを励みに仕事をしていました。とても真面目な社員とはいえなかったので、ひたすら周りに恵まれたと感謝しています。

そうこうしている間に、ロリポップは小沢君、吉田君、荒川君が参加して5人組になって、ライヴ活動を始めていて、自分はおそらく5月13日にはじめて見ています。ロリポップ・ソニックとしてのデモ・テープももらってい

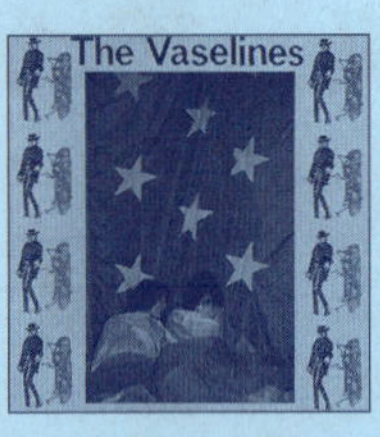

The Vaselines
"Dying for It"

バチェラーズ
2019年12月に当時の音源がカセットでリリースされる予定です。

て、あっこちゃんたちにも大興奮で聴かせているので、「英国音楽」11号ではみんなこぞってプレイリストに入れてます。

フレキシ参加はまずペニーとロリポップとレイン（フロムＵＫ）を決めていました。さらに5月18日にはバチェラーズをやっと見て、即フレキシ参加を依頼しています。**バチェラーズ**はペニーの石田さんのお仲間ＥＢさんを中心に結成されたバンドで、のちのブリッジの眞由美さんもキーボードを弾いています。この時のライヴが超渋くてカッコよかったのです。こうして全4組のフレキシ参加が決定しました。それぞれ個性ある4組が揃ったことが自分でもうれしかったです。

フレキシ……当時は「ソノシート」といいましたが、確か「フールズ・メイト」に載っていた広告を見て、自主制作盤を作ってくれるところに連絡して作りました。イギリスのフレキシはペラペラの片面収録ですが、頼んだところのはしっかり盤に厚みがあり両面収録が可能でした。正確な数字は忘れましたが、本を300部作ったとしたら、ソノシートは最小ロットの500枚作ったようです。イギリスの人は日本語の「英国音楽」本誌はいらないだろうからと、ソノシートを多めに作ったと思います。ジャケットは当時デザイン学校（セツ・モードセミナー）生だった小山田君にお願いしました。今思

当時のロリポップのアンケート用紙

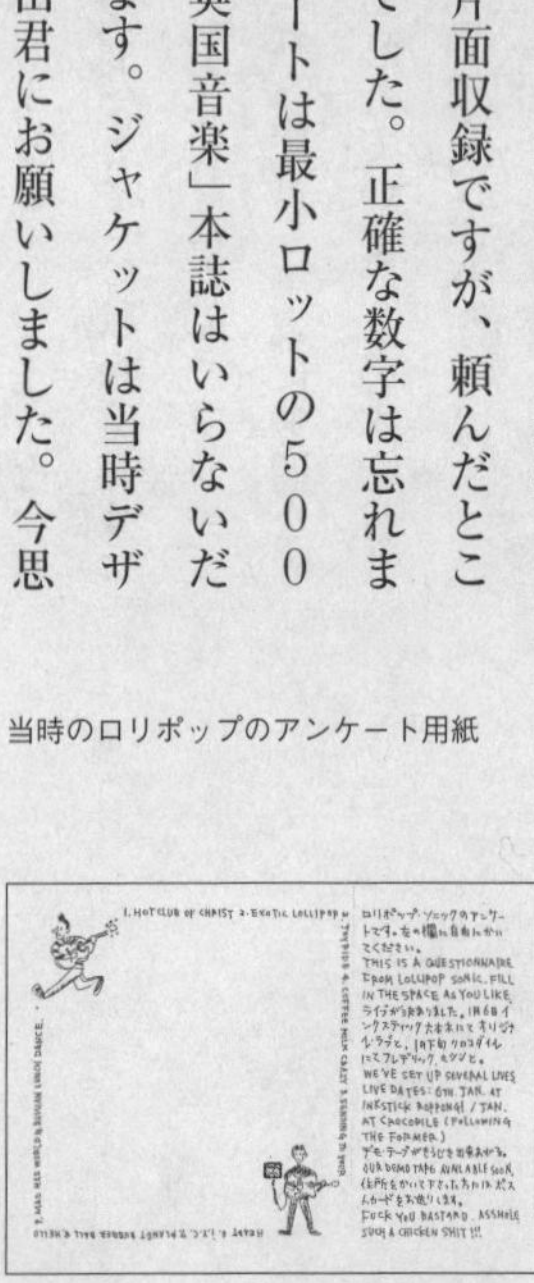

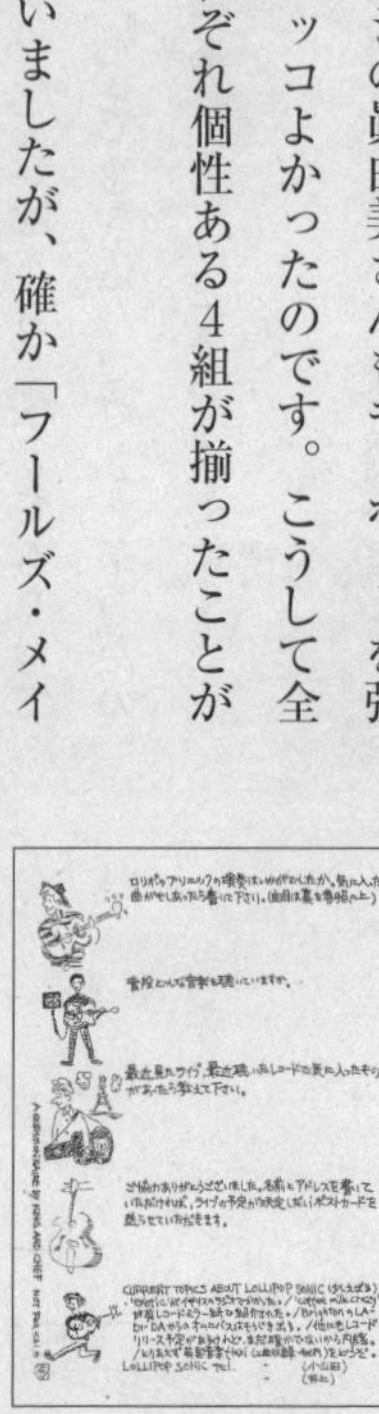

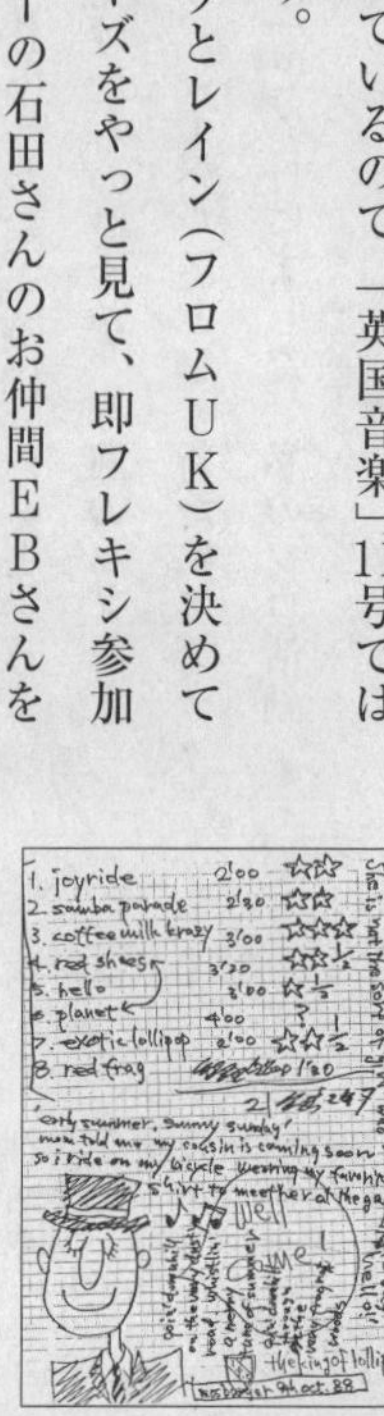

えばものすごくずうずうしいですね。小山田君がレタリング・シートとコピーを使って作成した原稿を、証券会社に勤務し始めたまりこに職場でＢ４コピーしてきてもらい（職場で５００枚も！）、それを折りたたんでフレキシと収納用ビニール袋に1枚1枚セットします。これら作業も実家に仲間を呼びつけてやっています。しかもそのことをずっと忘れていて、この本を書くのに彼女たちに確認してやっと思い出したという恩知らずぶり……。

さらに当時免許を持ってなかったので、運転できる遊び仲間のイソベ君に頼んで、車はイソベ君の友だちに貸してもらって、配本も手伝ってもらってるらしい……こうして毎度周りの人間を大騒ぎで巻き込んでできあがったのが「英国音楽」だったのです。その節は誠にありがとうございました……（大涙）。

ソノシートのレーベル面はロンドンで買ってきた絵ハガキを縮小コピーしたものとレタリングを切り貼りして自分で作りました。「英国音楽」というミニコミの名前は青学のサークルから譲り受けたものですが、今回のソノシートは自分個人の活動だという気持ちがあり、レーベル名として新たにアズテック・カメラの歌詞からHAPPY extreme! と名付けました。私のソロ活動の名義です。

HAPPY extreme [SFC-001] flexi
A1: Lollipop Sonic - Exotic Lollipop
A2: Lollipop Sonic - Coffee Milk Crazy
A3: Penny Arcade - Green Telescope
AA1: The Bachelors - River and Road
AA2: The Rain - Tom Paine

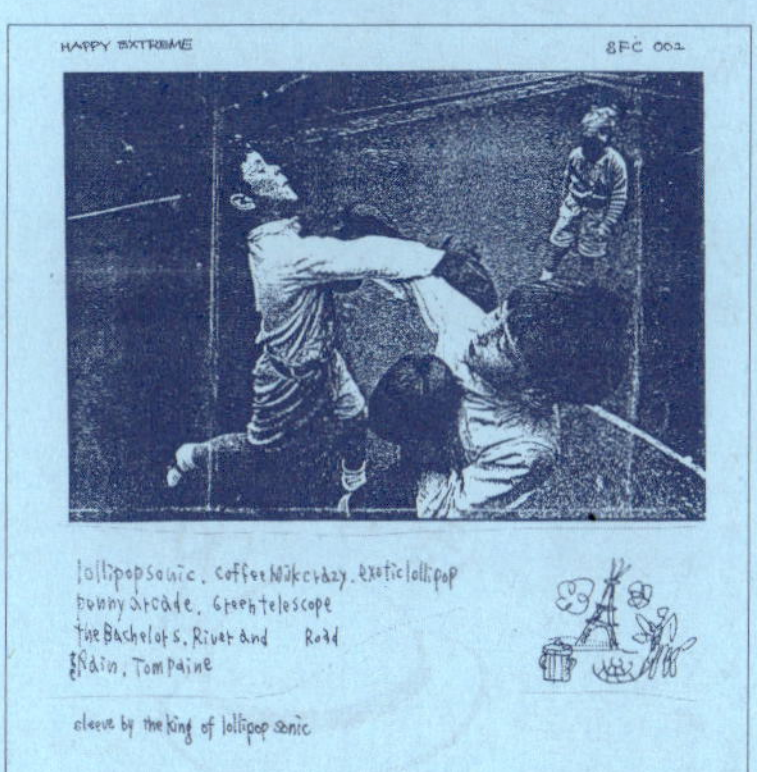

「英国音楽」11号付録ソノシート「HAPPY extreme」

手作りだったあっこちゃんの京都あのらっぱ88

その頃、あっこちゃんから京都でライヴ・イベントをやりたいと話がありました。ここであっこちゃんが2018年の自分の神戸イベント「日本のZINEについて知ってることすべて―80年代インディ編」によせて書いてくれた文章を引用します。

「『何かをやりたい！　起こしたい！』という欲求が爆発しそうになったきっかけの1つが、コイデさんも東京から追っかけてきたアズテック・カメラの大阪公演。終わってからあまりにキャーキャー興奮して、座席にバッグを忘れて出てきたくらいです。ほんとに高揚して、なんか絶対やる！ってひとりで騒ぎまくってたんですけど、コイデさんは覚えてはるでしょうか。」

ごめん全然覚えてなかった（笑）。でもあっこちゃんとゆきのさんからイギリスのファンジンやインディ・シーンのことを教わって、私はイギリスで見たことや東京のペニーやロリポップの話をして、なんかできそうだよね！って気分が盛り上がったんですね。あっこちゃんは大学生となって**「ぼうしレーベル」**を立ち上げ、スミスのファンジン**「ストレンジ・ウェイ」**と共同で、関西でアノラック・パーティというイベントを始めました。そこに私に

ぼうしレーベル
あっこちゃんこと山内章子さんがUKファンジンライター（主にのちのサラ・レコードのマット君）の何もないなら自分でやろう！という言葉に影響されて始める。アノラック・パーティ開催とそのライヴ・カセットから、「ジョージ・スクエアから5000マイル」のファンジンが3冊あり。vol.3にはフィリップス、vol.4にはヴィーナス・ペーターのフレキシ付き。

「ストレンジ・ウェイ」Vol.3

も声がかかって東京のペニー・アーケードとロリポップ・ソニックを紹介して、それに大阪の**デボネア**を加えた３バンドが夏に京都で演奏することになりました。

デボネアは、大阪にあったレコード店ジャンゴの松田さんの推薦だったそうです。ペニーとロリポップに話をすると、どちらもふたつ返事で受けてくれた覚えがあります。みんなで京都行きを楽しみにしていました。

７月31日の日曜日。社会人１年目のくせに前泊後泊して有給とって、神戸に遊びに行ったりしてます。当時は（今も？）新入社員が有給とるのはハードルが高かったはずですが、気にしてられません。この日に間に合うように「英国音楽」11号とフレキシを完成させました。再びあっこちゃんの引用。

「京都でやった最初の**あのらっぱ**については、今から思うと奇跡的だったような気がします。こういうことをやる人はいろいろ経験に長けてると思われるかもですが、私は毎日定期券と小銭だけを財布に入れて奈良と京都を往復するだけで、夜遊びどころかライヴ・ハウスというところに行ったことさえなかったんです。どこに何があるのか、どういう値段やシステムなのかをまったく知らず、ただクラスメートがバイトしてたというだけで会場を決めました。

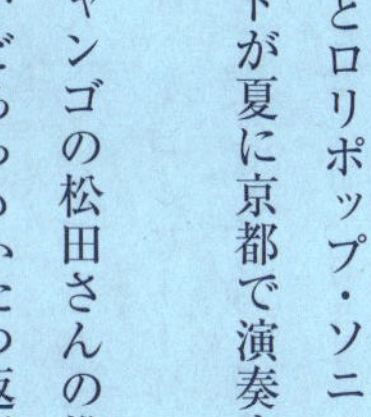

Debonaire
"Lost and Found"

デボネア
大阪にペイル・ファウンテンズみたいなバンドがいるらしい！と聞いて、そんな貴重なバンドが！と一同ビックリした思い出。２０１７年ペニー・アーケードの再結成や、２０１９年ヴィーナス・ペーターの再活動ライヴで共演を果たし、またボチボチやりだしてるようです。

Debo-Net

あのらっぱ
もちろんアノラック・パーティの略です。

バイト先でコピーして配っていたフライヤーに『あるふつーの英インディーズファンの女の子による手作りギグです』と書いてあるのはほんまにその通りやったんです。それでも１２０人ものお客さんが日曜のお昼に集まってくれました。遠く東京から夜行バスやなんかで来てくれた人がかなりいたということは、数年前に出たある本でカジヒデキくんが言ってたのを読んではじめて知りました。

ちなみに残念だったのが、少年ナイフがメンバーのお仕事の都合で参加できなかったこと（中略）。

イベント当日はほんとバタバタしていたという思い出です。会場にはオヤマダ君オザワ君と同時に着いて一緒にエレベーターに乗って、イベント終了後のお客さんもまばらになった頃にデボネアの誰かが「お疲れさん！」と声をかけてくれたことが印象に残ってます。その瞬間、オレンジ・ジュースの曲が流れていたことも。

打ち上げをすることも当然頭になかったんですけど、なんとなく20人くらいで河原町のカラフネヤ（原文ママ）に居座ってコーヒー1杯で数時間喋ってました。この時にオザワ君の東大学生証を見せてもらったというのが、普通の人にもわかる私のユイイツの自慢ネタとなっております。（一応ここ笑

あのらっぱのフライヤー

いのつもりなんだけど（笑）」

そうそう。最初少年ナイフに出てもらおう！とあっこちゃんは目論んでいました。少年ナイフはジョン・ピールさんのお気に入りで、ジョニー・ディーもファンでしたし、イギリスのインディ・ファンから一目置かれていました。当時は日本のバンドが欧米で取り上げられることは滅多になく、少年ナイフの前はフランク・チキンズ、その前がミカバンド、そしてＹＭＯくらいだったんじゃないでしょうか。海外で認めてもらうには、大きな壁がありました。

そんな時にジョン・ピールに気に入られていた少年ナイフは日本のインディ・キッズの憧れです。あっこちゃんはそんな少年ナイフに気軽にオファーしたんですね。あれこれ考える前に動くのがあっこちゃんのすごいところでした。でも少年ナイフが出なくても十分に意義があるイベントとなりました。**この時録音したカセット**はぼうしレーベルでリリースされました。聞こえは悪いですが、言ってしまえはブートみたいなものです。でも私は感謝しています。３バンドの貴重な貴重な記録です。

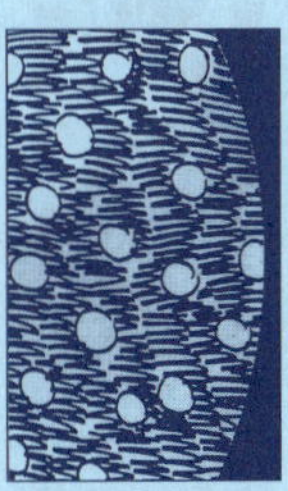

V.A."Akko-chan's Anorak Party"

1回目のあっこちゃんのアノラック・パーティにみんなで遠征した時の写真。ホテル関西の一室にて。カジ君、薄田君、吉田君、荒川君、著者も映ってます。ロリのふたりが一緒に写っていないのは、もしかしてふたりが交互にシャッター切ってくれたのかも!

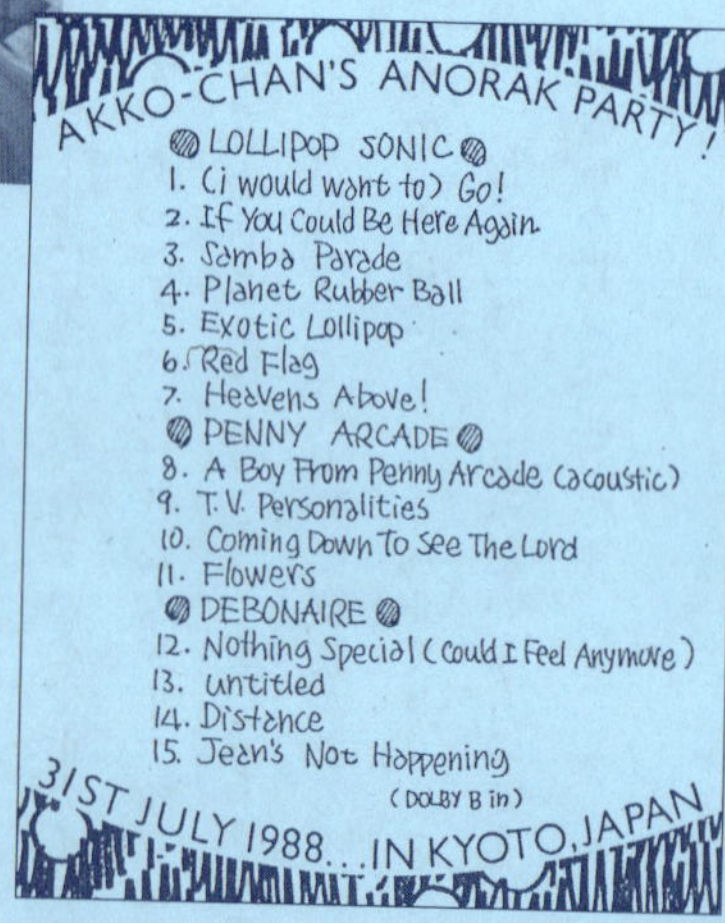

ロリポップ・ソニック

デボネア

ペニー・アーケード

最新のインディ・シーンをつめこんだ「英国音楽」11号

初のフレキシ（ソノシート）付となった「英国音楽」11号ですが、タイムリーなイギリスのインディ・シーンが垣間見える、十分濃密な内容だと思って、「哀愁のポップスタア」の連載はお休みしました。

あっこちゃんはすでにアズテック・カメラＦＣ会報にＵＫインディ紹介記事を書いていたのですが、エーコクにもサブウェイ・オーガニゼーションやミディアム・クール、クローズ・ロブスターズについての寄稿をぜひにとお願いし、ゆきのさんにはサラ・レコーズとシャ・ラ・ラ・レキシについてお願いし、53rd&3rd特集は私もやりたかったのですが、薄田君がカッコよく書いてくれました。これだけでも当時のＵＫインディ・ポップ最新事情が丸わかりです。

ほかにも再渡英時のフラット仲間のなおちゃんが何度もライヴを見ていたコーン・ドリーズに書簡インタヴューしてますし、ともこさんがぞっこんだったマッカーシーの書簡インタヴューや、前述したドリス・デイズ改めパシフィック、自分たちの英国日記もあり、再渡英の成果をつめこんで、最新の英国インディ・シーンをお伝えできたと自負しております。

「英国音楽」11号

薄田君の足塚フジオ名義での「**Lollipop Sonic おやまだくん**」の漫画も登場。この号ではロリポップのデモとともに、**プー・スティックスの〈オン・テープ（On Tape）〉**も寄稿者がこぞってプレイリスト入りさせてますね。さらにサクラも春休みに初渡英したので、最新ＵＫ ＳＫＡ特集も充実しております。私はまったく知らない世界を見せてもらいました。毎号出すたびに内容について自信が深まっている時期でした。こんな音楽ミニコミはほかにはない！

The Pooh Sticks
"On Tapes"

HAPPY extreme 発売記念ギグ

11号完成の目途が立った頃、９月14日の発売記念ギグを企画しました。井上さんに原宿のクロコダイル店長の西さんを紹介してもらいました。おかげですんなり話が進み、さすが井上さん！と感謝しました。西さんは私なんかの企画もいつも受け入れてくれるので、以来ほとんどの企画ライヴはクロコダイルでお願いしました。

落ち着いた雰囲気で食事もできて、仕事帰りに駆けつけても安心でしたし、

・インタビュー その2 の巻

・EXOTIC LOLLIPOP (from Arab)

◆アシスタント募集 バックの描ける腕に自信のある人至急担当茨木氏まで（笑）

■オヤマダくんゴメンネー オコラないで下さい。

★さあっ訳がわからないまま次号へ…… はたして次号にも又、載るのだろうか?? 先生への期待はつのるばかりだあ——っ!

LOLLIPOP! Sonic オヤマダくん

画 足塚フジオ

・嘘から出た誠 の巻

・無神経なインタビュアーの巻

★さぁ新連載だよ。足塚先生のマンガが読めるのは英国音楽だけ。はげましのお手紙を出そう!! → 編集部気付け。

PLAY LIST
- the king of luxembourg "SIR"
- Pooh sticks "ON TAPE"

◀the bachelors

Ebさん Vo.G，馬宮聡 G，小林克美 Ds，
池水真由美 key，木田俊介 Vo.B，連絡先：[illegible] 03- -
「83年結成。影響を受けたバンドとして，
the Velvet Underground，Television，
Bob Dylan，Talking Heads.」とプロフィールは
至って寡黙。でも本人達は至っておしゃべり。
ずいぶん前に Bachelorsってどんな音？ってきいたら，
「日本のGo-Betweens！」「アメちゃんのギタァはMax（あいだあー！）ばり。」とか言ってた気がする。Bachelorsって
'Bachelor Kisses'から取ったの？ってきいたら，それより古いって
エバってた気がする。なかなか活動ができなくって，やっと
demoもらったら，思った通りの音だったんだけど，始めて
ライヴみた時は衝撃だった。demoの何千倍も
力強くって，カッコイイんだもの。私はその場でこのflexi
の参加を申込んだ。（Blow UpのCreation契約ばりでしょ。）今後も
恐しく地味な活動を続けそうだけど，もっともっと，あの日の
ショックを味わいたいなあ…。石田さんのいたSKAバンドってEbさん達も絡んでたんだっけ？

the rain from U.K.：courtesy of CLIVE！ thanx…… ▶
注目のMedium Coolの新人さ！，26Pからのinterviewをみてね♥

〈国際化社会にマッチしたバイリンガル歌詞！〉石田さんからむりやりもらった日本語訳です。

GREEN TELESCOPE

The afternoon
I can see them flowing
Trucker men heading for the coast
Spacious sight
A line draws me
Away from this perfect world

Drowsiness, Sleepy heads
I wonder where you go tonight
A funny day
One o'clock
A view from my telescope

A place in the sun
How I wish you were here
A place in the sun
Find me down there

Paint it all up
Paint it all up
In colour you loved so long
From your telescope
Green telescope
And your microscopical view
Find me again in your scope

Next time you'd look at me
I'd fall in love with you
And next time may never come
Towering clouds before my eyes

Empty minds, pretty heads
I wonder where you end up tonight
A funny day
One o'clock
A view from my telescope

I cannot stay
In the same place too long
Or I'll sink into earth
Be nailed to the ground

Paint it all up
Paint it all up
In colour you loved so long
And let me tell you what I'm about to do
From your telescope
Green telescope
And your microscopical view
Find me again in your scope

緑の望遠鏡

昼下がり
流れていくのが見える
港に向かうトラックの男たち
素敵な眺め
一本の線がこの完璧な世界から
私を隔てる

ウトウトと眠い頭
今夜　君はどこに行くのだろう
おかしな日
午後一時
望遠鏡からの眺め

日溜まりの中
君がここにいてくれたらと思う
日溜まりの中
私を見つけてね

塗りつぶせ
塗りつぶせ
君が長いこと好きだった色に
君の望遠鏡から
緑の望遠鏡
それから君の顕微鏡的な視野
もう一度私を見つけてごらん

今度こちらを振り向いたら
きっと君のことが好きになる
でもそんなことは二度とないかも知れない
目の前にそびえる雲

カラッポでかわいい頭
今夜　君はどこに落ち着くのかな
おかしな日
午後一時
望遠鏡からの眺め

一所にいつまでもいられない
さもないと地面に釘付けになって
地に沈んでしまう

塗りつぶせ
塗りつぶせ
君が長いこと好きだった色に

これからしようとしていることを教えてあげよう
君の望遠鏡から
緑の望遠鏡
それから君の顕微鏡的な視野
もう一度私を見つけてごらん

（pennyつづき）本誌読者の皆サンには
もうお馴じみね！最近ポートレートの
オムニに参加して，雑誌のレヴューとか
では「AZTEC公演で出会った」が
すっかり枕詞となっていて，つくづくpress
ってコワイ。pennyってプロフィールから
想像するところを超えた世界を持ってる
と思うんだけどな。メンバーの人柄の
せいかしら？？ どういうケーあるかは不明…。

HAPPY extreme!
第1弾完成記念
GIG：

Lollipop Sonic
penny arcode
the bachelors
＋original love（仮）
9/14ごろ，
渋谷あたりで
企画中！ ―某Cにて？―
要チェック！！

I know there's something going on…

introducing HAPPY extreme!

Thank, God. SAT

by Asako koidee

10号で大々的に告知した本誌企画第1弾 the KING of Dance Craze!はお陰様で大成功を収めることができました。あれはSAKURA, マーリー佐藤, 私の3人中心の企画だった訳ですが, 今回発足致しました英国音楽presents 'HAPPY extreme!'レーベルは完璧なまでに私個人のワガママの産物なのでございます。イギリスのfanzineライターたちみたく, 気軽に何かしてみたいなと思って。今後このレーベルはひょっとしたらオマケでなくて, 1人前のレコードのリリースがあるかもしれません。日英バンドのコンピとか…。構想だけはたっぷり, ふくらんでいます。それではこのHAPPY extreme!の記念すべき第1弾sfc 001(自分で言うちゃう。Songs for Childrenだよ)に参加してくれたグループたちをご紹介しますね。

▼lollipop sonic

小山田圭吾 vo.G, 小沢健二 G.cho, 井上由紀子 key.cho, 吉田秀作 B, 荒川康伸 Ds。連絡先: 井上さんち 03- -

Sarahレーベルのキッカケが Sea Urchinsなら, HAPPY extreme!の直接の弾き金となったのは, 彼らの出現と言えるかも。桜にDOLLのnew faceにフレデリック♥と共に紹介されましたが, あの記事はPooh Sticksが日本で始めて活字になった, という点でも活気的です。個人的にはライヴでⓅの'Heavens Above!'をやってくれちゃうのもうれしい♥ 日本にこんなにハマッた音を出すバンドが出るなんて…。彼らは正に時代の落とし子かも。先日Sink Carnationと共演して, 非常に触発されたと見えて, この本が出る少し前に渋谷の街中でシンクと共にTokyo Pavillionと銘打たれたbasking ちっくなgigが行なわれる模様。

ケーサツにつかまらないよーたね…

Brightonのジョニ Dやデニのお友達Grantくんの新レーベル LADIDAからコンピTAPEの話もあるし, いよいよ派手にやってくれそな彼らです。

私は小山田+小沢が「魔女のダンスをパク×落着」役でTV出演したのをしっている。ここで小沢は買ったばかりの王ガマ♥のLPをみせびらかそうとして失敗に終っている。小山田はvilludoでGもやっている。お姉さんには小山田ギャルもいるらしい。

WE'RE ALRIGHT WITH 英国音楽

by SATORI

1 佐鳥と石田の出会いは(何度も言っているように)アズテクの初来日の時で, 結構オシャレであるが, 佐鳥とエコの出会いは, バウハウスとブル-ンズ傾向のバンドのメンバ-募集であった。
2 外村はアンナ・カリ-ナでたたいているところを, 他の3人にナンパされて, ペニ-に入った。
3 (この項は伏せてね)外村の[redacted]大変な[redacted]である。(笑)
4 ペニ-のデビュ-はKOIDEEも目撃したラジオ・インセインとのライブということが, 公式発表になっているが, 実はそれ以前に身内のクリスマス・パ-ティ-でも演奏したことがある。(が, あまり相手にされなかった)
5 (相手にされないと言えば)ラママのオ-ディションには落ちたことがある。そのせいか, 今でもラママに出るとウキウキする。
6 ススキダ-スを始めとして, ペニ-に近いバンドは, デスペラ-ドス(デスペライダ-ス?)と言われているが, 一番ショックの度が大きかったのはショッピ-のSAFETY NETであった。
7 が, ペニ-が結成当初に目指していたのはBUTCH のようにユ-モアのわかるイカしたバンドであった。いつから, こうなったのかは謎である。
8 いつか英国音楽で, CREATIONか, GLASS に入りたいとのたまわった覚えがあるが, 今は'79-80 年頃のラフ・トレ-ドの黄金時代に入りたいと, 実現不可能な夢を抱いている。
9 やっぱりエコはプリンスのLOVE SEXY に感動した。
10 石田は昔, ダンスバンドでスカをやっていた。
11 石田はテクノ出身のくせにギタ-に走ったという変な経歴の持主である。
12 ヴァセリンズは53RD'N'3RDのプリンスだと思う。(ダメ?)
13 ペニ-では, 現在アコ-スティック・ギタ-を募集している。
14 ペニ-では, 現在カメラマンも募集している。

▼penny arcade

石田くんG, 佐鳥さんVO, エコちゃんB, 外村さんDs.
連絡先: 石田くんち 03- -

ガウングウムってバンドもしてます。

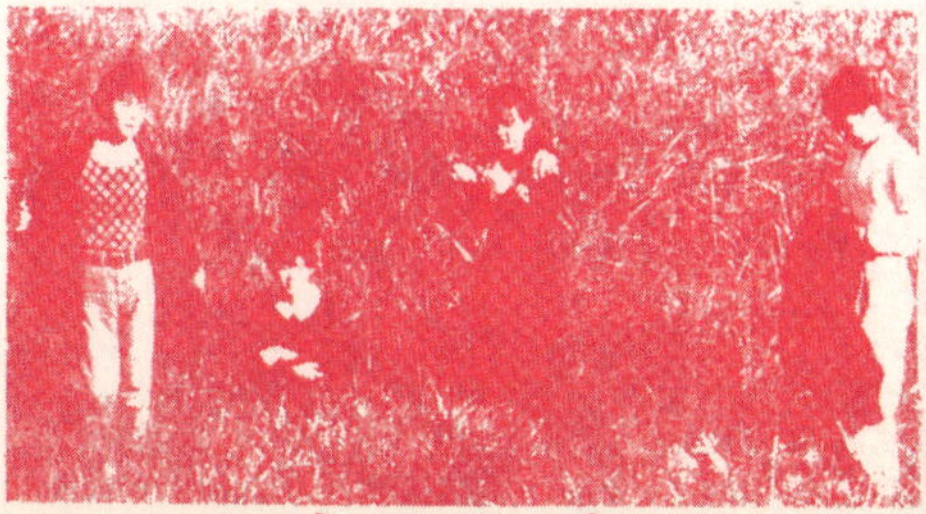

<もんだい>ここに登場する人々の中に'クレアリスト'(A.Images のClare fan)は果して何人いるでしょう?正解者にはコニオっとセントがあるかも

暗くて近寄りがたいイメージの従来のライヴ・ハウスとは違ったのも、ありがたかったです。出演バンドはペニー・アーケード、バチェラーズ、ロリポップ・ソニックのフレキシ参加3組に、11号の告知ではオリジナル・ラヴ（予定）と書かれていますが、実際は**ザ・ストライクス**が出ています。

チケットは「ロリポップに委託」とメモがあるので、メンバーにはかなりお世話になったようです。井上さんがsomething going onというタイトルで企画ライヴをやっていたので、それに乗っからせてもらったのでしょう。ちょっと嫉妬してしまうタイトルなのでうれしかったです。**自分で作ったチラシ**ではイギリスで買ってきたパステルズの〈サムシング・ゴーイング・オン〉のジャケットを使いました。

井上さんの積極的な行動力には見習うべきところがたくさんあって、彼女はロリポップのデモをパステルズに送って、スティーヴン・パステル先生からパステルズのステッカーやファンジンを送ってもらっていました。それを見せてもらってひたすら羨ましくて、隣の欲張りじいさんのように早速自分もエーコクを送って、**同じようにファンジンやステッカーを送ってもらいました**。もちろん、国際返信用切手を同封することはあの頃の常識です。次のエーコク用に質問状も送ったので、その回答を12号に掲載できました。これ

ザ・ストライクス
ネオGSコンピ《アタック・オブ・マッシュルーム・ピープル（Attack of... Mushroom People.）》にも参加し、「英国音楽」9号にも登場。マージー・ビートでガレージでイカすバンド。

<PROFILE>

Lollipop sonic は '87秋に結成され、小山田圭吾 Vo.G.、井上由紀子 Key.Cho. の２人のＵＮＩＴバンドとして活動してきた。'87は曲作りと２本のライヴ（ロフトwithオリジナルラヴ他、大阪ミューズホール with D'f他）を消化、'88に入り本格的なバンド形態をとるようになった。

現在のメンバーは、小山田、井上の他、小沢健二 G.Cho. 吉田秀作 B. 荒川康伸 Ds. の計５人。

早くから海外にアプローチを開始。現在ではドイツにファンクラブを持ち、スペイン、ポルトガルでは早朝からラジオで彼らの曲を耳にすることができる。また'88 1月のライブがジョニー・ディーの耳にとまり、クリエィションのジューンブライズ、ドリスディズら海外のアーティスト達とともに、新レーベルからのオムニバスに収録されることが決定している。

彼らのフラットでは最近、パステルズ、キングオヴルクセンブルグやモノクロームセット、ＴＶパーソナリティーズ、バンドオヴホリージョイ、マーデンヒル、ワセリンズ、オレンジジュース、フェルト、ビートハプニング、ウッデントップス、スロータージョー、ボーイズヘアードレッサーズ、バーズ、キャンバーヴァンヴェートーヴェン、プライマルスクリーム、ソニックユースなどがよく流れている。

井上さん作成のロリポップ・ソニックのプロモ資料。イラストは小山田君。

スティーヴン・パステル先生から送られてきたもろもろ！

も井上さんのおかげといってもよいでしょう。

フレキシも付いたことですし、自分も積極的にイギリスにエーコクとフレキシを送りました。当時英米で少年ナイフが受けていたことからも想像できますが、つたない英語でイギリス人に受けたのはロリポップだったようです（フレキシだけではペニーとバチェラーズのカッコよさは伝えきれなかったかなとちょっと悔しいけど……）。

ジョニー・ディーは寄稿していた「レコード・ミラー」のプレイリストにHAPPY extreme フレキシの**フリッパーズ・ギター〈コーヒー・ミルク・クレイジー（Coffee Milk Crazy）〉を挙げてくれました**。片隅であってもイギリスの「雑誌」に名前が載ったことにはみんなで大興奮しました。そして、フリッパーズがファースト・アルバムをリリースした時、**宣伝文**に書かれたのはこういうわけだったんです。

ジョニー・ディーたちに紹介されたラ・ディ・ダ・レーベルのグラント君は、渡英した時にお土産に持っていったロリポップの初期ライヴ・テープを気に入ってくれて、即ラ・ディ・ダのコンピ・カセットへの参加依頼の手紙をくれました。

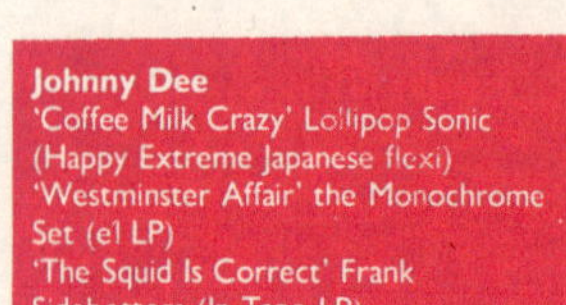
Johnny Dee
'Coffee Milk Crazy' Lollipop Sonic (Happy Extreme Japanese flexi)
'Westminster Affair' the Monochrome Set (el LP)
'The Squid Is Correct' Frank Sidebottom (In Tape LP)

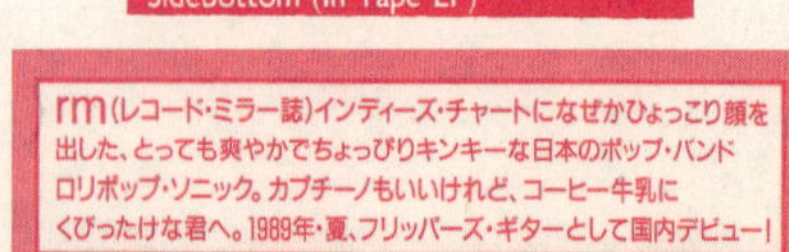
rm（レコード・ミラー誌）インディーズ・チャートになぜかひょっこり顔を出した、とっても爽やかでちょっぴりキンキーな日本のポップ・バンド ロリポップ・ソニック。カプチーノもいいけれど、コーヒー牛乳にくぴったけな君へ。1989年・夏、フリッパーズ・ギターとして国内デビュー！

「レコード・ミラー」の切り抜きとフリッパーズ・ギター《Three Cheers for Our Side～海へ行くつもりじゃなかった～》のオビ宣伝文。

インディ・コンピ・カセットの小さな掘り出しもの

パンク以降も**コンピ・カセットは存在していた**のでしょうが、当時**フレキシ・ブーム**を経て、誰も知らないデビュー前のインディ・バンドを集めたコンピレーション・カセットがぼちぼち出ていました。そこから小さな掘り出しものを見つけるのは楽しいことでしたから、無名レーベルであれイギリスのコンピ・カセットにロリポップが参加！というのは、当時インディ・ポップ・ファンとしてはまたひとつハクが付いたというか、クールな出来事でした。そもそも日本でインディ・ポップ・バンドなんてほかに皆無に等しかったですしね。自分たちの友だち周りだけがシーンだったのです。

グラントのコンピ・カセットは**《フープラ（HOOPLA）》**という名前で88年春ごろ企画され、その年末やっとできるよと連絡があり、全部で何本作ったか知らないけどまとめて私が80本買いますと伝えると、送料節約のため、グラントの親戚のデレクという男がＣＡやってて成田に泊まるから彼が持って来てくれるという話になりました。何だか怪しい（密輸みたい）……とヒヤヒヤしつつも、まりこに付き添ってもらって成田のホテルに出向き、89年春にようやく完成した《フープラ》カセット80本を無事受け取ることができ

コンピ・カセットは存在していた
《C81》は当時ＵＫでのインディ・コンピ・カセットの動きを受けて作られたらしい。素人バンドがまず最初に音源を出すには、地元バンドが集まってコンピ・カセット作るのが費用的にも一番手っ取り早かったのでしょう。オレジュやアズテックも、マリン・ガールズも最初に地元コンピ・カセット参加してます。

フレキシ・ブーム
ブームか否かはわかりませんが、初期シャ・ラ・ラ・フレキシ出身バンドはインディ・スターと目される流れがあったんです。

V.A."Hoopla"

コンピ・カセット《フープラ》
バンド紹介の冊子付きでした。のちにＬＰで再発されています。

ました。それをライヴ会場で売ったり、希望者に通販したり、レコード屋さんで委託販売したのでした。

ずうずうしくもミーハーな私はなんと、かの**ジョン・ピール**さんにもフレキシを送っていたらしく、ある日ジョン・ピールご本人から直筆のハガキが届きました。いわく、11月7日の放送でHAPPY extremeをかけるよ～と!! ただジョン・ピールのBBC放送など聞く手立てもなかったので、本当に放送されたか否か確かめようもなく、現在ネットでも見つからないのですが、ともかくお礼の手紙は書きました。自分などにもわざわざ一筆くださるなんてさすが……ピーリーさんはなんてマメな方なのでしょう……。

理想的！　最強ラインナップ

この頃のロリポップで思い出深いのが、7月18日にtokyo pavillion vol.1と題して、渋谷西武脇（ロフト?）でシンク・カーネーションと路上ライヴを目論んだことです。当時東京スカパラダイスオーケストラが神出鬼没の路上ライヴをやって一部で噂になっていたので（「英国音楽」12号サクラのスカ特

《フープラ》冊子より。

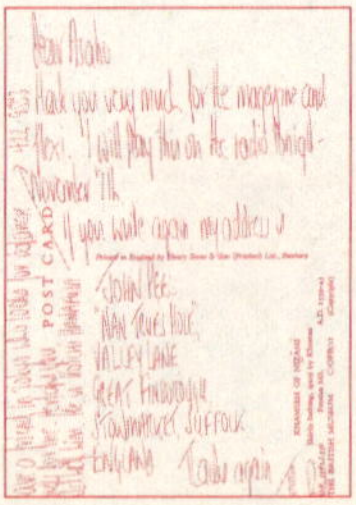

ジョン・ピールさんからのハガキ

ビロードの1988年のライヴ・スケジュール。実際にはやっていないものも多いようです。

集にも言及あり、それを見て思い出しました）、それに触発されたのでしょう。

小山田君の可愛いらしいイラスト付きでlollipop sonicと描かれた画用紙をお店のシャッターか壁に貼りつけ、演奏を始めようとするかしないかのうちに警察がやってきて解散〜となったと思います。結局何もしなかったわけですが、この秘密の企みという感じがワクワクしたのを妙に覚えています。

小山田君はこの頃、**ビロード**というバニーメン愛に溢れたバンドにも、ギタリストとして参加していて、デモ・テープをもらったり、ライヴを見に行ったりしました。このバンドのヴォーカリストかつフロントマンが、のちにヴィーナス・ペーターで活躍する沖野君でした。

また当時の最重要バンドのひとつとして、フィリップスの存在は忘れてはなりません。88年9月15日の手帳に「シンク・カーネーション／フィリップス／オリジナル・ラヴ」とあるのでおそらくこの日はじめて見たのでしょう。フィリップスは、確かこの時に**紙袋に入った可愛いブックレット付のカセット**を作って売っていて、小山田君から大推薦された覚えがあります。バンドがデモ・テープを作って売るということはよくありましたが、カセットのレーベルだけでなく、イラストでストーリーを思わせるブックレットを付け

フィリップスの
サイト

フィリップスのカセット
紙袋にブックレットと一緒に入っていたのが新鮮で可愛かった。

ロリポップ・ソニック

ペニー・アーケード

シンク・カーネーション

フィリップス

て、それを可愛らしく紙袋でパッケージするという発想はなかったので、本当にある意味衝撃でした。

この頃イギリスの**バイ・ジュピター**なども出ていましたが、両者の接触はまったくなく偶然の一致だったし、フィリップスのスタイルは独特で洗練されていました。自分のフレキシに参加してもらうことは間に合いませんでしたが、「英国音楽」12号に紹介文を書いて、それから自分やあっこちゃんの企画ライヴに参加してもらうようになります。

時期は不確定なのですが、小沢君と小山田君がそれぞれ交代でペニーにギタリストとして参加していた時期がありました。ペニーの〈ブリスファル・ディザーテッド〉という曲でも1本ギターが必要だったんだそうです。２０１７年のペニー再結成の時に小山田君がギターで登場すると聞いて、そういえばそうだった！と30年ぶりに(!!)思い出したのでした。

12月5日には新宿ＪＡＭで**ロリポップ・ソニック／ペニー・アーケード／シンク・カーネーション／フィリップスという、最強のラインナップ**のライヴが実現します。井上さんの企画でタイトル通りsomething going on（何かが起きている）です。夢にまで見た東京の理想のシーンだと感激しました。それは井上さんもきっと実感していたようで、彼女がこうしたバンドの

バイ・ジュピター
ザ・マクテルズのカセット。

The McTells
"Expecting Joe"

音源をロリポップとともにコンパイルした自作カセットテープを、大阪の阿木譲さんに送ってプロモーションしていたことが、最近フォーエバー・レコーズの東瀬戸さんからお知らせいただいてわかりました。

井上さんの活動がロリポップのデビューにつながったのは自明のことですが、本当に手を尽くしていたんだなあと今更ながらに感心しています。

ガールズ・トークの魅力がいっぱいの「メアリーズ・ブロッサム」

88年春京都のあのらっぱはちょっとした修学旅行のようでしたが、それからは会社の福利厚生で割引になるからと、毎年ディズニーランドに有志で出かけたりもしてます。そんな遊び仲間のイソベ君が確か新宿のエジソンで買った「**メアリーズ・ブロッサム**」というミニコミの人に、プライマル・スクリームのビデオをダビングしてもらった、と聞いて自分も連絡してみました。

それがのちにチュー・チュー・トレイン・ファン・クラブを作るさわきまみさんでした。

「メアリーズ・ブロッサム」Vol.3

さわきさんはとても寛大な人で私にも**ビデオをダビング**してくれて、お互いのミニコミを交換して仲良くなり、また彼女の書く文章や漫画も達者で楽しくって。我々女子チームは「ビデオ会」と称しては、バンドのビデオを見て妄想交えてツッコミ入れて大笑いする（?）ガールズ・トークが大好きだったのですが、彼女のファンジンはそのノリが溢れていて、何度読み返してもクスクス笑えるところがあります。さわきさんはNHKBSでやっていた**「トランスミッション」**というUKインディの番組を録画していて、我々が見たことなかったプライマルのビデオを持っていたのです。早速私も冬のボーナスで実家にアンテナを設置して「トランスミッション」をチェックするようになりました。のちのち彼女の笹塚の部屋は、エーコク女子チームのたまり場かつ、部室かつ、チュー・チュー・トレインFC会議室のようになっていきました。

ビデオをダビング
プライマルのビデオは、クリエイションの映画『Upside Down』にも使われた〈ジェントル・チューズデイ〉、〈インペリアル（Imperial）〉、〈サイレント・スプリング（Silent Spring）〉のテレビ・ライヴでした。

「トランスミッション」
日本での番組タイトルは「Music Box」とかいっていたような。のちに現地のタイトルだった「トランスミッション」に落ち着きました。

インターネットもLINEもメールもなかった時代、
バンドのみんなは、アンケート用紙に住所を書いてもらって、
それぞれが工夫を凝らしたデザインのハガキで、ライヴのお知らせをしていました。

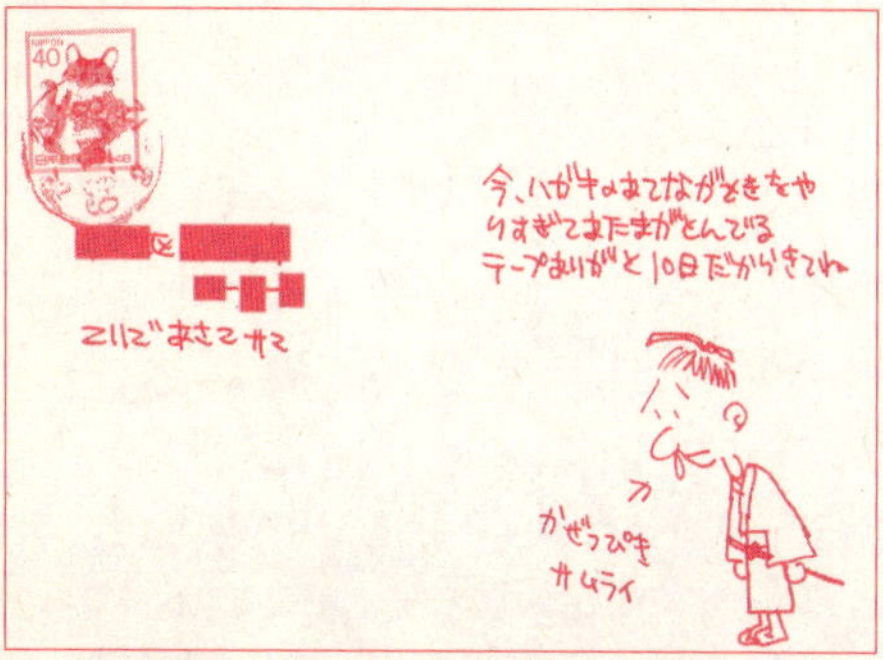

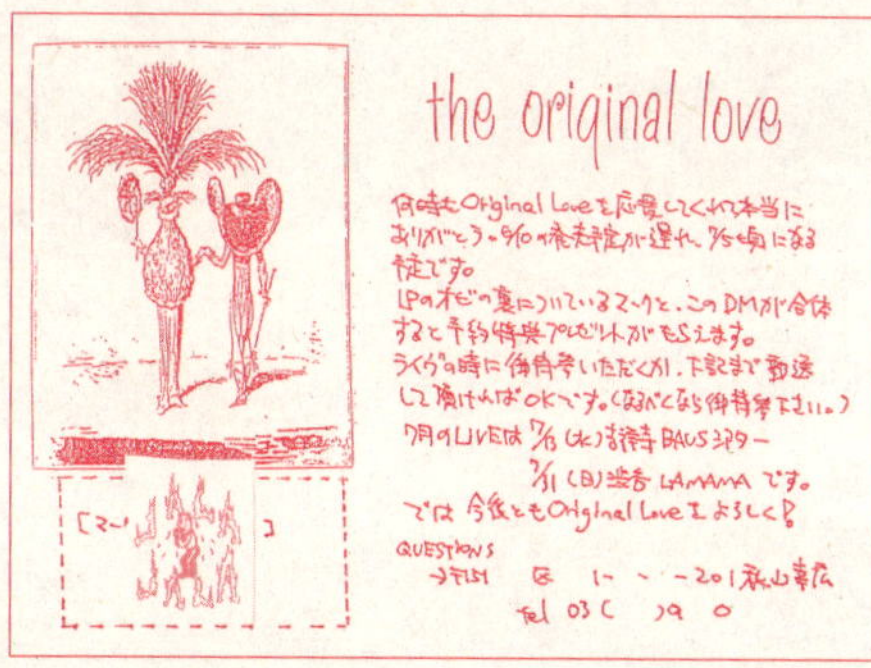

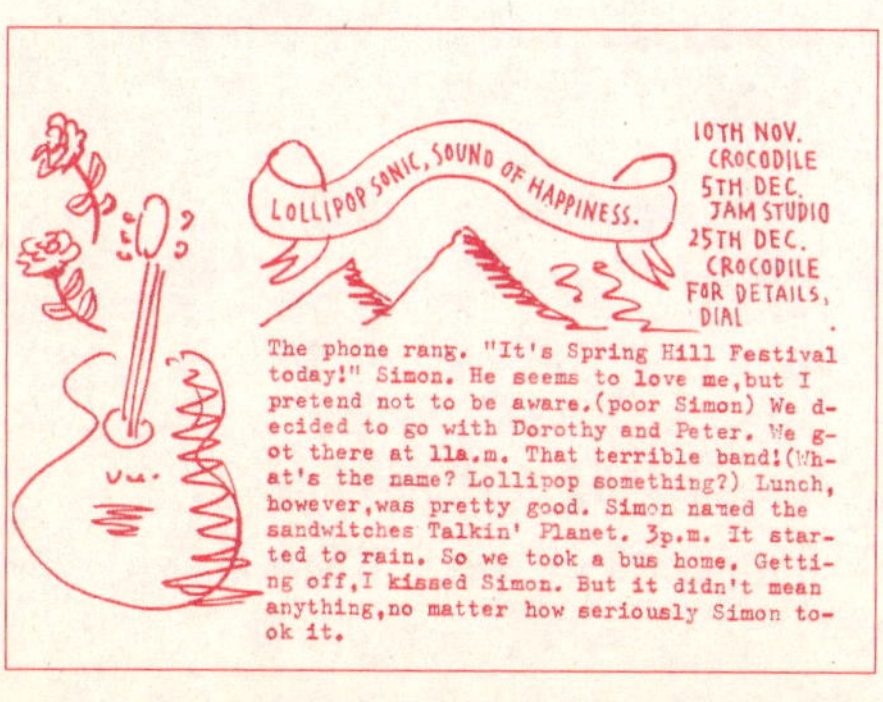

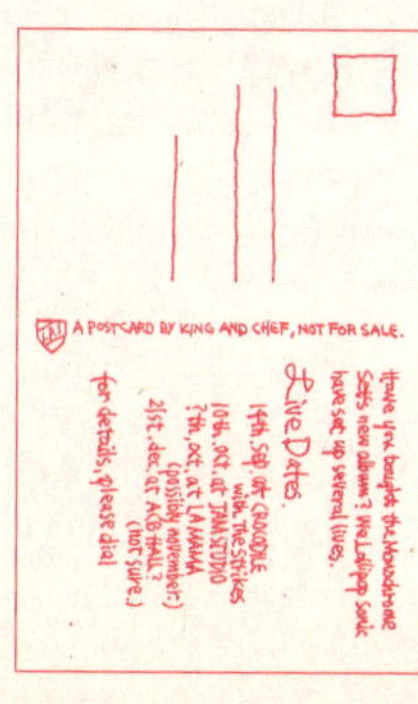

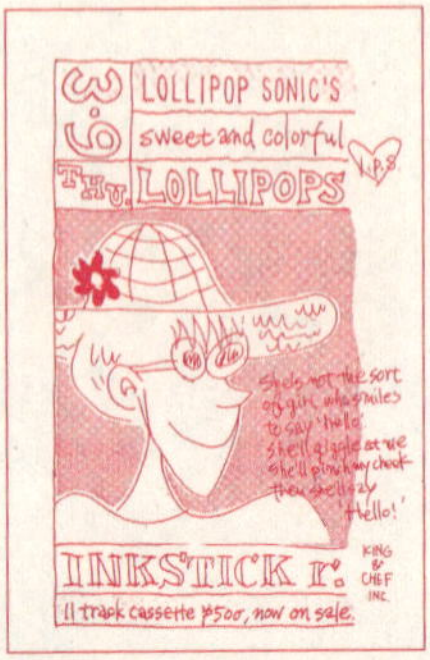
3.6
LOLLIPOP SONIC'S
sweet and colorful
THU.
LOLLIPOPS
L.P.S
Hello!
INKSTICK r.
KING & CHEF INC.
11 track cassette ¥500, now on sale.

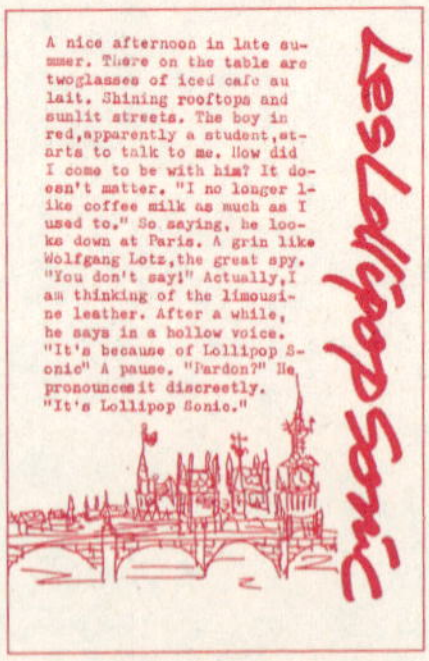
A nice afternoon in late summer. There on the table are twoglasses of iced cafe au lait. Shining rooftops and sunlit streets. The boy in red,apparently a student,starts to talk to me. How did I come to be with him? It doesn't matter. "I no longer like coffee milk as much as I used to." So saying, he looks down at Paris. A grin like Wolfgang Lotz,the great spy. "You don't say!" Actually,I am thinking of the limousine leather. After a while, he says in a hollow voice. "It's because of Lollipop Sonic" A pause. "Pardon?" He pronouncesit discreetly. "It's Lollipop Sonic."
Les Lollipop Sonic

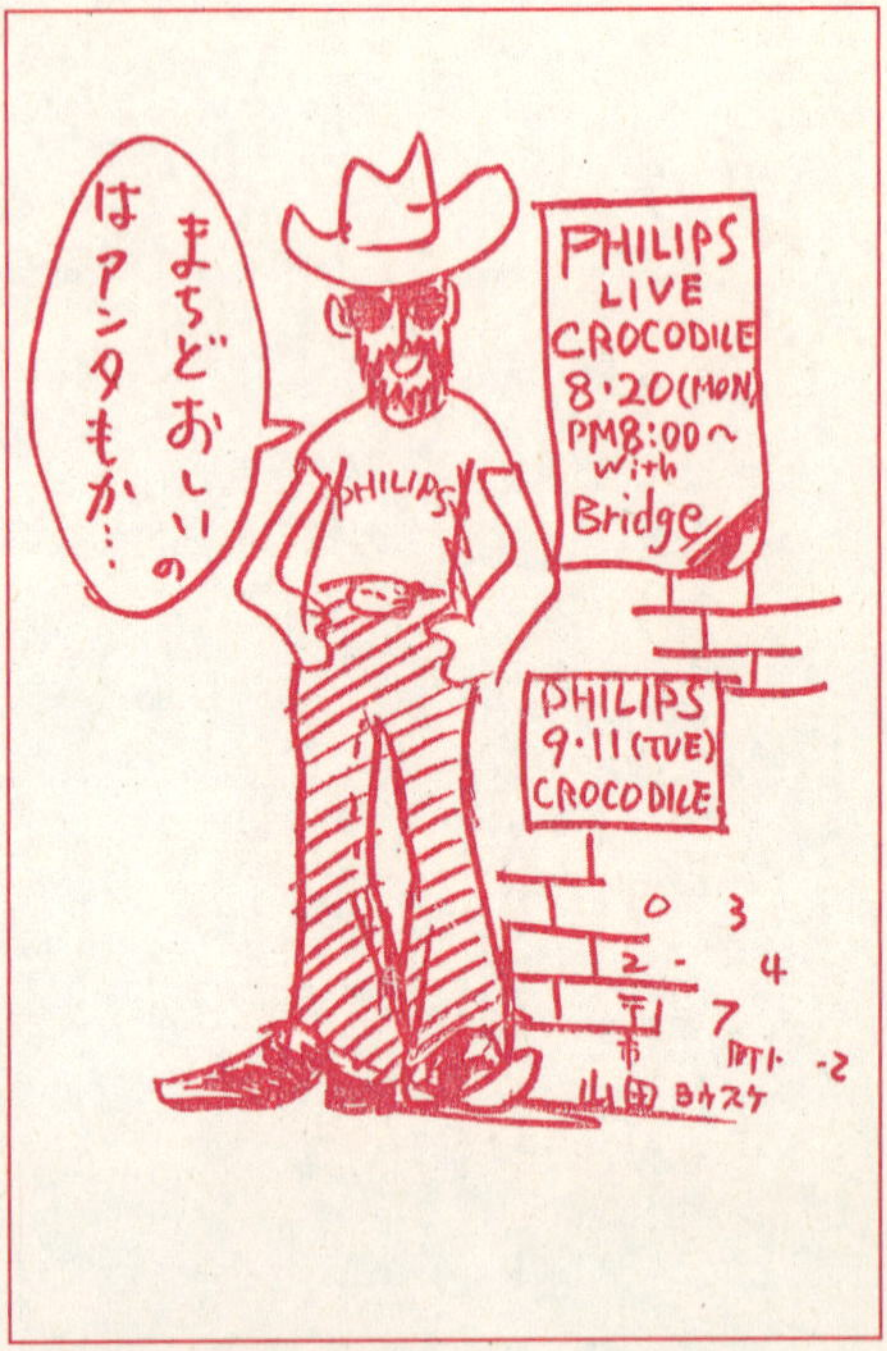
まちどおしいのはアンタもか…
PHILIPS
PHILIPS LIVE CROCODILE 8・20(MON) PM8:00～ with Bridge
PHILIPS 9・11(TUE) CROCODILE

THE LOLLIPOP SONIC
exotic lollipop

Whistlin' and Smilin'
HAPPY extreme! presents
発売記念GIG part one
Frederick
Philips
1,000 rivers
(ex- the bachelors)
18th Sep. at SHIBUYA CROCODILE

PHILIPS 5/4 KYOTO ウービーズ
Philips 5/7 JAM 7:00～

第７章

Goodbye Our Pastels Badges

さらばパルテルズ・バッヂ

1988-1989

ローズ・マクドール来日＆取材

下北沢にZOO（のちのSLITS）というクラブがありました。88年に前身の下北ナイトクラブからZOOになったそうです。少し前には（サイコ）ビリーのやんちゃな人たち（〇〇軍団と呼ばれていた）が集まるらしいと噂を聞いたことがありました。そのうちにニュー・ウェイヴの日ができてクラブサイキックスやラヴ・パレードになっていくのかな？　自分はもう会社員だったし、門限もある実家暮らしだったのでクラブはあまり行けず、詳しくないのですが、小沢君と小山田君はZOOにたびたび行って瀧見憲司さんと仲良くなったりしていました（ラヴパレ1回目は89年）。

その頃ストロベリー・スウィッチブレイドのローズがカレント93とデス・イン・ジューンのメンバーとして来日して、ローズひとりのライヴも88年末にZOOであったようです。その後もローズはしばらく東京にいて、ZOOに遊びに来ていたところを、小沢君がしっかり話しかけたというのです。その話を聞いてぜひエーコクで取材したい！と思って画策したけれど失敗して一旦は諦めていました。

結局89年3月9日のロリポップのライヴでローズと一緒に演奏する話を小

ZOO
音楽ナタリー「〝下北沢がカッコよかった頃〟ZOO / SLITSの時代はこうだった」参照。

沢君が取りつけたので、そのライヴ後に自分もローズに突撃して、インタヴューの約束をすることができました。今思うと、この頃の小沢君の会いたい人にどんどん会いに行く力はすごいですね。ロリポップのライヴに、ローズ本人の前でストロベリーの〈トゥリーズ・アンド・フラワーズ〉を披露したうえに、ローズをステージに上げてパステルズの〈ヘヴンズ・アバヴ！〉を共演しちゃったんだから。

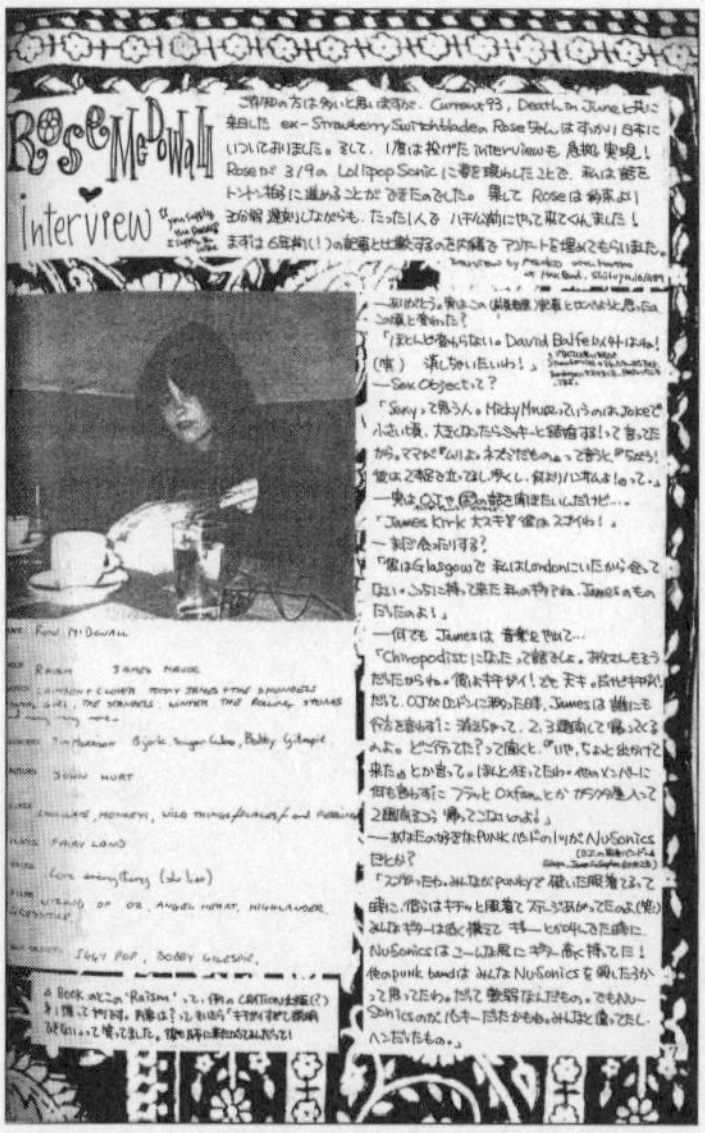

▲ROSE with Lollipop Sonic
at ink stick roppongi 9/mar/89

「英国音楽」12号より。ろばやん（元プライマル）がローズの弟というのはウソ、というのを最近ネットで見て、そりゃそうだよね〜と寝ぼけたように思っていたけど、そのガセネタの大元は自分の当時の記事だったのです！ローズのセリフとして「ロバート、私の弟ね」とか書いてるんです。どんな聞き取り能力だったのか。いい加減なものです。記憶にまるでないのも含めて恥ずかしいです。

ロリポップ・ソニックのカセット《フェイバリット・シャツ（Favorite Shirts）》

89年2月5日の新宿ＪＡＭのライヴでロリポップ・ソニックは**《フェイバリット・シャツ》**という公式デモ・テープを販売しています。当時ライヴで演奏していた曲を録音したカセットに、小山田君のイラストとおそらくは小沢君の英文をデザインしたポストカードをセットして紙袋に封入したものでした。このスタイルはフィリップスの影響大でしょうね。ナンバリング入りで、公称１００本、実質70~80本ともいわれていますが、実はありがたいことに００１番をいただいております（滝汗）。

ロリポップのデビューは一体いつ決まっていたんでしょう。『**Cornelius x Idea: Mellow Waves**』に掲載されているバイオグラフィーによると89年2月6日にポリスター仕切りのデモ・テープ・レコーディングを行っています。《フェイバリット・シャツ》カセット売り出しライヴの翌日だったのですね。2曲録音とありますが、おそらく〈ハロー（*Hello*）〉と〈コーヒー・ミルク・クレイジー〉の2曲のようです。**「英国音楽」12号に3月9日のライヴについて珍しく熱く語っていますが**、この時の勢いと熱量を感じたのでしょ

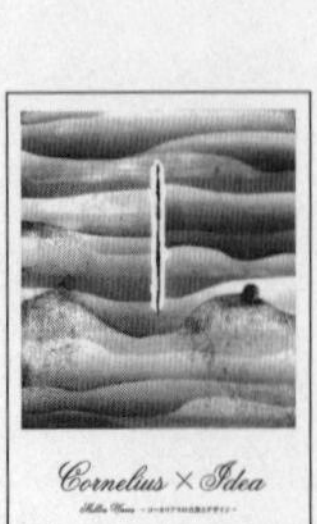

『Cornelius×Idea: Mellow Waves』

フェイバリット・シャツ
印刷はモノクロですが、その上に、タイトルなどは水彩絵の具で、青と赤でラインが引かれ、絵にもちょっと着色されていました。

Lollipop Sonic "Favorite Shirt"

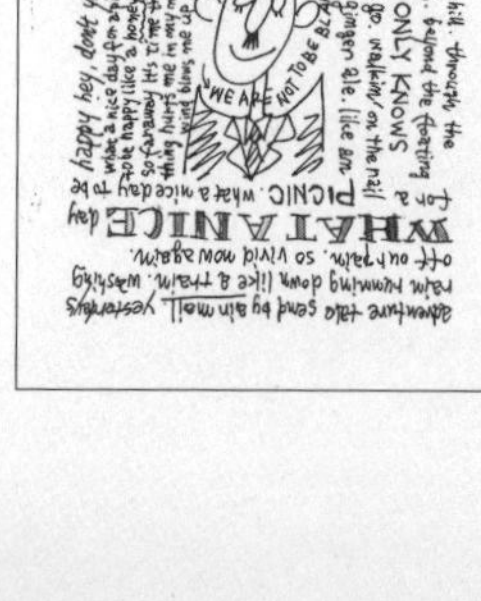

les enfants terribles～

Johnny Dee
'Coffee Milk Crazy' Lollipop Sonic (Happy Extreme Japanese flexi)
'Westminster Affair' the Monochrome Set (el LP)
'The Squid Is Correct' Frank Sidebottom (In Tape LP)

from RM

—my favorite shirts—

Lollipop Sonic のdemoテープは 英国あらっき—世自宅録音flexiマニアをも満足させる素晴しい出来でした。'Coffee Milk Crazy'のvo.がやけに荒々しく聴こえてしまう程に、この弱そうなオヤマダのvo.はどうだ！そしてタカトンしたドラム！いやはややはり佐予東の録音は素晴しい！ ライブではまずありえないオヤマダの'Let's go！'の掛け声にハンドクラップも楽しめます。—とLollipopのこと書いているのはゆきのちゃんのせいでそうせざるを得なくなった訳じゃありません。そもそも3/9のLollipopを見た直後、メタメタに打ちのめされたその勢いで書き殴った手紙はLollipop Sonicは凄い！に尽きちゃってたものだから。あの日はもったいないからナカナカ聴けない、あのブルーのレコードが無性に聴きたくなった。あの日第1の新曲はしっとりやっといて中盤から若さサクレツする構成が物凄かった。そして神という名の雨のうたのイントロに乗った'Sendin' to Your Heart'もこの日は妙にハマっていて圧倒されてると、そこへ、初披露の第2の新曲が'Goodbye our Pastels Badges'と来た！ これにはモロにガツン！とノックアウトされて涙が出そうだった。何てやつら！ 彼らはPastelsバッヂにさよならして、どこへ行こうって言うんだろう…オザワくんは言い放ったっけ。「ぼくら現役青春だから！」おー、言ってくれるじゃないの。そうだ、'Goodbye our Pastels Badges'って、ロリにとっての'Walk Out to Winter'なんじゃないかな？ —— 私はこのコンセプトが自分ですっかり気に入ってしまい、「是非'Sendin' to Your Heart'をflexiに」という考えを急拠、'Pastels Badges'に変更してもらったのでした。 そうそう、あの日はお客さんで来たRoseのために特別'Trees & Flowers'も披露して、ラストは当のRoseをステージに呼んで、久々の'Heavens Above！'でなごやかに幕を閉じたのでした。

恨まれるから、これ以上このことは書かない。Walk Out to Winterあたりはわかる。

私はいつもお気に入りのartistにそうするように、少し、奴らを凄ってみたくなっていた。ところがオヤマダくんは言った。「ちゃんと練習すればこれくらいできるんだよ。」

—なら、いつもそうしろっての！

＊Is 'Pastels Badges' just another 'On Tape' or 'Anorak City'???!?or....?
my answer 's above

▲ムダンテンサイ。by KING of LPS

grab that gretsch before the truth hits town ♪♪♪

63

「英国音楽」12号より。

う。デビューに向けて気合が違っていたのかもしれません。その前のライヴで〈*Sending to your Heart*（恋してるとか好きだとか）〉をフレキシにと頼んであったのに、〈*Goodbye, our Pastels Badges*（さようならパステルズ・バッヂ）〉を聴くやいなや、こっちを英国のフレキシに収録した方がずっとクール！と思って朝令暮改です。しかし自分のひとことで英国フレキシ用録音をしてくれたんでしょうか……とってもありがたかったです。

パステルズ・バッヂを付けてやってきたふたりが「さよならパステルズ・バッヂ」です。泣けるじゃないですか。ストラマーの写真がはがれた後に何もないように……さよならパステルズ・バッヂなんです。

フレキシ〈Whistlin' and Smilin'〉はポリスターでマスタリング……。

自分の手帳にも89年4月には「ロリ合宿」の文字がありますが、これはフリッパーズ・ギターのデビュー・アルバムのレコーディングのこと。レコーディング関係者に自分たちのやりたい音を伝えるため、アズテクからエルから何から全部聴いてもらってる、と小沢君が言っていたのを覚えています。

手帳の4月12日の「ペニー・アーケードのライヴ」の横に「井上さんよりテープ　ポリスターにてマスター」とメモがあり、ザ・マクテルズとチュー・チュー・トレインのカセット音源をロリポップのものと一緒にポリスターでマスタリングしてもらっているようです！　再びなんてずうずうしいんでしょうか……こんなことばっかりです。「英国音楽」12号奥付に牧村さんの名前があるのはそういうわけです。

ジャケットはさすがにデビュー前で忙しいだろうなと頭の片隅で思いつつも、1枚目同様小山田君にお願いしました。このフレキシは〈Whistlin' and Smilin'〉と題したので、そのタイトルも入れてもらっています。由来はとくになくて語感と思いつきでした。あえていえば♪くちぶえふいて〜あきちへいった〜のイメージでした(笑)。今回は画材店勤務だったなおちゃんがそれを大量コピーしてくれたらしきメモが残っています。それを折りたたんでフレキシとセッティングする作業をまた大騒ぎでお友だちに手伝ってやってもらってるはずです。みんな快く引き受けてくれて感謝です。

Whistlin' and Smilin' [SFC-002] flexi
Whistlin' Side
A1: Lollipop Sonic - Goodbye Our Pastels Badges
A2: Frederick - つかれたそら
Smiling' Side
B1: The McTells - that
B2: Choo Choo Train - Dark Eyes

「英国音楽」12号付録フレキシ「Whistlin' and Smilin'」

世界に広げようインディ・ポップの輪！

その前に「あっこちゃんのアノラック・パーティ」のカセットができていて、おそらく1月～2月のライヴで委託販売を引き受けてますね。あっこちゃんが「ぼうしレーベル」の活動の一環で、向こうのファンジン・ライターたちがやってるように各々の商品を交換で買取販売していて、私もぼうしレーベルで扱っている内外の商品（ポウ！のフレキシ付き「サマンサ」ジン等）を買い取ってライヴ会場で売りました。ラ・ディ・ダのカセットも同じです。

　こうして普通の輸入盤屋さんでは売っていない知る人ぞ知る音源を、ほんとにごく少量ですが個人輸入として手売りしました。「英国音楽」12号掲載の「ZINE」というファンジンは、ある日向こうから日本でディストリビュートしてくれと手紙がきて、本の内容は当時のインディ全般をきちんと扱っていて（さわきさんにいわせると取り上げるバンドに節操がない）趣味趣向がピッタリというのとは違ったのですが、引き受けることになりました。それもレコード通販店のリズムにHAPPY extreme フレキシと「英国音楽」11号を置いてもらっていたからだったかと思います。

　ザ・マクテルズとそのレーベル、**バイ・ジュピター**は手作り感と初期ラ

Sindy Arthur
"What About"

バイ・ジュピター
マクテルズについて「英国音楽」12号書簡インタヴューでわかったつもりになっていたけれど、最近になって、メンバーのマークはTVパーソナリティーズのメンバーだったことがわかり、さらにバイ・ジュピター所属バンドである、マークとジーナのシンディ・アーサーは当時からお気に入りだったのですが、そのジーナは元マリン・ガールズだった！ということも最近わかったのでした……。由緒正しかった！　そして何もわかっちゃいなかった！

バイ・ジュピターのカタログ

フ・トレードを思わせる質素な音が大好きで、11号でもお勧めとして取り上げて、12号にちゃんと特集したいと手紙を書いたところ、すぐ快諾をもらってフレキシの話も進みました。彼らの**バイ・ジュピターのカタログ**にも自分たちの商品だけでなく、やはりお仲間のほかのレーベルの商品が載っていました。互助会のようなこのやり方は、志さえ一緒なら誰でも簡単にできていいなと思いました。彼らはアメリカの**Kレコーズ**とも同様の付き合いがありました。Kといえば**ビート・ハプニング**！　パステルズが当時大好きだったバンドです。自分の興味はそちらへも広がっていきました。世界に広げよう友だちの輪！的な感覚には夢がありました。

もうひとつの12号フレキシ参加組フレデリック（近年同名異バンドがいますが、別のものです）は、7号からずっと追い続けていたロンドンタイムス（２０１９年再始動！）が解散して、うち2名による新バンド。88年初頭から活動を始め、結成したてのこの頃は**《ティーチ・ユア・チルドレン（Teach your children）》**のカヴァーなども演奏してフォーク・ロック色が強く、フレキシの曲もおとなしめですね。ライラック・タイムみたい！とライラックのテープをサンペーさんに献上したっけ。この後にライヴではどんどん本領を発揮して突き抜けていくので、イメージがまったく変わりますね。サンペ

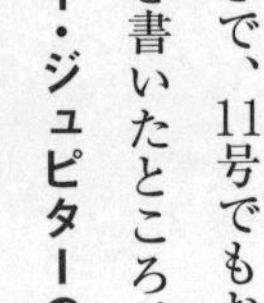

ビート・ハプニング
ノイジーな曲に惑わされずに、ヘザーのヴォーカル曲などを聴いてみればそこに浮かび上がる初期ラフトレ感。ここでいう初期ラフトレとはすなわち《クリアカット》（1枚目）にほかならない（94頁参照のこと）。ビート・ハプニングのキャルビンに書簡インタヴューをした時に、好きなバンドにレインコーツを挙げていて、自分の耳は間違ってなかった!! と感動した。そもそも1992年ロイスの《バタフライ・キス（Butterfly Kiss）》と、ビート・ハプニングの《ユー・ターン・ミー・オン（You Turn Me on）》のプロデューサーはヤング・マーブル・ジャイアンツとザ・ジストのスチュワート・モクサム。DIYの3文字に導かれてきた人々。トレイシー・ソーンの自伝にも、カート・コバーンにマリン・ガールズを教えたのはキャルビンだと出てきた。キャルビンによるアメリカ北西部からの伝播の力は、日本におけるフリッパーズのそれくらいすごくないですか。ビート・ハプニングは1984年に来日してキャーやルーズと共演し、遠藤ミチロウやネオモッ（続く）

Iさんは「英国音楽」最多出場選手だそうです。

チュー・チュー・トレインのリックたち UKインディに憧れるアメリカ人

チュー・チュー・トレイン（リック・メンクとポール・チャスティン）のサブウェイからのシングルはみんな大好きで、こういうポップなバンドがアメリカにいてサブウェイから出すようになったことに驚いていたら、リックのソロ・プロジェクト、**ザ・スプリングフィールズ**はサラ・レコーズのリリースで美しいし、**ポールのソロ・フレキシ**もこれまた泣ける曲で、**チュー・チュー・トレイン関連バンド**は要チェック！となり、リズムの通販で片っ端から買い集めました。

イギリスでは停滞気味と感じていた、キラキラした美しいギターポップがアメリカに託される……という一縷の望みを見出していたのでしょう。今思うとずーっと〈イット・ハプンズ（*It Happens*）〉をはじめて聴いた時の衝撃を忘れられなかったんだなあ。依存症といってもいいかも。

（続き）ズのブレイカーズを見て、少年ナイフをこれまたアメリカのリスナーに伝導してる。まさに種まく人。

ティーチ・ユア・チルドレン クロスビー、スティルス、ナッシュ＆ヤングの曲。映画『小さな恋のメロディ』で使われた。

Choo Choo Train
"High"

Choo Choo Train
"The Briar Rose E.P."

知り合って間もなく、さわきまみさんが88年の10～11月にイギリスに行ってギグ三昧の生活を送ってきました。そのことは彼女の「メアリーズ・ブロッサム」3号に詳しいのですが、チュー・チュー・トレインのライヴを見て大ファンになって帰ってきたのです。ライヴがまたすごくいい！　アメリカのバンドは演奏が違う！と彼女の熱弁でますますチュー・チュー・トレイン熱が盛り上がりました。さわきさんとリックの文通が始まり、イラストを交えた可愛いちまちました文字のリックの手紙を見せてもらって、これはぜひこのまま「英国音楽」に載せたい！と、「英国音楽」12号に、**リックのお勧めレコード・リスト**が掲載されることになったのです。同時にフレキシもお願いしたところ、快諾いただけました。リックからの音源カセットは、トイレット・ペーパーでグルグル巻きになって送られてきたことは忘れられません。

普段はお花の配達をしているリックとビデオ屋で働くポール。ＲＥＭのマイケル・スタイプと文通したこともあり、ティル・チューズデイやマシュー・スイートが友だちだったという彼ら。Ｃ86やクリエイション・バンドに憧れる感覚は我々日本人ファンと通じるものがあり、とてもシンパシーを感じました（彼らはイギリス人と同じ言語を使ってるのが羨ましかった）。[20]

The Springfields
"Sunflower"

Paulie Chastain
"Raining All Day"

チュー・チュー・トレイン関連バンド　のちのヴェルヴェット・クラッシュ。リックとポールの芸歴が長く複雑すぎてこの時点ですでにいろいろ……ザ・スプリングフィールズやらバッグ・オー・シェルズやらザ・ビック・メイビーやらポールのソロやら……。リックとポールそれぞれdiscogsにまとまってますね。

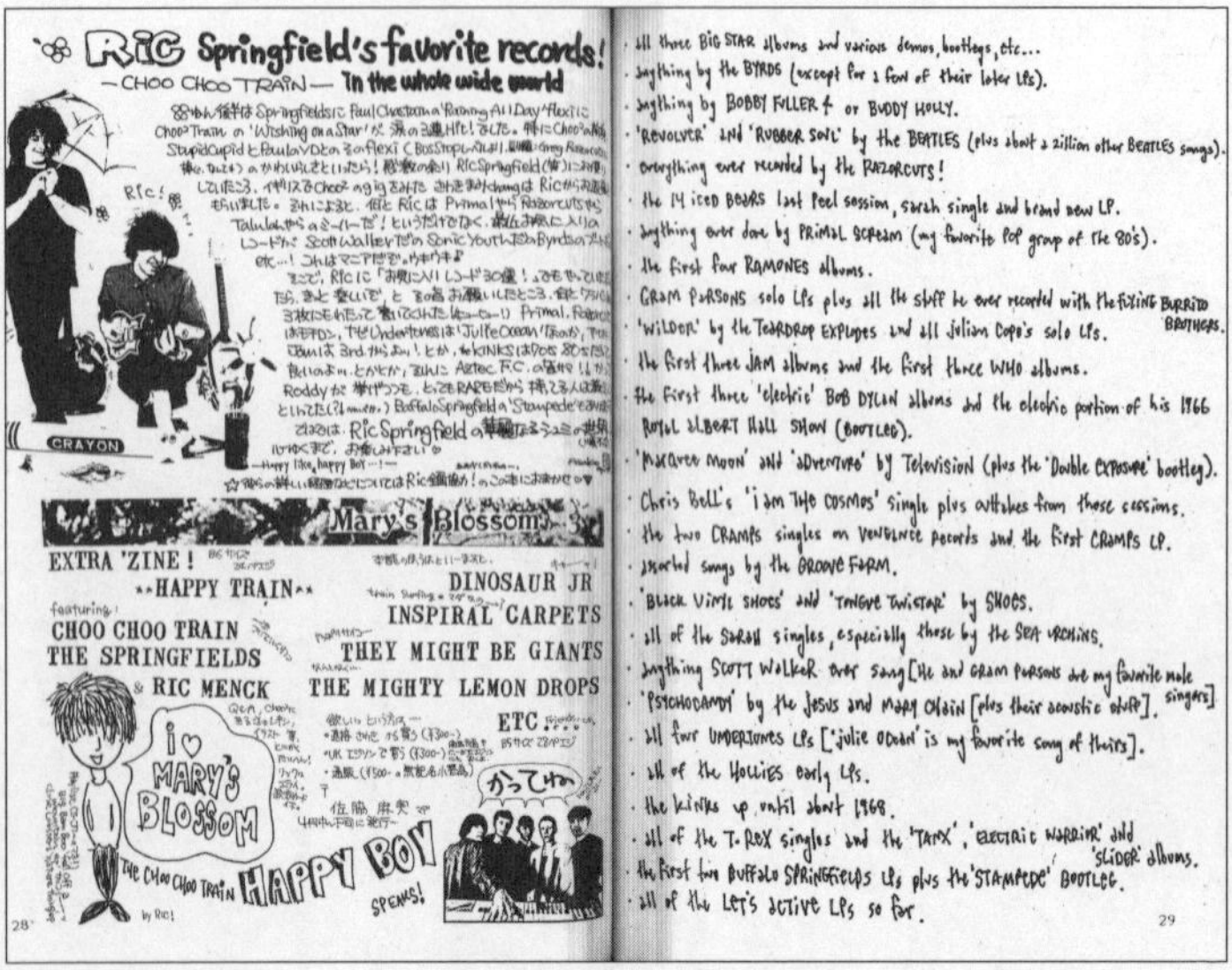

RiC Springfield's favorite records!
—CHOO CHOO TRAIN— In the whole wide world

EXTRA 'ZINE!

HAPPY TRAIN

featuring:
CHOO CHOO TRAIN
THE SPRINGFIELDS
& RIC MENCK

DINOSAUR JR
INSPIRAL CARPETS
THEY MIGHT BE GIANTS
THE MIGHTY LEMON DROPS
ETC

I ♡ MARY'S BLOSSOM

THE CHOO CHOO TRAIN HAPPY BOY SPEAKS!

28

- all three BIG STAR albums and various demos, bootlegs, etc...
- anything by the BYRDS (except for a few of their later LPs).
- anything by BOBBY FULLER 4 or BUDDY HOLLY.
- 'REVOLVER' and 'RUBBER SOUL' by the BEATLES (plus about a zillion other BEATLES songs).
- everything ever recorded by the RAZORCUTS!
- the 14 ICED BEARS last Peel session, sarah single and brand new LP.
- anything ever done by PRIMAL SCREAM (my favorite pop group of the 80's).
- the first four RAMONES albums.
- GRAM PARSONS solo LPs plus all the stuff he ever recorded with the FLYING BURRITO BROTHERS.
- 'WILDER' by the TEARDROP EXPLODES and all Julian Cope's solo LPs.
- the first three JAM albums and the first three WHO albums.
- the first three 'electric' BOB DYLAN albums and the electric portion of his 1966 ROYAL ALBERT HALL SHOW (BOOTLEG).
- 'MARQUEE MOON' and 'ADVENTURE' by Television (plus the 'Double Exposure' bootleg).
- Chris Bell's 'I AM THE COSMOS' single plus outtakes from those sessions.
- the two CRAMPS singles on VENGEANCE records and the first CRAMPS LP.
- assorted songs by the GROOVE FARM.
- 'BLACK VINYL SHOES' and 'TONGUE TWISTER' by SHOES.
- all of the SARAH singles, especially those by the SEA URCHINS.
- anything SCOTT WALKER ever sang [he and GRAM PARSONS are my favorite male singers]
- 'PSYCHOCANDY' by the Jesus and Mary Chain [plus their acoustic stuff].
- all four UNDERTONES LPs ['Julie Ocean' is my favorite song of theirs].
- all of the HOLLIES early LPs.
- the kinks up until about 1968.
- all of the T. REX singles and the 'TANX', 'ELECTRIC WARRIOR' and 'SLIDER' albums.
- the first two BUFFALO SPRINGFIELDS LPs plus the 'STAMPEDE' BOOTLEG.
- all of the LET'S ACTIVE LPs so far.

29

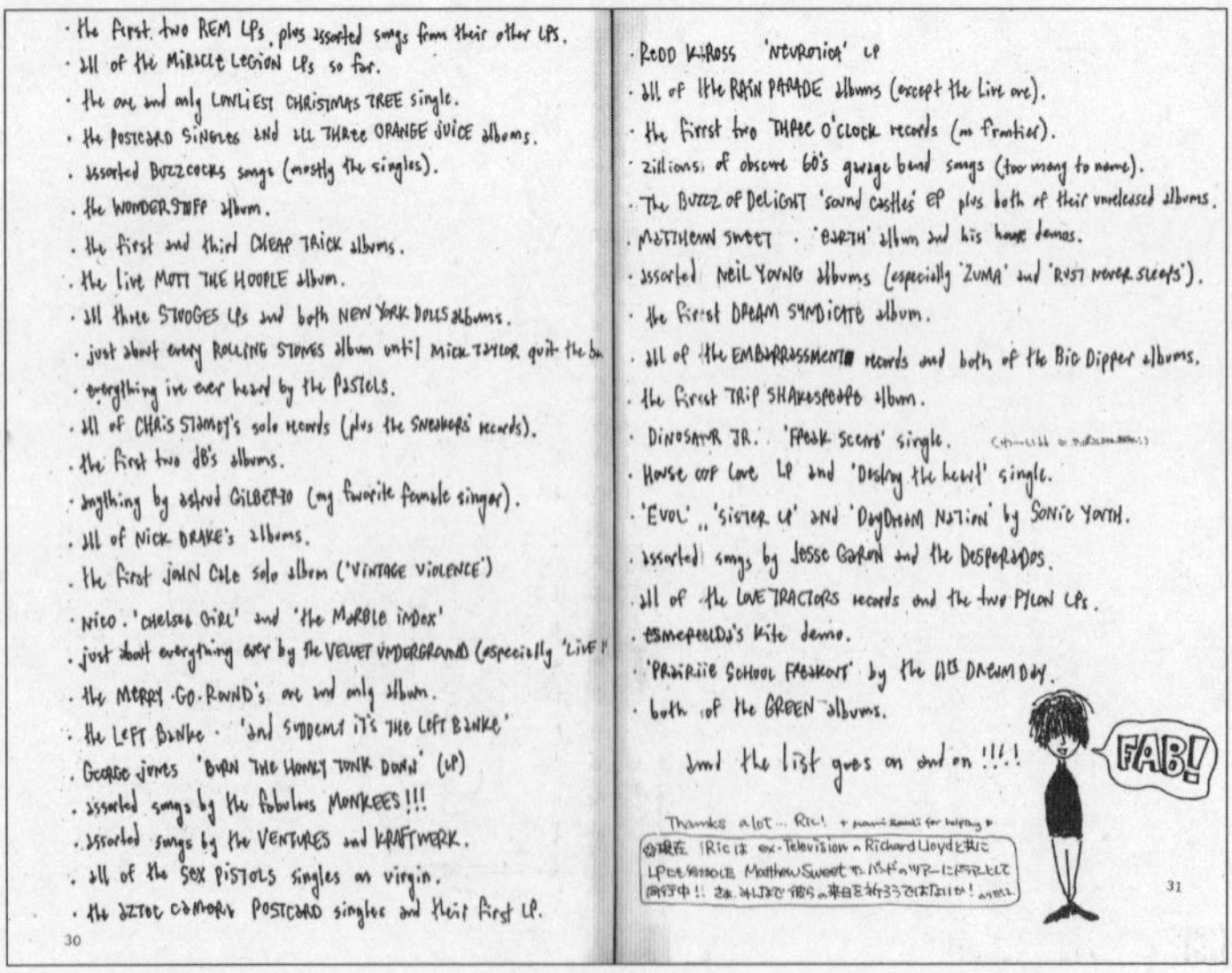

- the first two REM LPs, plus assorted songs from their other LPs.
- all of the MIRACLE LEGION LPs so far.
- the one and only LONLIEST CHRISTMAS TREE single.
- the POSTCARD SINGLES and all three ORANGE JUICE albums.
- assorted BUZZCOCKS songs (mostly the singles).
- the WONDERSTUFF album.
- the first and third CHEAP TRICK albums.
- the live MOTT THE HOOPLE album.
- all three STOOGES LPs and both NEW YORK DOLLS albums.
- just about every ROLLING STONES album until MICK TAYLOR quit the band
- everything i've ever heard by the PASTELS.
- all of CHRIS STAMEY's solo records (plus the SNEAKERS' records).
- the first two dB's albums.
- anything by astrud GILBERTO (my favorite female singer).
- all of NICK DRAKE's albums.
- the first JOHN CALE solo album ('VINTAGE VIOLENCE')
- Nico. 'CHELSEA GIRL' and 'the MARBLE INDEX'
- just about everything ever by the VELVET UNDERGROUND (especially 'LIVE')
- the MERRY-GO-ROUND's one and only album.
- the LEFT BANKE - 'and SUDDENLY IT'S THE LEFT BANKE'
- George Jones 'BURN THE HONKY TONK DOWN' (LP)
- assorted songs by the fabulous MONKEES!!!
- assorted songs by the VENTURES and KRAFTWERK.
- all of the SEX PISTOLS singles on virgin.
- the AZTEC CAMERA POSTCARD singles and their first LP.

30

- RODDY FROSS 'NEUROTICA' LP
- all of the RAIN PARADE albums (except the Live one).
- the first two THREE O'CLOCK records (on Frontier).
- zillions of obscure 60's garage band songs (too many to name).
- The BUZZ OF DELIGHT 'sound castles' EP plus both of their unreleased albums.
- MATTHEW SWEET · 'EARTH' album and his home demos.
- assorted NEIL YOUNG albums (especially 'ZUMA' and 'RUST NEVER SLEEPS').
- the first DREAM SYNDICATE album.
- all of the EMBARRASSMENT records and both of the Big Dipper albums.
- the first TRIP SHAKESPEARE album.
- DINOSAUR JR. 'FREAK SCENE' single.
- House of Love LP and 'Destroy the heart' single.
- 'EVOL', 'SISTER LP' and 'DAYDREAM NATION' by SONIC YOUTH.
- assorted songs by JESSE GARON and the DESPERADOS.
- all of the LOVE TRACTORS records and the two PYLON LPs.
- ESMERELDA's Kite demo.
- 'PRAIRIE SCHOOL FREAKOUT' by the 13th DREAM DAY.
- both of the GREEN albums.

and the list goes on and on!!!

FAB!

Thanks a lot... RiC!

31

リックの直筆お気に入りレコード・リスト。「英国音楽」12号より。

／20やシューズというバンドの名前は彼らからはじめて聞きました。まだ見ぬ新大陸に一気に思いが広がりました。そもそもさわきさんはその日、ワンダースタッフを見るつもりが売り切れだったので、フラットメイツ（の前座のブルー・エアロプレインズ）を見に行って、前座のひとつのチュー・チュー・トレインを見ることができたんです。

20／20やシューズ　どちらもアメリカの代表的なパワー・ポップ・バンド。最近出た《Come on Let's Go! Power pop Germs from the 70s & 80s》にも収録。

私たちの1988年を凝縮した12号

「英国音楽」12号には「88年ベストアンケート」が掲載されていますが、88年12月5日か89年1～2月のロリポップのライヴで近しい人々（と寄稿してくれてたメンツ）に**アンケートを配って回収**したと思われます。

CDはまだお高いイメージでプレイヤーを持つ人も少なく、身近ではなかったのですが、12号の薄田君の漫画を見てもわかるように、ロジャー・ニコルスやパレードなどの知る人ぞ知る60年代ポップスCDの日本発売もあり（CD普及の意味があったのでしょう）、ビーチ・ボーイズの《ペット・サウンズ（*Pet Sounds*）》やサジタリウスなどの過去の名盤を発掘する動きが

「英国音楽」12号

仲間内でもありました。当時はまだ輸入盤レコードや中古レコードなら手軽に買えましたしね。こうした流れからシブヤ系のＤＪカルチャーが生まれていったのでしょう。あと、私も含めてフリッパーズのデビュー盤がＣＤオンリーだったことがきっかけでＣＤプレイヤーを購入した仲間は多かったのです。一方でラモーンズのベスト盤《ラモーンズ・マニア（*Ramones Mania*）》も88年に出てたんですね。ザ・バーズの《グレーテスト・ヒッツ（*Greatest Hits*）》もこの頃新譜で買ったと思うのですが、これは67年に出てからたびたび再発されているんですね。

そんななかで自分はザ・ジャム絡みでも馴染みのあった**ザ・キンクス**にはまっていきます（レイ・デイヴィスの世の流行り廃りから距離を置く姿勢にも共鳴しました）。アンケートに「今年になって発見・見直したアーティスト」という欄があるのはそ

「英国音楽」12号より。

んな時流からです。英国音楽が退屈な時はアメリカ音楽や過去作に目を向けるのです。マンチェ前夜だったし、ディストリビューターが潰れたりして、この頃のＵＫインディ・ポップはつらい時期でした。そもそもこの頃から、過去の作品も新譜と同じように聴くようになっていきましたね。

自分のライフワークといってもいい連載「哀愁のポップスタアの系譜」は、休載した11号でも予告されていた**ヴィック・ゴダード特集**です！　この連載のしんがりを務めるのは彼以外に考えられません。

ヴィックとサブウェイ・セクトにも、まりあ師匠の大プッシュで大ハマりしました。オレジュが〈ホリデイ・ヒム（*Holiday Hymn*）〉を、メリーチェインが〈アンビション（*Ambition*）〉をカヴァーしていたように、ポストカード周辺やポストパンクな人たちが一目置く、クールなパンク・オリジネイター。パンク時代のアルバムはクラッシュで忙しかったマネージャーのせいでお蔵入り（一生恨んでやる〜）。やっと出たアルバム《**ワッツ・ザ・マター・ボーイ（What's the Matter Boy）**》はお昼寝にもピッタリな鼻歌パブロックで大変愛おしいです。その後突如、蝶ネクタイしてスウィングするジャズのアルバムを制作し、クラブ・レフトという50年代をテーマにしたクラブも主催。ジョー・ボクサーズのヴォーカリストのいたロカビリー・バンド

アンケートを配って回収
これ、仲君の「メアリー・パーム」に影響与えてます（笑）

「ロリポップ・ソニックオヤマダくん」の１コマ（「英国音楽」12号より）。

The Kinks
"Something Else"

4人のBristol少年が新Subway Sectとなり
る。(そして後にJo Boxersとなるワケだ。)このメンバーで
られたLPが故Alex Sadkin Prodの'Songs for
e'。C. Porterの'Love for Sale'も取りあげて
は正装ジャズクラブサウンドに聴こえますが、
Vicだからイヤミにならず、サラっとしてて良♥) 後に本人云く、まだ
は「ロックバンドによるジャズ」。彼の究極の夢は
オーケストラサウンドだったのです。「ロックの客は
ど。中年の客に聴いてほしい・」なんて言ってます。
かし、このバンドも解散。彼はまたシーンから消え封。
間、いろんな人に会える、と郵便屋さんをしたのは
る(?)ですが、結局寝坊の彼には続かず、
も皿洗いや、大好きな競馬予想屋(?)、最近は
バーガー屋にも勤めたと言われています。
の捨てきれぬVicは今をもときめくSimon
さんに声をかけます。この話がWorking
eekで来日時のインタヴューで出たのですが、(私は
WWなので1度立読みした思り。) Vicはそこらのスーパー
売ってる安っぽいテープにdemoを入れて、話を
ってきたといいます。(泣けた。) こうして、BBCの
在アコーディオンひき等Jazzミュージシャンを迎え
周内で「T.R.O.U.B.L.E」は録音されます。が、
イトル通りの運命が待っているのです。当初
lanco Y Negroから出るハズのこのLPは「コマー
ャルでなさすぎる」との理由でまたオクラになる
のです。仕方なくVicはB. Rhodesに接近するものの、
のしたのは、Vicを1曲なんぼの作曲家として
うことと、まるで勘違いなシンセバンドを連れてくる
とでした。当然2人は決裂。ところがこの
Trouble'オクラによって、またまた83年ごろから
ていたラフトレSectの'Retro'LP発売が決定。
年に何故か新興elより'Trouble'中5曲が
で発売され、86年にようやくラフトレより
T.R.O.U.B.L.E'が陽の目を見るのです。
これらのリリースも競馬屋Vicは取材が来るまで
知らず。少しは世のハヤリも知ろうとして気にいった
がBlow Monkeysだった、というのも笑えます。
して、自分の作品をTony Bennettとか、シナトラとか
ペリーコモが歌ってくれたらなあ、と度々語っています。
のスキなエピソードはLPラストの「マイフェアレディ
みたいなmusicalがかけたらな、(何百万もかかって
変だ！)」て曲が実際に彼のかいたmusical
のオープニングナンバーだったってコト！(劇自体は
イテーだったという話ですが。) Ray Daviesみたい♥でしょ? っていったら怒りますか?

このコーナーで取り挙げた人々は何故か、代々
McGee氏のオメガネにかなってCREATIONへ行って
(困ったレコードを出す人も…)いるのですが、ここでVICが
CREATION行ったら私は驚くでよ。!

初期スタカン的ホーンに脱力気味女性コーラスを配した
'Holiday Hymn'や、John Barry風'Out of
Touch'インスト、Robyn Millorによるカリビアン(?)
などなど、これこそ、うまくたちまわれば、当時、Sade
とかMatt Biancoとかの波に乗ってたんじゃ、と思えど、
やはり歌唱力のなさと貧乏臭さがそれを許さな
かったのでしょうか。でもそれこそがVicの最大の魅力
なんだけど♥ 81年正装で行ったライヴのレヴューで
「Vicはおうたのレッスンを受けた方がいい」と
あったのをみて、Vicのライヴ観たい！と痛切
に思ってしまったもの！

Vic+Sectは英プレスでけっこう支持されてると
見え、あの人はどこ?的にたまに取り挙げられる。
最近NMEにVicのママの「Vicは音楽から足を
洗いました」発言があって、ライターも業界で傷つい
た人をひっぱり出したくないとしめくくっていた。
反論はないけど… 1ッ言えるのは、彼のこと忘れ
られない人間は、世の中に確実にいるってコト！
それだけ捨てきれない味があるのです。

SPECIAL THANX to MARIA!! Asako Kodaka
Big Hello to

DISCOGRAPHY

●TVP'sにも言えるけど、モンダイは、Vic+Sectに「いつでも買えるオススメ盤」がないってコト! この頃Sectは海外に出てないからマニアか…

singles *-included on 'A Retrospective 1977-81' LP

NOBODY SCASRED*/DON'T SPLIT IT*, Blaik '78
AMBITON*/A DIFFERENT STORY*, RT007 '79
SPLIT UP MONEY/OUT OF TOUCH, odd ball-MCA '80
STOP THAT GIRL*/INSTRUMENTALLY SCARED
VERTICAL INTEGRATION, odd ball-RT068 '81
STAMP OF A VAMP/HEY NOW, club left '81
HEY NOW(I'M IN LOVE)/JUST IN TIME, london '82 10インチもあり。
HOLIDAY HYMN/NICE ON THE ICE, él 14(7)' 85
él 14Tはに5曲入り♥

albums

WHAT'S THE MATTER BOY, MCA '80♥
SONGS FOR SALE, london '82 (国内盤あり。L28P-1059)
A RETROSPECTIVE(1977-81), rough trade '85 (コレも国内あり 25RTL 3005)
T.R.O.U.B.L.E, rough trade '86

compilation (NME cassette)

NME/Rough Trade C81 (Parallel Lines) dedicated to BBC
JIVE WIVE (Just in Time) LPと同じ
POGO A GOGO (Ambition) シングルと同じ。

covers

Orange Juice-Holiday Hymn (80年ごろのライヴ! Vicの such fun to hear womans singing なのをEdwynは children singing とうたっている!!)
Chesterfields-Holiday Hymn
Jesus & Mary Chain-Ambition ←B-side Collectionに入れてくれないの?
Anthony Adverse-T.R.O.U.B.L.E

others

Johnny Britton-THE ONE THAT GOT AWAY/
HAPPY-GO-LUCKY GIRLS (odd ball)
「Vicの曲! サスガのタイトル♥」

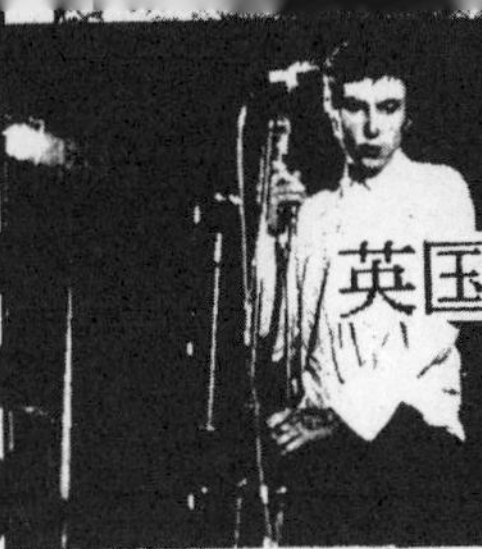

The Subway Sect

其ノ

英国・哀愁のポップスタア達の系譜

VIC GODARD の巻

珍しく読んだMy Bloody Valentineのインタヴューで Kevinがおもしろいこと言ってた。vocalスタイルに2ツあって、1ツはRay DaviesやSyd Barrettみたいに"lazy"なの、もう1ツはRoger Daltreyみたく力強いもので70年代的なのだ、てな内容でして深くうなづいた。モチロンMBVは前者な訳で、私ののめり込むのはこのタイプが多く、その代表格の1人がVic Godard♡なのです。

すっかりタイミングを逸した感じのVic Godard & the Subway Sectの登場ですが、彼こそ、このコーナーの為に生まれたかのような人物(逆か)なのです。Vic Godardの存在そのものがドラマなのです。

パンクの火のついた'76年登場し、変人扱いされながら、クラブサウンドに憧れ、多くのトラブルの中、何とか活動し、姿を消したVic Godard。

Roddy FrameやEdwyn Collinsが「よく聴いたPUNK」として必ず挙げていたのがSubway Sectでして、我など完璧、そのウケウリです。

「Subway Sectが結成されたのは'76年7月。Clashよりも早かったのだから、上手く立回れば、Pistols、Clash、Damnedと並び評されたろう」なんて、2枚の日本盤ライナーに揃って記されているけど、そんなことありえないって断言できる。確かにPUNKって土壌無しでは結成されなかったろうし、100クラブでのあのPUNK.Fes.にも名を連ねてる。ファンジンの元祖、Alternative TVのMark Perryによる'Sniffin' Glue'のインタヴューで彼らは、ひたすら「演奏出来ない」ことを告白してる。元々、ハマースミスの駅でVelvetsの曲を演ってたっていうけど、ベースは始めてやっと4ヶ月で、何もできずに缶を壁に叩きつけてたっていうし、GIGで動かないのはヘタで余裕がないから、とのたまう。(オマケにここで「今月の1言」に輝くVicの名言は「ずっとティーンネイジャーでいたい、25才になってもガキっぽいって言われたい」というもので、これぞ正にwimp cuties!!)

それでもデヴューEPの'Nobody's Scared'はPUNK名盤に数えるべき、スリリングな出来!です。

このころの演奏は'A Retrospective'で主に聴けますが、これを ex-RazorcutsであるNMEライター David Swiftさんは「Another Music in A different Kitchen'に匹敵する偉大なLP」と評してます。けれどこの頃からVicは変人扱いされる兆しがあって、1st Bめんの'Don't Split It'はハモンドピアノとハーモニカのイカシたR&Rのクセにラストで'Don't Wanna Sing R&R'と叫びまくる皮肉。何かのPUNK videoでも「ぼくはPUNKじゃない。むしろBuddy Hollyに近い」とか言ってて変でした。Vicにとって PUNKとは「やりたいもの」ではなく、単なる「手段」にすぎず、やりたい音楽は他にあったのです。そして'A Different Story'で軽快な口笛とピアノに乗って、(崩した'Daydream'みたいよ♡) 再び'We oppose all R&R'と唄って、クラブサウンドへまっしぐら！突っ走るのです。(蛇足ながら、こうした反ロック的フレーズはOrange Juiceの'Poor Old Soul Pt.2'のラストで聴かれる'no more R&R for you!'というコーラスにモロ影響を与えていると思われます。)

彼らの真の1st LPはオクラ(た、B.Rhodesが完全に握りつぶしてる)だけど、やっと出たのは'80年。Clashで悪名高きBernie Rhodesのプロデュースだけど、PUNK時代よりずっとリラックスした、これぞ英国人の渋み！と言える名盤。1曲目からいきなり♪ドゥビドゥビ♪コーラスだし、ギターはチャラチャラ、ピアノ、笛、ヘナヘナハーモニーにVicのヨレヨレ声との組合せは絶妙♡ 内外でもRay Davies、J.Sebastianの名を出す人が少なくありません。81年になって出たEP'Stop That Girl'はクラブっぽさ見せつつ、この路線の代表曲と言えます。Vic本人も名曲の呼び声高い'Ambition'は嫌いなのに、(Edwynの'Blue Boy'嫌いに通じる？)このテイクは最高！と彼も認めてます。

81年になると、これまでの素人クラブごっこと少し毛色が変わってくるようで、衣装もシャツにVネックからディナージャケットにボウタイと変貌します。(といっても'Stamp of A Vamp'のジャケはまるで安キャバレーなんだけど。)'Stop That Girl'の頃、共にツアーした同じB.ローズの抱えるJohnny Britton(何と、後にO.J.の3rd LPに参加し、"Dada"videoでダイアナ♪唄う彼！)の紹介も出ていたらしい。デビュー前のバナナラマも。のちにソロではエルからシングル、ラフトレからアルバムも出すが、業界から引退して郵便局員として過ごしていた、というストーリーだけでもうたまらなかったです。しかし、トレイシー・ソーンとベンがヴィック主催のクラブ・レフトに行ってたとは知らなんだ。彼らのクールでジャジーで簡素なアコースティック・サウンドにはヴィックの影響があったとは！　まさにナゾジャズの祖はヴィックだったのですね。いうまでもなく、マイク・オールウェイとジェフ・トラヴィスもキーです。

本誌でも書いてますが、オレジュのエドウィン、ジャズ・ブッチャー、パステルズ、TVパーソナリティーズとザ・タイムス、とそれまで取り上げた全員が、この頃には一度はクリエイションと関係を持っていてビックリしました（最後2組にはほぼ中の人もいますが）。唯一ヴィックだけは現在まで関係ないのですが、そもそもエルからも、のちに復活ポストカードからもリリースがあるので十分でしょう。この当時ヴィックは音楽から離れていて、一生見ることもできないだろうと思っていたのに、その数年後にエドウィンと来日するなんて誰が想像できたでしょう。**回りまわってフリッパーズありがとう！**

回りまわってフリッパーズありがとう！　説明しよう！　フリッパーズにカリスマ的人気が出たことで、彼らの勧めたネオアコが日本で評価され、なかでもオレンジ・ジュースのCDは日本発売を果たし、エドウィンは何度も来日できた。その再来日でヴィックを連れて来てもらえたということです。

さらば「英国音楽」

この12号で「英国音楽」を終わりにする、といつ決めたのかさっぱり覚えていませんが、これまでも書いてきた通り現行の英国音楽に興味がなくなってきたことが大きいと思います。会社員になって音楽の聴き方も変わったこともあるかもしれません。最新情報を得るために衛星放送で「トランスミッション」を毎週見ても、大半が自分にはつまらないものに見えました。コレは！と出会って夢中になったのはダイナソーJr.でした。やはりアメリカです。英国音楽じゃなかった。

エーコクでやりたいことはやり尽くした。もうこれまでと同じ気持ちでやりたいことはない。あっこちゃんとか友だちの手伝いはする。自分で何かするにしても違う形になるだろう。その時はHAPPY extremeの名前でやろう。そんなところです。そこへきてロリポップの新曲が〃*Good-bye our Pastels Badges*〃ですよ。

最後の号と決めたので、「英国音楽」の歴史についての見開き2ページを設けました。そもそも「英国音楽」は青学のサークルから始まったことを、はじめて読む人にも説明しておきたかったのです。

12号の最後のページにはちょっとした仕掛けがありました。わかる人にはわかる、ザ・ジャムの解散の時のウェラーの声明文をいただいています。コレがわかった人文通しよう！と書いたところ「文通しよう！」と言ってくれたのは**吉本宏君**だけでした。

「英国」12号は１９８９年5月発売。90年代がすぐそこまで来ていました。時代の変わり目を感じとっていたのでしょう。来たる90年代は、みんながまいた種が花開いていくことになるのです。

吉本宏君
アノラック・パーティで出会った、この頃のお仲間のひとり。その後、90年から橋本徹さんのサバービア・スイートに執筆していたのは知っていたけど、今もbar buenos airesやresonamce musicを主宰、コンピレーションCD制作などの活動で忙しそうです。実際は何十年も年賀状の交換しかしていません（笑）。

「英国音楽」12号手書きチラシ

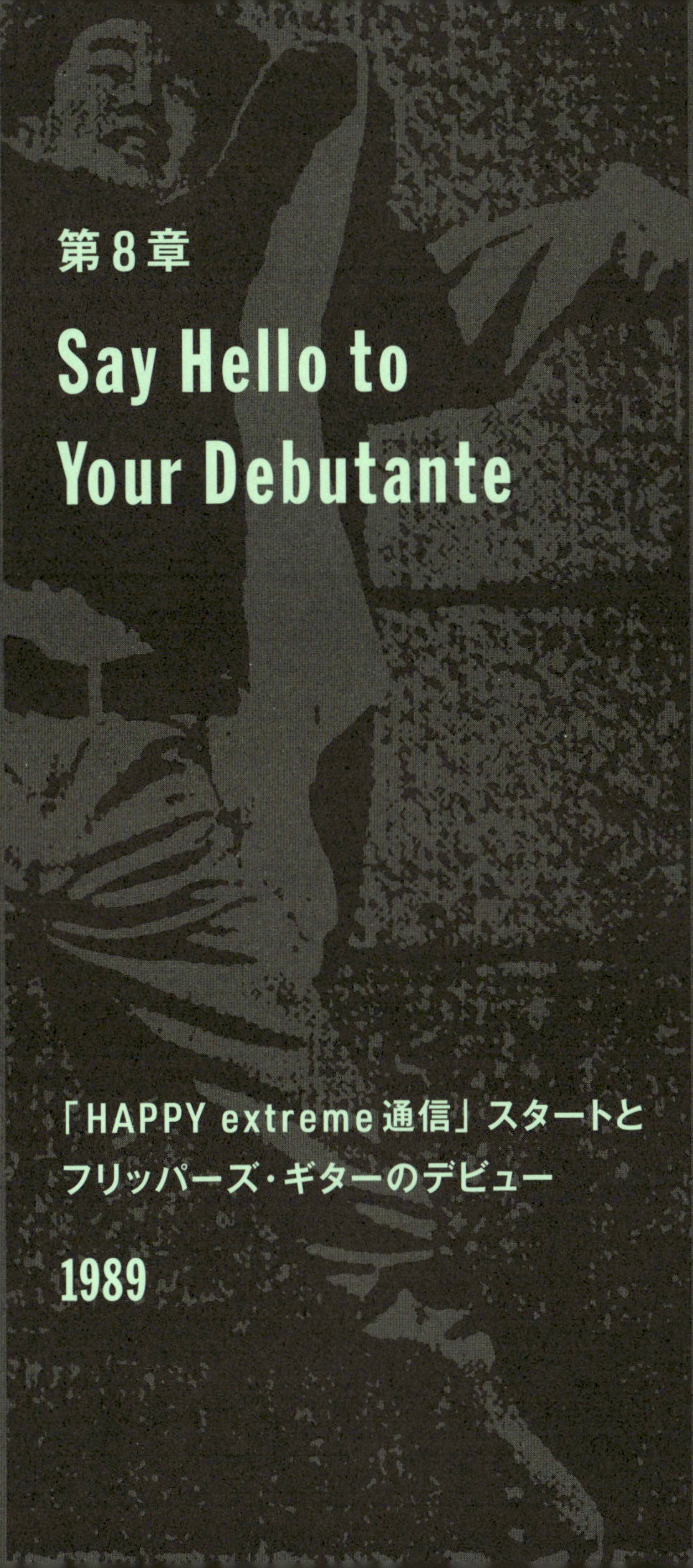

第8章

Say Hello to Your Debutante

「HAPPY extreme通信」スタートと
フリッパーズ・ギターのデビュー

1989

12号発売記念ギグとペーパー「HAPPY extreme通信」制作

１９８９年のＧＷに**アノラック・パーティ5**として今度はロリポップとフィリップスが呼ばれて再びデボネアと共演し、再度みんなで**京都に遠征しました。**

やはり、このパーティに合わせて「英国音楽」12号を完成させたと思います。その「英国音楽」12号をまたあちこちに送ったようで、6月の下旬にはＮＨＫＢＳで放送されていた「トランスミッション」で、なんと、ＭＣのジャズ・ブッチャーことパット・フィッシュが「英国音楽」12号の表紙を見せて紹介してくれたのです！　ファンジンを紹介するコーナーがあったので番組の現地住所に送ったんですね。最新作は聴かなくなっていたものの、ずっとアイドルだった、ぶっちことジャズ・ブッチャーの手に英国音楽が！　そしてぶっちがロリポップ・ソニックという言葉を発したのです！　最高に誇らしい瞬間でした。

しかしこの番組、現地でどれくらいの人に見られていたのか定かではありません。今となっては日本人の方がよほど見ていたんじゃないかと思うくら

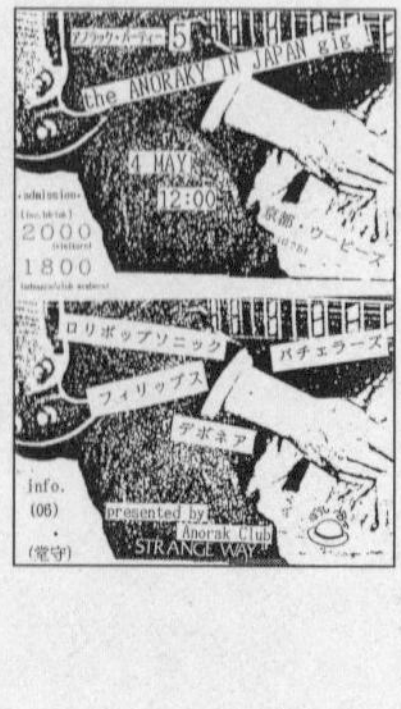

アノラック・パーティ5のチラシ

ANORAKY in JAPAN
ANORAK PARTY 5
lollipop sonic
phillips
debonaire
the bachelors

いです。ただあの頃「トランスミッション」を見ていたアイルランドの子としばらく文通したので、UKで放送があったことは確かです。

「英国音楽」12号とフレキシができると、発売記念ギグの準備がスタートです。89年にロリポップはもう音楽事務所とマネージメント契約もしていたので、マネージャーの岡さんとお話していたようです。当時の手帳の7月あたりには「フリッパーズの予定　フレデリックの予定　クロコ　**そーま君**にチラシ頼む」とメモがあります。この頃にはロリポップではなくフリッパーズの名前が決まっていたのですね。その後の手帳でも

7月18日　フリッパーズ＠インク芝浦

7月21日　フリッパーズ＠横浜アポロシアター

と記載があり、フリッパーズ・ギターとしてのお披露目ライヴが行われてますね。電話すれば、小沢君がたくさん近況を聞かせてくれてました。皮肉や毒舌は相変わらずでしたが、これまで彼らの口から聞いたことがないような芸能人や業界関係者の名前が語られ、自分の知らない世界に入っていくんだなあ～とぼんやり取り残されたような、少しさみしい気持ちで聞いていた気がします。

前回は自分で下手なコピーとレタリングの切り貼りでライヴのチラシを作

そーま君
本書のデザイナー。企画・発案者でもあらせられる相馬章宏君です。泣く子も黙る？コンコルド・グラフィック。owl2016.net/でハイドメイドのグッズも。

製しましたが、今回は新たに相馬君にお願いしています。イラストとレタリングをすべて手書きで作ってくれました。相馬君は「英国音楽」をヴィニール・ジャパンで見つけ、フレキシが付いていたからと買ってくれたそうで、お手紙をくれました。彼の手紙は誰とも違っていて独特でした。言葉は最小限だけど、２色コピーを最大限に使ったオリジナルのカセット・インデックス付きの**コンピ・テープ**を送ってくれました。彼の編集したＶＨＳビデオがまた衝撃で、昔の白黒のスプラッター映画と**ファーマーズ・ボーイズ**みたいな呑気な音楽を合体させてあり、さわきさんの家で大笑いして見ました。私は仕事で行けなかったのですが、５月にみんなで動物園に行く時にさわきさんが相馬君に声をかけて以来、彼も遊び仲間に加わりました。

発売記念ギグに合せてなぜわざわざ「英国」とは別にペーパーを作ろうと思いついたのでしょうか。「英国」最終号の発売記念ですから、その後のフォローアップの意味はあるでしょう。さわきさんがミニコミと別に作っていたフリーペーパーの影響かも。子供の頃ひとりで学級新聞みたいのを作るのが好きだったこともあるのかも。そして！　２０１９年ロンドンタイムス再始動でやっと思い出しました！　ロンタイのライヴに行くと配布されていた「ロンドンタイムス・タイムス」というスタッフによる手書きのペーパー

コンピ・テープ
フライヤーもテープも相馬君の2色刷は、当時、インパクトありました。モノクロコピーが普通だったので。

ファーマーズ・ボーイズ
ノルウィッチ・シーンの雄としてインディでの活動が注目されメジャーEMIから2枚のアルバムをリリースするも一部のマニアにのみ愛好される。チープなキーボード・サウンドと初期はファンク成分も。早すぎたハウスマーティンズ。

HAPPY extreme通信 Vol.1

1989. 9. 18 at Crocodile
発行：HAPPY extreme!
杉並区 2-1-1 〒6
-1-1 - Suginami,
Tokyo 16 JAPAN 題字：まーまくん THANKS!

今日は連休明けのお疲れのところ、このライヴに足を運んでいただき、本当にありがとうございます。CityRoadに「発売記念GIG」なんて載って、また何か出るのか、と思われた方も多いようですが、何も出ません。ごめんなさい！ それじゃあ一体何の発売記念か、というと… 5月に出た「英国音楽」12号のオマケソノシート'Whistlin' & Smilin''の発売記念だったんですねぇー。何を今頃ネボけたことを、などと言わないで下さい。♪ぼくにはぼくだけのスピードがあるう～…ってFrederickのうた、最近やらないけど、好きでした。

そんなこんなで、やっと実現しましたこのGIG、チラシ等ご覧になってお気づきの方もいるでしょうが、「part one」と銘打ってあるのです。そーです。コリない私はpart twoもモクロんでおります。目標は… 90'Sといったところかな？ またその時もこれにこりずに何卒よろしくお願い致します。

・本日販売します

*〒は通販の場合の送料
お問合せは上記住所にて受付中。

・英国音楽 vol.11 with flexi by LOLLOPOP SONIC, PENNY ARCADE, THE BACHELORS, & THE RAIN(UK)
英国音楽 vol.12 ←(共に1部400円・〒210円)
with flexi by LOLLOPOP SONIC, FREDERICK, CHOO CHOO TRAIN, & MCTELLS

Hoopla! with booklet 15曲入りコンピレーションカセット
(1本700円 〒特別価格150円)
Sampler 7'single (1まい600円 〒250円)
HOW MANY BEANS MAKE 5, JOHN CUNNINGHAM, JASON SMART, & SAID LIQUIDATOR

ZINE (400円 〒210円) vol.10 分のお金も出したのに へんじナシ! 私は思っている… 男だぞー。入荷していれば ZEST サンにおいてもらいます。
vol.9 with flexi by CORN DOLLIES & THE RAIN

ぽらしレーベル「ぼくのにちようびコンピ」テープ(特別価格550円！)
with booklet, chocolate, & sticker
featuring ST.CHRISTOPHER, RODNEY ALLEN, HMBM5, PO!, THE RAIN, REMEMBER FUN, THE NIVENS etc.

Bi-Joopiter MCTELLS and TWINS&RIG VEEDA flexi
(イカシた曲ばかり3曲入り、200円)
～以下 通販only bi-joopiterのカセット。1本700円＋〒250円～
"PIONEER" live tape by THE MCTELLS, BEAT HAPPENING, EMIL with カラーのミニbooklet!
THE TWINS & RIG VEEDA 'boy saves hedgehog'
SINDY ARTHUR 'what about' ～ネオアコパンクと人はいう～

*個人的に売ります！コーナー。(皆さん持ってたりするものです。興味ある方は上記住所まで!) ご一報お待ちしてます。

・EdwynCollins 'Hope & Despair' LP 帯付きの超美品。今だにカッコイイ! 私はCDも買ったぞ! ギターが泣きます。1200円くらいで。
・Lightning Seeds 'Pure' 12' ex-CAREのヒット曲! ピアノはバカ？なんかと思いましたが(ウソ)。ホントにいい曲よ。心和みます。500円くらいで。
・Pacific 'Barnoon Hill' 7' 必須アイテムよね! 150円とかで。
・RoddyFrame表紙のスコットランド紙CUT. Sep'87 こちらはうれしかった! どちらもカムバック版だわ。
・EdwynCollins表紙のMelodyMaker Aug2'86 写真みた方だし。

◉本日の出演バンド◉

～出演順～

1,000 rivers

ex-Bachelorsと書いてしまったが、別にthe Bachelorsは解散した訳じゃないのであしからず。ex-the Bachelorsのキディ又はジム木田こと木田くんのバンドです。the BachelorsからはEBサンが、by courtesy of Polystarで(?k) Flipper's Guitarの荒川くんが、そして、謎のViolinistにBassistも参加して木田くんの特異なメロディを盛り立てます。

Frederick

このバンドに関しては… エーコクオンガク誌上でも再三取り挙げて来たことでも明らかなように、私はただのいちミーハーファンにすぎません。ひとつ常に感心するのは、個人練習までしてしまうという熱心さとそのレパートリー曲の多さです！ 私はいつの日か片岡健一氏の全作品リストを作成してみたい…(不可能に等しい。)大スキな曲がたくさん埋もれてるハズだからね！ そーしてリクエストほじくり出したら果して答えてくれるでしょうか….

Philips

ある日私はヤマダ(弟)くんから大変恐いジンクスを聞いた。それは彼らと関わったものは皆、終末を迎えてしまう、というのだ。その証拠にエーコクオンガクも彼らに触れるや否や最終号になってしまった。きゃーー 今日の出演バンドよ、永遠に!k(リリキューにも幸あれかし！) それはともあれ！ Philipsの曲は楽しくて、ちょっぴりせつない。9/15に発売された新しいデモテープ、買いそびれた人は(ハイ、私です！)是非今日買っておきましょう！ あっこちゃんのぽらしレーベルのソノシート参加やMary's Blossomのインタヴューetcの予定もあり、ひっぱりだこの人気者Philips！ いつか必ず、若い少女たちがPhilipsの演奏に髪をふりまわし、黄色い声をあげる日が来て、世の中スバラシくなる、と私は信じて疑いません。

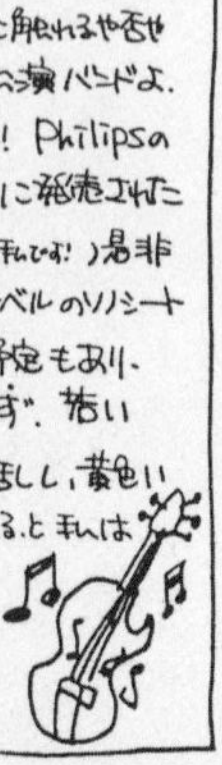

taken from 'アイドルを探せ' まーまくん言うところの"アイドル・ギター"

フリッパーズ・ギター活動休止?!

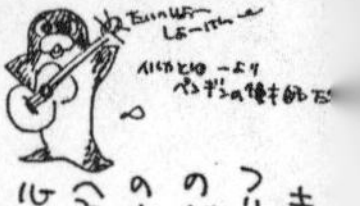

去る8月某日、フリッパーズ・ギターのボーカル・ギターの小山田圭吾さん(20)の乗った車が心ない4トントラックに追突された。情報筋によると、助手席にいた彼は全治6ヶ月(?)の重傷。現在都内の病院に入院中とのこと。

誰もが心待ちにしていたデビューCD発売を目前に、グループにとっても、日本のポップシーンにとっても、悲劇としかいいようのない事件ですが、小山田さんも今や入院生活にもすっかり慣れ、その病室はどこよりも早く、新プや情報やレア音源の集まる人々のいこいの場となっています。

関係者の懸念をヨソに8月25日に発売となったフリッパーズ・ギターのデヴュー盤「海へ行くつもりじゃなかった」は都内を中心に売切れ続出。早くもカレッジ・チャートの一位を獲得するなど、日本のリスナーも捨てたモノじゃありません。小山田さん入院中にギタリストの小沢氏がちゃっかり雑誌モデルまで務めるという人気ぶりです。

最近、若いアメリカン・ボーイの入院友達を作った小山田さん、この入院中にすっかり英語もペラペラになって、復帰後は国際的に活躍してくれることでしょう。みんなで小山田さんに励ましの千羽ヅルを…。

ラディダ通信

How Many Beans Make Five　John Cunnigham　Jason Smart

今回販売するSampler シングルはこれからLaDiDaからリリース予定のレコードのピックアップ。どれもワクワクする曲ばかりです。Jasonくんの曲はストリングスも入って一層良くなるし、John Cunnighamはやっぱりしみじみ聴かせてくれるし♥。HMBM5はBOBといっしょの全国ツアーも好評だったようだし。みんな気長にレコードを待とう♥

尚、当初LaDiDa 004として予定されていたJune BridesとDoris Daysのライブ・シングルですが、中止になってしまいました。残念!。また、少し前にLaDiDaスタジオで70'sのカバーを録音したSiddeleysも解散しちゃったそうです。Vo.のJohnnyはArmstrongという新バンド結成するとか。

Penny Arcade 解散!

Pennyが12/9のGIGをもって解散します。大ばか者です! デモ1本作って、GIG1回して佐島さんは引退するそうです。私は8/11チョコレートシティ以来 今のPennyが今までで1番好きかもしれないのに! ーといってもアクマで本日の意向だから…。自分でおしまいって決めたことは 人が何と言おうと おしまいだものね。悲しいし、さみしいけど、いやがおうでも、各メンバーの今後の動向に注目しましょう。

おしらせ など…

▼フレデリックの皆さんには度々申し訳ないと思っていますが私はまたもフレデリックにインタヴューしてしまいました。9月末頃創刊予定のイン方ヴュー中心のソノシート付ロック誌「NUTS」に載ります。エジソンとかに入ると思うので皆さまどうかよろしくね♥

▼5月の京都あのらっぱにDリポップやフィリップス・バチェラーズ共々参加した当時英語教師のにっくによると、ロンドンでジャズ・ブッチャーと話したら、ナント!!ぶっちはロリポップ(つまりはフリッパーズ・ギターね)のファンだと言ってたそうだ!

▼ぼうしレーベルのあっこちゃんが進めている「ぼくらの手でぼくらのスターを呼ぼう」企画のDビニィ・アレンくんですが、一時難行も伝えられたものの、どーやら来年頭には実現するかも?・ひき続き応援しよう!

▼ちょっとエバらせてね。エーク11日でSARAHレコードのクレアちゃんにインタヴューした録で、彼女の今度のファンジンLeMONADE(SARAH 4A)に"英国音楽"が紹介されたの! 世界にはばたけ英国音楽!!

▼やっぱり今年は長年大スキなアーティストが良い作品を出す気がします。例えばえどりんやぶっちゃね♡ ぶっちのB:cycle kidsやBAD DREAM LOVERなんて、悪いクセは相変わらずずねー♥って感じでうれしい!「トランスミッション」(衛星放送)であんないい味出してるヒトだから、絶対やってくれるって信じてました。やっぱり、音楽って人柄が出るのが良いのです。(誰かぶっち来日させてくれないかなぁ。私、何でもします♥ホント。)

▼人柄が出るといえばモンゴメリの影響でハマッたニューエストモデルも、音楽的ルーツ云々を超越した圧巻のカッコ良さ。あんまりかくとライヴの"ゆ〜伝言コーナー"で二度と書くな!と言われそーで、思わず字が小さい。メスカリンドライヴの人が「お熱」でラヴィン・スプーンフルの「デイドリーム」♥挙げてたのは嬉しい!

▼オレンジ・ジュースの2ndがCD化されたけど、「OJ最高傑作!」と書くのはよしてよ、六本木WAVEサン。でもこれが売れれば1stも出るのかなぁ?♪

▼今年中にはKINKSの新譜が出るかも?・というのでウキウキ♥ いづれは再来日?なんな盛りあがってんだからみたい! という私、ORCHIDSの新譜には爽に感動。とおい昔となった夏休みの音。何もしないでボーッとしてる夏の一日。甲もLPも大スキ。しかし、またゼーチボーイズの似合う暑さとなりました。秋恋し。では。

Asako Koide

flower stamps. Inside, a fanzine entitled 英国音楽 and a five tra
double-sided heavy flexi featuring Lollipop Sonic playing the be

+LEMON VANTS復活おめでとう♪　だれかThunderclap Newmanについておしえて下さい。　ドリイミクスキーのLP もってる方もご一報下さい。

があったのです！　大変悔しいことに当時の「ロンタイ・タイムス」は失くしてしまったのですが、ロンタイのライヴに行くお楽しみのひとつがこのペーパーだったことは間違いありません。

ライヴでは《フープラ》やバイ・ジュピターのカセットや「英国」のバックナンバーなどの販売をしたので、ペーパーはその紹介の意味もありますね。プライスカードも必要なくなるわけです。バンド紹介も重要。プログラム的な意味合いもありますね。サラのクレアちゃんのファンジン「LEMONADE」に「英国音楽」が紹介された！という自慢も載ってます。

ペーパーのタイトルは「HAPPY extreme 通信」で題字全般は相馬君。同じ沿線に住んでいたので、実家の最寄駅近くの喫茶店にモンキーバイクで来てくれた相馬君に、コーヒー一杯でその場で描いてもらいました。今思うとほんとにすべてが無謀です……。

その裏面には衝撃のニュースが……8月に小山田君が交通事故に遭い、8月25日のCDデビュー直前からフリッパーズ・ギターは事実上活動休止状態となったのです。9月4日のフリッパーズ渋谷クアトロ公演もキャンセルです。「みんなでお見舞いに行こう」とイラストの人物の吹き出しに書かれてますが、このセリフもイラストも入院中の小山田君に描いてもらったのでしょう。

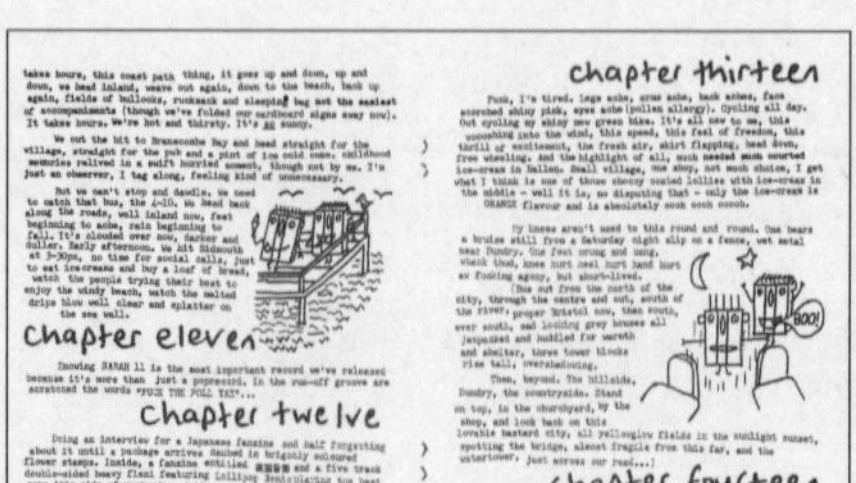

「LEMONADE」
サラのクレアちゃんのファンジン。「英国音楽」って書いてあるのわかりますか（虫メガネで見てみて）？

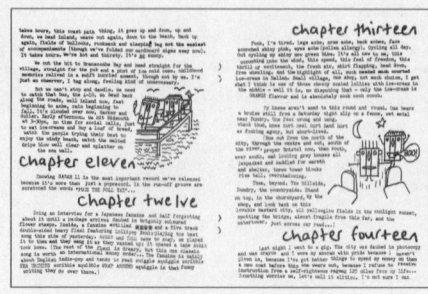

さらには「Flipper's Guitar オヤマダくん」として「英国音楽」12号の薄田君の漫画を勝手に縮小コピーしてセリフだけ変えたものも載せました。デビュー前のフリッパーズにゲストかex-Lollipop Sonicなどの扱いでこのライヴに出てもらうよう交渉していたのですが、小山田君の入院で叶わなくなってしまったのです。まあそもそもがスケジュール的にも無理を聞いてもらってたんですよね。2月延期も一瞬考えたけどとりあえず発売記念第1弾として決行しました。

結局9月18日はバチュラーズのEBさんと小山田君たちの同級生の**木田君**が始めたワンサウザンド・リヴァース（1000rivers）と、フレデリックとフィリップスが出演しています。月曜日だったんですね。今思うとほんとに無茶してました。このライヴで眞由美さんと大友真美ちゃんがカジ君をブリッジにスカウトしたらしいので、発売記念ギグをやってものすご〜く良かったと思いました。カジ君は最初の京都あのらっぱにも来ていたんですね。私の印象ではフレデリックのライヴの最前列でいつも大暴れで踊っていたのがカジ君でした。ロリポップにも来てるよね〜みたいな感じで仲良くなったと思います。あの頃ロリポップとかのライヴに来ていたみんなが仲良くなって、そこからバンドを作っていく小さなシーンの感じは、**「ブリッジン」**によ

木田君
きだしゅんすけ君。作曲家として活躍されてます。

「ブリッジン」
2017年ブリッジの再結成で制作されたブリッジの全歴史を網羅したジン。眞由美さんによる当時の日記コピーには今回大変お世話になりました。

〜く書かれています。

フリッパーズ・ギターのメジャーCDデビュー

ロリポップ・ソニック改め、フリッパーズ・ギターのデビューはある意味衝撃でした。当時日本でメジャーなレコード会社からデビューするということは、まず日本の歌謡曲やニュー・ミュージックが主流のヒット・チャートを狙うということにほかならず、自分たちの趣味を音楽にも、ジャケットにもそのまま押し出したうえに、**全曲英語詞**でアルバムを発表するなんてことは画期的だったのです。メジャー・デビュー=魂を売り渡すことだったのです(笑)。わかっていただけるでしょうか。これがシブヤ系やJポップ以前の感覚だったんです。

自分たちのやりたいことを曲げずにメジャー・デビューすることが可能なんだ……ということに驚き、さすがフリッパーズ!と思ったものです。全曲、英語でメジャー・デビューするなんて。当時はイカ天が流行ってたくさんのバンドがデビューして、なかにはカッコいいバンドもあったし、バン

全曲英語詞
「渋谷のラジオ」(2019年9月30日放送)でブリッジもヴィーナス・ペーターも「英語詞で」やることは、トラットリア以外のレコード会社はOKしなかったとの発言あり。

フリッパーズ・ギターのデビュー当時の販促物。
全曲英語詞なのはもちろん、販促物にも自分たちの世界観を強く反映させて、英国の雰囲気があった。

ド・ブームにのることがデビューへの近道であることはわかりましたが、しょせん一発屋というか、芸能界やテレビの世界のことで、イギリスのインディに影響を受けたなんてバンドは皆無に思えました。

小山田君の入院は長く、その病室は、半ばみんなの待ち合わせ場所のように使われた節もあり……。訪れた人が記帳できるようにノートも設置しました。小山田君の病室にはどこよりも早く新譜が集まるなんて話もありました。ブリッジのメンバーもお見舞いの時にバンド名を相談したとか。ここで小山田君が入院仲間として出会ったのが、のちにMTVのMCで活躍するブライアン・バートンルイスでした。小山田君は高校時代にメタルバンドも手伝っていたおかげで意気投合したと聞きました。11月3日に快気祝いとメモがあるので、約3か月間入院が続いたんですね。

ペニー・アーケード解散

「HAPPY extreme通信」vol.1にはもうひとつ悲しいニュースがありました。私の恩人バンドともいえるペニー・アーケードの解散です。「今までで

Penny Arcade "A Girl From Penny Arcade"

1番好き」とか自分も書いてます。バンドとして充実してるのを感じていたのでしょう。

最後に**《ア・ガール・フロム・ペニー・アーケード(A Girl From Penny Arcade)》**のカセットを発表して12月9日の代々木チョコレートシティのライヴで解散となりました。**このライヴのチラシ**も相馬君が得意の2色刷りで作ってます。佐鳥さんによる**「Penny Arcade通信vol.0」**というチラシもあり、「12月9日ゲスト決定！」として大きくLollipop Sonicの文字が踊っています。89年末にはもう小沢、小山田のふたり組になったことは公にも

ライヴのチラシ

「Penny Arcade通信」vol.0

なっていたのでしょう。

翌年1990年1月のクアトロライヴが11月26日チケット発売で、すでに「フレンズ・アゲインlive」と銘打たれて完売になっています。彼らはデビューしてからライヴもまったくできなかったので、耳の早いファンが詰めかけてペニー解散ライヴの代チョコは満員になりました。もちろんペニー・アーケードを見に来たお客さんは確実にいたのですが、超がつく満員になったのはゲストのフリッパーズゆえでした。

この2年後の再結成のインタヴューで佐鳥さんが「あの時お客さんパンクしそうに入ってすごいかわいそうとか思って……」というくらい人が入って……私も会場から湯気が出ているようなイメージしかないです。

悲しいニュースはさらにもうひとつあって、この直後バチェラーズも解散発表しました。ギターの雨ちゃんが結婚して文字通りのバチェラー(独身貴族)じゃなくなったことと、ブリッジが始まったことが関係あるのかな。これは自分の勝手な憶測ですが、この時私は24歳でペニーやバチェラーズは1~2歳年上ですから、一息ついて少し考えたい時期かもね……なんてことも思います。景気は良かったので転職や派遣やフリーターで働くことに抵抗はなくなり始めた時代(今では考えられませんね……)でしたが、それでも今よりまだ我々のなかにも世間的なしがらみとか、従来的な家族主義とか、なんかね……いろいろあったんですよ。認めたくないですが、不自由なこともあったと感じます。

今日も追いかけてフレデリック

ペニーやロリポップの仲間とは別に、個人的にずっと**フレデリック**のオッカケをしていましたが、89年の12月はとくにひどいです。この月は5回もライヴに行ってうち1回は「オールナイトニッポン」公開放送ですって。フレデリックの演奏を見て、ＭＣの人（ニューロティカの人だったか）がライヴやりたくなった！って思わず言ったのが、そうでしょそうでしょう〜とうれしくてよく覚えてます。それく

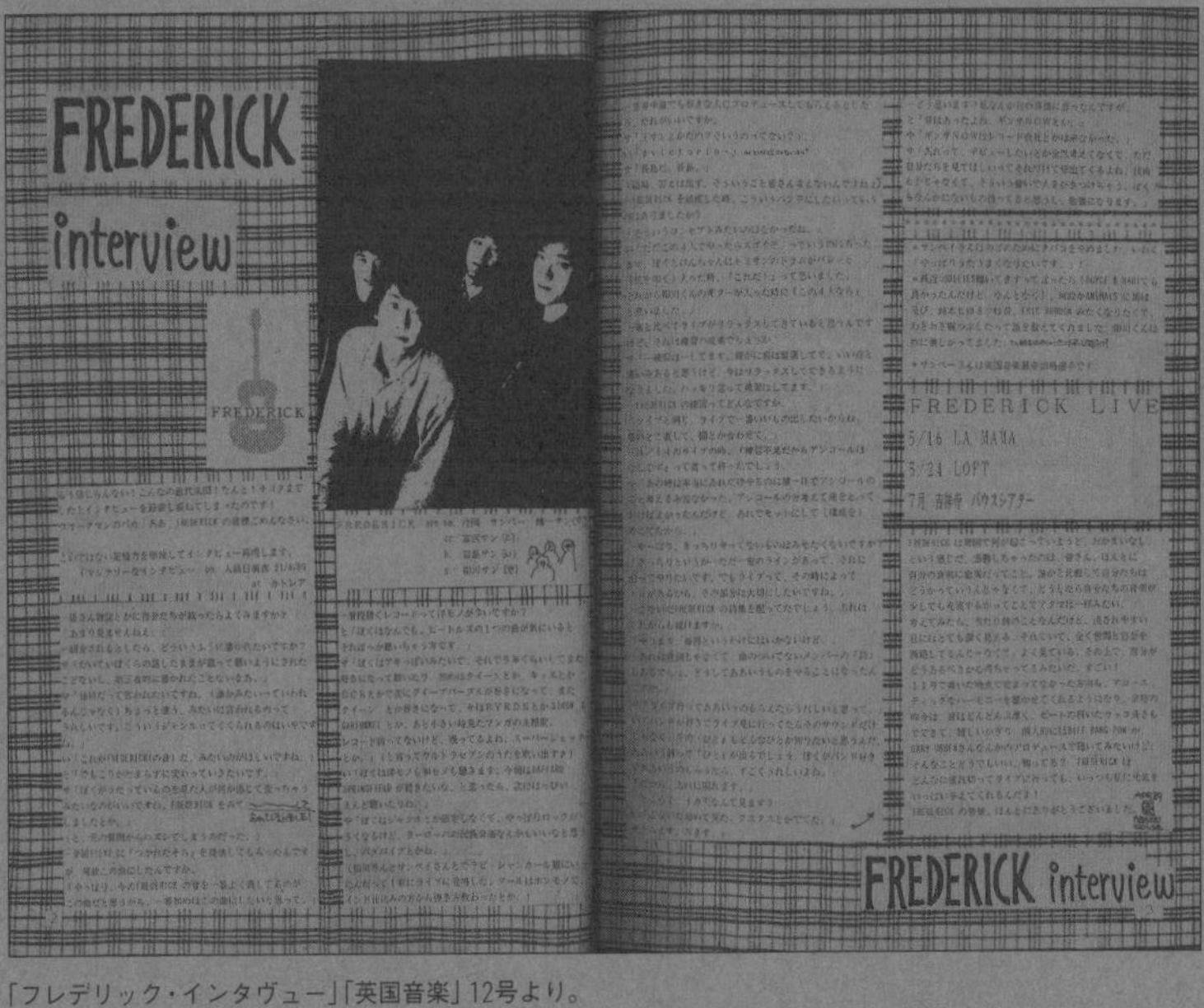

「フレデリック・インタヴュー」「英国音楽」12号より。

らいこの頃のフレデリックのライヴはエネルギッシュでした。

　カジ君と友人ちかちゃんと3人でいつも最前列で踊りまくっていたからか、サンペーさんに呼ばれて一緒に桃太郎寿司を食べに行ったりしてます。大みそかはロフトのライヴがあって、元旦はサンペーさんちでモノポリー会してます。ここでサンペーさんに**片寄君**を紹介してもらいました。彼も目立つので、ロンドンタイムス時代からいつもライヴに来ているのを知っていたけど、やっとちゃんと会話できるようになりました。

　こんなふうに社会人なのにオールナイトなんか挟んで追っかけていたのですが、ある時ちかちゃんに「コイデさん身体弱いよ」って言われました。そうなんです。無理がたたるとすぐ咳ゴホゴホ鼻水ズルズルになってしまって、普通の人は風邪薬を飲んだらすぐ治るらしいんですが、いつも自分は手遅れでした。人から指摘されて「身体弱い」と認めざるをえなくなりました。オールナイトは実家の親が心配するからということもありましたが、改めて控えようと思いました。

　しかし89年9月から教習所にも通い始めて、イベント企画の調整もオッカケもして、一応月〜金で会社員もして……滅茶苦茶な生活ぶりではありましたね。

片寄君
片寄明人君。ロッテン・ハッツとかグレート3とか。

「英国音楽」が救ってくれた私の青春

仲 真史
（BIG LOVE RECORDS代表）

小学5年生の頃に父親がそれこそHIP HOPの人たちが持ちそうな大きなFMラジオを取引先の会社からもらってきて、その頃のFMラジオは洋楽しか流していなかったので（FMラジオは音が良いから洋楽しか流さないと言われていた）ほとんど無理やり洋楽を好きになって、なぜならば僕は洋楽を聴いている小学5年生！と主張したく、だからといって洋楽を一緒に聴く友だちが欲しかったかと言われればそうでもなく、でもしかしあの時代は情報がまったくありませんでした。

兄も姉も親戚のお兄ちゃんもいなかった僕はラジオを聴くか雑誌を読むかしかありませんでした。少ないおこづかいで「FMステーション」などのFMラジオの専門誌を買ってきて新譜紹介コーナーから得た情報でレンタル・レコード屋から3枚のレコードを借り（たぶん1枚2泊3日380円なのが3枚で1000円になったのだと思う）、幼馴染のマエベに50円を払いマエベの兄貴のステレオでマクセルのノーマル・カセットテープに録音してもらい、うーむこれが良いのだとただただ信じて洋楽を無理やり好きになっていました。

レンタル・レコード屋に行き始めたのは中学生になってからで、たぶんそれは中2で、「FMステーション」〝5月生まれのお勧め〟とされていたからスタイル・カウンシルの《カフェ・ブリュ》を借りました。土曜日の午後4時頃なぜかひとりでお風呂に入りながら洗面所にその大きなラジカセを持ち込み、マエベの兄貴のステレオで録音したマクセルのノーマル・カセットをかけて「このレコード、なんか暗いな」と湯船に浸かりながら電気を点ける前少し暗くなってきた名古屋の実家でひとり喋った1984年を僕はしっかりと覚えています。

同じく同級生だったタシロの家が医者で金持ちで有線が家で聴けたので、電話でリクエストをし洋楽を聴きました。トーキング・ヘッズとかファイン・ヤング・カニバルズをリクエストしていたので中3です。その頃に地元の本屋で「フールズ・メイト」を発見。デヴィッド・シルヴィアンの表紙だったので思い切って買ってみたことも人生を踏み外す瞬間でした。

公立に受かれば母親がステレオを買ってくれると言うので、先生が強く勧める学校を断固拒否しひとつレベルが下の学校を受験し合格、見事ステレオをゲットしました。

ステレオのカタログが入試前にやたら家に届いたのは、メーカーが〝ご子息の合格祝いにステレオを〟といった宣伝活動をしているからだろう、と鼻くそをほじりながら母親からカタログを奪いどれどれと興味なさそうに2階の部屋に持っていきました。僕はそれを受験前に参考書の5倍見まくっていました。なぜならば塾に行くと言いながら電器店に入り浸りカタログの請求をしまくっていたのは僕だったからです。

実際、ステレオに興味があったわけではなかったことに高校に入学した1ヶ月後の5月には気づいていました。わざわざレンガで土台を作ったスピーカーはただただデカイだけですごく邪魔。時代に登場したばかりの光で音を鳴らすと噂のCDプレイヤーは10万円以上もしたはずで、そうそれから時代は一気にレコードからCDに変わるのでした。なのに僕はせっかく買ってもらったそのCDプレイヤーを夏前には金持ちのタシロに売り払いました。なぜならばレンタル・レコード屋には僕が欲しいバンドやアーティストのレコードは置いていませんでした。そもそも僕が欲しいバンドやアーティストはCDでは出していなかったのです。そうなのです、僕はこの半年でおニャン子クラブに夢中の中坊からUKのインディのギター・バンドのレコードを買い集める高1の男になっていたのです。だから輸入盤屋に行くしかありませんでした。名古屋の大須のレコード屋、円盤屋にはじめて行ったのは中3の頃でしたが、誤ってジャニス・ジョプリンのライヴ盤を買ってしまいました。雑誌にはドラッグをやって死んだ人のレコードは全部良いというような雰囲気で書いてあったのにこれは全然良くありません。とても古い音楽でした。しかしすでに「フールズ・メイト」を読みまくっていた高1の僕は、とにかくニュー・リリースのコーナーにある新譜のレコードから買う、成長した青年になっていました。もうジャニス・ジョプリンもジミヘンもドアーズも買わなくていいんだ！ しかし名古屋なので「フールズ・メイト」で絶賛されているような人気盤はなかなか買えないのです。だけど当時円盤屋にはその後独立しレイル・レコードという輸入盤屋を始める加古さんという方が働いていて、ギター・バンドの品揃えはヘンな感じで異常にしっかりしていました。そしてなぜかタシロの家庭教師がネオアコをすごく知っている人で（誰だったのだろう。今なら誰だったかわかるかもしれない）、プリファブ・スプラウトやペイル・ファウンテンズそしてジューン・ブライズなどはタシロ経由で知りました。だけどタシロは自分の買ったレコードとカブるのが嫌だからとタシロが買ったブリリアント・コーナーズのレコードは買ってはいけないと僕に言いました。なんとなくわかる、そういう時代でした。なので、だんだんタシロに内緒でひとりで円盤屋に通うようになりました。その時に買ったマイティ・マイティやライラック・トランペット、ザ・モスコープボーイズの12インチなどは絶対に加古さんの趣味で仕入れられていたと思います。円盤屋以外にも中心街の少し外れの今池という駅にピーカン・ファッジという中古盤屋さんがありました。たまにライヴのついでに寄っていたのですが、そこには300円コーナーがありジャケットにひかれ買ったのがヴァセリンズの〈ダイイング・フォー・イット〉の12インチでした。たぶん、円盤屋で買った誰かがすぐ売ったのでしょう。僕はそれがとても気に入ったのですが、すでに知っていた《C86》に入っていたバンドよりもなんだか少しサイケ・ガレージぽいこれまで聴いたことがない感じで、それよりなによりこのレコードは「フールズ・メイト」には載っていなかったので、果たしてこのヴァセリンズというバンドが本当に良いものなのか。僕にはわかりませんでした。

高校ではまったく勉強をしなかったし、呆れた父親がせめて本だけは読めと言うので手に取ったのが三島由紀夫の『美徳のよろめき』や谷崎潤一郎の『痴人の愛』、もちろんの夢野久作の『ドグラ・マグラ』、全然読めない『ニューロマンサー』やトマス・ピンチョンなどで、僕はもう仕上がっていました。学校の授業は聞いてはおらず、「フールズ・メイト」で知ったミュージシャンのファミリー・ツリーを机の上に彫刻刀で掘って完成させたりしていました。ある日、『ドグラ・マグラ』の漢文の章がまったくわからずインターネットもないので、しょうがなく漢文の女の先生に尋ねると「私も今読んでるところなの！」と彼女はやたら感動し、僕のテストの点数は最悪だったのに通信簿を4＋にしてくれました。だから勉強はまったくしませんでした。

でも、東京には行かなければなりません。小学校6年生の頃に、残りの中学高校は東京に行くまでのただの過程、思い出は作る必要はない、この6年間はやり過ごす、と、心密かに決めていました。東京に行かなければなりません。名古屋の大学を勧める高3の担任に東京に行くのだと言うと「どうしても東京に行くと言うならばひとりでやれ」となぜだかすごく怒られました。みな受験のため課題もなく予備校で過ごすそんな夏休み。予備校ってなんじゃらほーいとボケーとしてる僕をとても昭和な父親は見逃しませんでした。自分の会社の工場で朝の8時から5時まで僕をマジで強制労働させました。これは本格的にヤバい。僕はこれまでの人生ですでに父親のマジを知っていたのでこのままだと本当に僕は名古屋になってしまう…と焦り、男の「ポパイ」より好きだった雑誌「オリーブ」にファッション学校のバンタンの広告が載っているのを発見し、そもそも僕はファッション・デザイナーになりたい夢があり、だから東京のここに行きたいのです、と両親に宣言すると父親が、そうかファッションかファッションはフランスだ、よしフランスに行け、今から留学の手配してやる、即行け、と言い出したので、いやいやいやいやファッションするならばまず東京に行かなければならず東京から世界を目指さなければそれは日本人ではなくいやもはやそれはファッションともいえないのです…とかなんとか日常的に暴走する父親をぎりぎりで説き伏せて、それはカボチャを使った広告だった記憶があるのでハロウィーンの季節で10月を過ぎていました。僕は学校の説明会のため鈍行で東京に向いました。

13時からの説明会は僕を11時開店だった新宿のヴィニール・ジャパンに向かわせました。みなさまお待たせしました、ついに「英国音楽」との出会いです。

名古屋で情報に飢えていた僕は「フールズ・メイト」はもちろん「NEWSWAVE」など買えるものは今でいうZineのようなものまで買っていたのですが、ヴィニール・ジャパンで発見した「英国音楽」というのは名古屋でも売っていませんでした。しかもフレキシまで付いてる。そこにすでに東京を感じてしまったのですが、しかし何より驚いたのがあの僕が良いのか悪いのかわからなかったヴァセリンズがこの「英国音楽」では新たなるヒーローとしてどかんと取り上げられていたのです。僕以外にヴァセリンズを良いと思っている人がいるなんて…しかも僕以上に思いっ切り知っている、ヴァセリンズを見たという人までいる！　ふむふむ、このヴァセリンズの53rd&3rdというレーベルは全部良いのか、しかもザ・パステルズがやっているレーベルなのか！　ザ・パステルズは《C86》以外では聴いたことがなかったし、レコードも見たことがなかったので、そんなオタクもといすごい人たちが東京にはいるなんて。予想はしていたけど東京への想いがますます募った僕は思わずその「英国音楽」とともに午前中に買い込んだ約20枚のレコードの束を思い切り倒してしまいました。

パッーン！

レコードってこんな大きな音が出るのかと新発見するほどの勢いで鳴ったその音のもと、説明会が行われていた会場にいた一堂は僕の方にいっきに振り向きました。「ヒ、ヒィツー！　そっそれはな、なんですか⁉」と問いただす先生だろう人に「レコードです」と答えると「レ、レコード…」とざわつく会場。そんな場面において僕が冷静にいれたのは「英国音楽」のおかげ。僕は未来を見てました。東京が待っている、未来が待っている。

東京に登場した僕は、支度金として親からもらった13万円のうちの11万5千円を1週間の間にレコードに使いました。それはだいぶ計算通りで、「フールズ・メイト」に載っているレコード10枚のなかで買えるのは2枚といった地元の生活から一変、ヴィニール・ジャパンやZESTやWAVEといったレコード屋の新入荷コーナーや壁からいち早く新しいレコードが買える、なんと雑誌に載る前にっ！　この感動は、田原俊彦と藤谷美和子のバーでの密会がフライデーされる3ヶ月前に友人に聞いて知っていた時のこれが東京だべ感の10倍くらいありました。超計算通りが故のなんだか自立、なんだか個人事業主、なんだか入閣、なんだかアイ・アム・ザ・ワールド的勘違いを生み出すほどの、オレ、生きてる。生まれてはじめての感動です。されどしかし「英国音楽」に載っているようなレコードは全然見つかりません。それでも53rd&3rdは随分揃えられたし（ティーンエイジ・ファンクラブの前身ボーイ・ヘアドレッサーズも買えた）、サラ・レコーズはカタログ番号7番のアナザー・サニー・デイのデビュー・シングルからリアル・タイムで揃えてました。中古盤ブームはその数年後。その頃はすべて新譜でした。それもこれも「英国音楽」がなければ突き進むことができなかった異世界。新世界東京です。

「英国音楽」の11号に付いていたフレキシに収録されたロリポップ・ソニックは僕にとっても衝撃でした。すでに日本のバンドなんか全部ダメとイキがっていた僕にとってその興奮は果てしなく、だってその音楽を好きな人でさえ周りにまったくいないのに。当時の東京のファッション専門学生は六本木のピカソや下北のZOOのロンドンナイトやロカビリーやスカの日にたんまり行っていたので今の若い子より全然音楽も知っていたと思います

[Column] 仲 真史（BIG LOVE RECORDS代表）

が、でも東京のファッション専門学生だとしてもUKのギター・バンドを好きな人間なんてひとりもいませんでした。だからこのélレコーズのキング・オブ・ルクセンブルグとザ・パステルズを足した感じのもしかしたら海外のバンドより良いかもしれないロリポップ・ソニックは僕にとって救世主以上。とんでもありませんでした。

東京に出てきた瞬間に僕は当時「フールズ・メイト」でライターをしていた瀧見憲司さんが始めたパーティ、ラヴ・パレードに通っていて、それは先輩にフラれた6月の雨の降るあの日もひとりで行っていました。だから柱に備えてあったカウンターでじっとしていました。それはおそらくラヴ・パレードが始まって3回目くらいで、あとから瀧見さんから聞いたところその日は瀧見さんの人生でも一番の客の少なさ、そこには約30人くらいの人しかいませんでした。僕が相変わらず柱を見つめていると隣に座っていた男の人が声をかけてきました。「こういったバンドが好きなんですか？」「プライマル・スクリームとかサラ・レコードが好きです」「ならば僕よりその辺りを好きな人たちがいるので今度紹介しますよ。日本のバンドは聞かないのですか？」「全然聞きません。でもロリポップ・ソニックだけはすごく良いなと思いました」「英国音楽のソノシートに収録されていたバンドですね。その人たち英国音楽の人たちですよ。今月のロリポップ・ソニックのライヴに行きますか？」

翌週、その時はじめて出会った山崎さんと六本木で待ち合わせ今はなきインクスティックに向かいました。

その日のロリポップ・ソニックのライヴは満員で、今思えばデビュー前なのに300人以上も入っていたなんてすごいと思うのですが、彼らの演奏は思っていたより例えば《C86》みたいにガチャガチャしてなくて、なんだか日本のバンドみたいにアレンジがしっかりしててうまいなといった印象でした。そりゃ日本のバンドなので当たり前なのですが、だからその当時の古い音楽編集者たちが彼らを確かに70年代の日本のニュー・ミュージックのバンドと例えたのも今からすればわかる、と思うほどにそんな人たちにとっても彼らの登場は特別だったのだと思います。僕はといえば彼らにこれまでのそれらの日本のバンドへのカウンターを期待していたので、ちょっと不思議な感覚になったのを覚えています。でも今思えば、それがその後の90年代に渋谷、東京そして日本を覆ったあの渋谷系の雰囲気を最初に感じた時だったのかもしれません。そのライヴで彼らがロリポップ・ソニックからフリッパーズ・ギターというバンド名になり来月アルバムがメジャーのポリスターから出ると知りました。この時が小山田君が交通事故にあう前の最後のライヴだったと思います。ライヴの帰り道、だったとたぶん思うのですが、「英国音楽」の小出さんを紹介してもらいました。違ったかなー、その後日誘ってもらった飲み会かもしれません。そして山崎さんとはそれ以来会うことがありませんでした。ライヴ・ハウスやクラブでも見かけず。とても不思議です。

でも東京に出てきて2ヶ月、あっという間に小出さんと知り合いになり、そこからカジヒデキ君やフリッパーズ・ギターのふたりとも仲良くしてもらい、さらにその後のレーベル業やDJなどこの業界へのすべての世話をしてくれた瀧見憲司さんの家に入り浸ったり（当時のガールフレンドとのデート中にいつも、これから僕は瀧見さんと会うからと言う僕に「瀧見さん、瀧見さんって、瀧見ってダレ！」と怒られたほどでした）と、僕はあっという間に音楽漬けレコード漬けとなっていました。これは完全に学校はクビになり仕送りがなくなるぞ…と恐れていたある日、学校の先輩が「いつか使う時がくると思って。名前を端っこに書いてとっておいたのよ」とその端っこに書いた名前の部分を切ってまるまる2年分の課題を僕に持ってきてくれ、さらにあるクラスメイトが現れて「あなたの代返をしてあげる」と言ってくれました。その結果、学校生活の3年間の後半の2年は学校に行った覚えがありません。あれはなんだったのだろう。レコードの神様が与えてくれたとしか思えません。感謝しかありません。

でも僕は「英国音楽」の次の13号をずっと待ち遠しく思っていました。ある日小出さんに「英国音楽の新しいのはいつ出るのですか？」と聞くと「わたしより新しいバンドは仲君の方がもう知っているよ。だから仲君がやれば？」と言われ、僕が書いても僕が買って読むことができないしつまらないじゃないですか、と新しい号をせがんだのですが、たぶん小出さんは覚えてないと思います。でも、その小出さんの言葉により、もしかして作れるかもと学生時代（学校には行っていませんが）20歳の頃に自分のＺｉｎｅ、「ＭＡＲＹ ＰＡＬＭ」を作りました。その際に「英国音楽」のようにフレキシを付けたいと友人となっていたカジヒデキ君がいたバンド、ブリッジなどの日本のバンドに楽曲を提供してもらい、いざ作ろうとした時が１９９０年。なんと１９９０年はフレキシやレコードを作るよりＣＤを作る方が安い時代になっていました。それならばＣＤを付けるならそのまま出した方がいいんじゃないか、とＺｉｎｅとは別にレーベルを始めることになり、そしてＺｉｎｅは毎週通っていたＺＥＳＴに勇気を持って置かしてくださいとお願いし、はじめて喋った社長の若林さんに「ああ、君は毎週壁の７インチを全部買う子か。いいよ」と言われた僕は「壁に飾ってある７インチは毎週全部買うものではないらしいよ」と当時のガールフレンドに話したのにまったくなんの話と通じずその後別れてしまいました。

その後、１９９０年代には「英国音楽」にインスパイアされたような音楽雑誌やＺｉｎｅが渋谷系を背景にたくさん登場しましたが、しかしそれらは僕が知っている「英国音楽」とはまったくの別ものでした。僕のＺｉｎｅも同じくです。あの時の小出さん以上に新しいものへの本当の興味、そして探究心と愛情、それに伴う行動力そしてその結果の知識はどの雑誌からも誰かも感じることはできませんでした。しかしそれら全員、「英国音楽」を知っていようが不幸なことに知らなかったであろうが、あの時に「英国音楽」が存在していなければ皆それとして１９９０年代に存在できていなかったはずだと僕は思います。そしてそれはまさしく僕も一緒です。東京に出てくる前に「英国音楽」に出会っていなかったら、小出さんがあの時ああ言ってくれなかったら。僕はその後ＺＥＳＴでバイトすることもなかっただろうし、90年代にレーベルを始めることもなく、もちろん今ここの原宿でレコード店などやっているはずもなく、そしてなによりあの時のガールフレンドとも別れることもなく結婚して幸せな家庭を築いていたはずなのです。最後のは嘘です。

10数年お会いできていませんでしたが、毎年本当にそう思っていました。そしてそれは僕だけじゃないはずです。

小出さん、僕らの人生をありがとうございます。

第9章

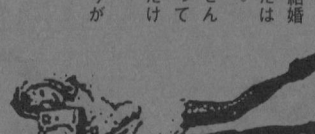

Waterloo Sunset's Fine

おこづかい企画から始まるポスト「英国音楽」

1990

おこづかいでロドニー君を呼ぼう――クラウドファンディングの先がけ？

88年7月にスタートした京都アノラック・パーティはその後、「アノラックとアコースティック系の好きな子の集まる場所」として89年には隔月で回を重ねていました。当時VHSで出たパステルズの《**ア・ビット・オブ・ジ・アザー（A Bit Of The Other）**》のビデオを流したりもしてたようです。

「英国音楽」12号でもあっこちゃんは「呼び屋がゼッタイ呼んだりしないぼくらのインディ・スターをみんなでお金を出し合ってANORAK PARTYに呼ぼう！（中略）Rodney AllenとPhil Wilsonに交渉中！　みんなのHELPよろしくね」と宣言しているのです。自分などには思いつきもしないことでした。今でいったらクラウドファンディングです。

あっこちゃんの**こうした活動のチラシ**をあちこちで配布する手伝いをせっせとしました。89年に主に新宿3丁目のブギーボーイでDJイベントをやっているラヴ・ゾンビーズというチームと知り合いました。そのひとりが山ちゃんこと山本展久君で、のちに宮子和眞君と「from across the turntable」というイベントを始めるのですが、そうしたイベントでもチラシを

The Pastels
"A Bit Of The Other"

配ったと思います。

2千円、3千円、5千円以上の寄付の額によってサイン色紙、オリジナル・ポスター、お茶会と特典がありました。88年後半は会社でこのチラシをコピーしてはライヴ会場でまいていました（この頃には私も会社のコピー室の使い方を覚えまして（汗）。もう時効ですよね）。

ロドニー東京公演のサポートには9〜10月に**ヤマドウ**に電話してフィリップスにお願いしています。しかし9月のライヴに出てもらえなかったことでゴリ推ししたのか、なんとシークレットでフリッパーズのふたりも出てくれて、ジャズ・ブッチャーの〈ソウル・ハッピー・アワー（*Soul Happy Hour*）〉とザ・サークルの〈レッド・ラバー・ボール（*Red Rubber Ball*）〉のカヴァー2曲をやってくれています。

ロドニーはギター1本だけの弾き語りでも、さすが全編しっかり聴かせてくれましたが、最後

おこづかいで英インディーズのアーティストを来日させよう！


日本には、こんなにたくさんの熱心な英インディーズファンがいるのに、なかなか日本でギグが見れるってとこまでいかないんだよねー。しょーばいになる程じゃないし、さすがの呼び屋サンも呼んでくれないしさ、下手するとつぶれちゃったりして、それじゃあ、どーすればいいの？　もうこうなればやるしかないなあー、というわけで、誰もがきっと一度は考えたことのあるであろう、みんなでお金を出しあって、自分たちで自分たちの好きな英インディーズのアーティストを呼ぶっていう企画を実行することにしました。もちろん、こんなの初めてのコトだし、うまく行くかドキドキものだけど、もーけようなんて気なっかたらさ、案外いけるんじゃないの？　（これこそ'INDIES'ってカンジだしね！）　まず、RODNEY ALLEN君がこの企画の趣旨に賛成してくれて、ほとんど無償で来てくれることになってます。すでに多くのひとたちが大切なおこづかいを寄付にまわしてくれて、かなりのお金が集まりました。どうもありがとう！　でも、もっと多くのひとに協力してほしいんです。この企画に賛成してくれるひとは、心ばかりの特典もあるし、今からでも寄付を送ってもらえませんか？　寄付の締め切りは12月いっぱいです。

交渉、企画、宣伝、運転手などスタッフはみんなただのファンです。

中心になっているのはアノラッククラブ（ぼうしレーベル／ SmithsファンジンSTRANGEWAY）で、「英国音楽」，MARY'S BLOSSOMファンジン、CHOOCHOOTRAINファンクラブ、'GARAGE FLOWERS' などの協力と大阪心斎橋インポートレコード ジャンゴの協賛を得て、今、この企画の第一弾の活動をしています。

この来日は、アノラッククラブが関西でやってるindies club ANORAK PARTYのゲストという形です。

ロドニィ君のプロフィール
◎18才でSUBWAYレーベルより "Happysad" でLPデビューを飾り、同年、翌87年と続けてＣＮＤに出演し メインステージで演奏。
◎88年、ROUGH TRADEから出るはずだった12"EP "Circle Line" を再びSUBWAYよりリリース。その後SUBWAYとの契約を切る。
◎ソロとしてだけでなく，Chesterfieldsのギタリスト としても活躍、現在はメジャーレーベルのBlue Aeroplanes のギタリスト でもある。そのBlue Aeroplanes とともに、今年はＲＥＭの東欧ツアー をサポートしました。

彼自身は、背はちっこいけど（！）とっても妹おもいのいいおにいちゃんで、日本を1月12日に去ってしまうのは、実は、13日が妹の誕生日だからという彼のたっての願いなのです！

おこづかい来日第一弾／ＲＯＤＮＥＹ　ＡＬＬＥＮ（90年1月5日~12日来日予定）のための寄付方法と特典

［方法］
①郵便局で「郵便振替払い込み書」をもらって、
②口座番号「京都　6－1206」
加入者名「ぼうしレーベル」
寄付していただける金額を記入して、
郵便局窓口に出してください。

［特典］
○2000円以上の寄付で⇨ロドニィ君サイン色紙、
○3000円以上で⇨オリジナルポスターをプレゼント。
○5000円以上で⇨さらに、大阪と東京でのギグの前に開くロドニィ君とのお茶会に参加できます。
（大阪1月7日／東京6日）

寄付についてのお問い合せは返信切手同封で、ぼうしレーベル／山内章子：〒　1 奈良市　　町 2-8
ロドニィをゲストに迎えるANORAK PARTY 8については、インポートレコード ジャンゴ：06(　1)　9 までどうぞ
特報！　おこづかい来日第二弾に、ＣＬＯＳＥ　ＬＯＢＳＴＥＲＳの内定をとりました！第一弾の成功なくては第二弾の実現はあり得ませんっ！　そのためにも、どうかよろしく... 第二弾の寄付受付は後日あらためて開始します。

にフィリップスをバックにザ・キンクスの〈ウォータールー・サンセット（*Waterloo Sunset*）〉をやってくれたのがまた良かったです。言葉は違っても音楽で通じ合える……なんて陳腐ですが、真実だなと思えました。

　東京ではロドニーは私の実家に泊まり、大阪へ立つ前に母に「ハリーアップ〜！」とせかされてました。弟も珍しくロドニーには親しみを感じたのか見に来てくれて、セッティングなど手伝ってくれました。大阪公演が翌日だったのでハード・スケジュールで、当初はどこかでバスキング（路上ライヴ）してもらおうとか言っていたけど、できていないと思います。

　ど素人ばかりで至らないことだらけでしたが、3千円以上寄付した人への**特典ポスター**は、相馬君がすごく可愛いのを作ってシルクスクリーン印刷してくれまして、今も宝物のように持っています。大阪にはついて行かなかったのですが、帰国前に関西から東京に戻ってきて宮子君に取材してもらった後、東京の打ち上げをしてます。ロドニーはザ・ジャムのファン・クラブに入ってたって言ってたことはよく覚えています。

　この頃すでにチュー・チュー・トレインFCとザ・ストーン・ローゼズFCの「ガレージ・フラワーズ」があったのですね。「ガレージ・フラワーズ」は英国部員だったサクラが始めたストーン・ローゼズのファン・クラブ

ロドニー東京公演のチラシ

ヤマドウ
フィリップスの山田兄弟・弟の山田陽祐君。まだ山田君って呼んでたぽい……。

ロドニー特典ポスター

です。サクラはいつも先見の明があるというか、その**時旬のものを見つけるのがうまい**んです。「英国音楽」12号のサクラの渡英日記は「phychedelic '89」と題されてブロウ・アップやスペースマン3などのライヴ・レポとともに、ザ・ストーン・ローゼズについて見開きで書いていて、ローゼズは89年1番の新星だったわけです。

時旬のものを見つけるのがうまい
同じ12号でその次の頁にラ・ディ・ダについて書いてる自分との大きな違いを感じますね（笑）。

Whistlin' and Smilin' pt.2でブリッジ初ライヴ

1月27日に小山田君誕生パーティが開かれ、**下北沢での集合写真**が残っています。小山田君の同級生の田中君が「こいつはこんなに祝ってもらう人間じゃないんですよ」と愛をこめて言っていたのを思い出します。この頃ファン・クラブを作るようなメモが残っていて、ふたりも何か我々一味がメジャーに行っても関われるような方法を模索してくれてたんですよね。

2月には自分企画第2弾、**Whistlin' and Smilin' pt.2**。手帳によればフリッパーズのふたりの出演をまだ画策していた様子……。フリッパーズはブレイク直前で、4月にはTBSドラマ「予備校ブギ」の主題歌に抜擢されるよ

Whistlin' and Smilin' pt.2
フレデリックはメジャーデビューが決まっていたため、片岡健一（サンペー）さんソロ名義でした。

小山田君誕生パーティにはたくさんの人が集まりました。

うな時期です。彼らナシでも十分集客できていたはずなんですけど自分が見たかったのかな。今思うにセカンド・アルバム準備中で忙しかったはずですよね。

特筆すべきはこのライヴがブリッジのデビュー・ライヴだったこと。年末に**ブリッジ初のデモ・テープ〈スウィート・ベルズ・フォー(Sweet Bells For)〉**をもらって、ぜひにと出演をお願いしました。ブリッジはライヴでよく会う遊び仲間が集った、ある意味スーパー・グループ。ピストルズの親衛隊がジェネレーションXやスージー&ザ・バンシーズを作ったみたいでイカスでしょう。キャロルの親衛隊のクールスというパターンもあります。

元バチェラーズ等々仲間バンドのメンツが、フレデリックのオッカケ仲間でもあったカジ君と組んだのもうれしかった。**ロッテン・ハッツ**も最初のライヴを見て曲が可愛くって即出演をお願いしました。まだふたり組でした。**16トンズ**もポーグス・ファンのまりこが好きで一緒によくライヴを見に行っていて、毎回とても楽しいのでお願いしました。そしてフレデリックはすでに89年にインディでミニ・アルバムを出し、メジャー・デビューを控えていた時だったのですね。この後ミックスダウンにロンドンへ行った時にはマクテルズとパブでライヴ共演してくれました。

Bridge
"Sweet Bells For... /
Motorcycle Angel"

ロッテン・ハッツ
最初は片寄君と小暮君でした。

16トンズ
89年アルバム〈冒険者たち〉リリースのアイリッシュ・トラッド・パンク・バンド。

今思えばWhistlin' and Smilin' pt.2は新旧入り混じったライヴでしたね。日程が合わなかったのか、この時ははじめてクロコダイルを離れ、新宿アンティノックを使わせてもらっています。昔バイト先で一緒だった人がスタッフにいるのがわかり、新しい場所も開拓してみたいという気持ちもありました。パンク・バンドが多く出ていたライヴ・ハウスでブリッジの初ライヴが行われたというミスマッチは強烈だったようです。

ラ・ディ・ダ《Borobudur》

《フープラ》のこともあり、ジューン・ブライズとドリス・デイズのレコードが出るなら日本で売りたいと、ずっとラ・ディ・ダとは連絡を取り合っていたのですが、今度コンピ・レコードを作るのでフリッパーズに参加してほしいと依頼がありました。手紙にはディストリビューターが倒産して違うところに変わった話も書かれていましたが、それで大打撃を受けたというわけではなさそうでした。

ラ・ディ・ダはグラントのママのテリーも全面協力していたので、**経済的**

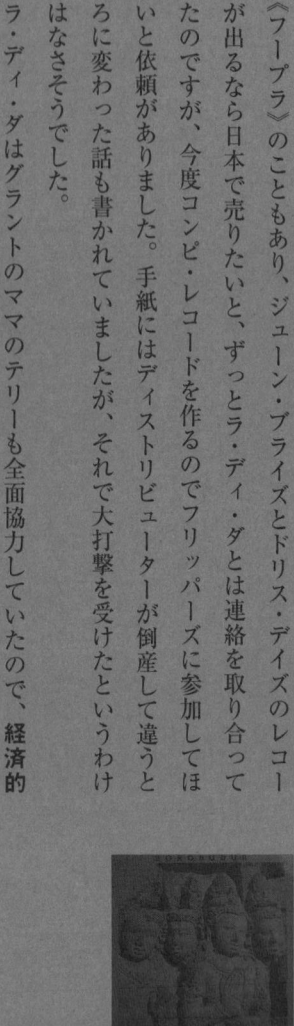

V.A.
"Borobudur"

には余裕があったように思います。結局ジューン・ブライズとドリス・デイズのレコードは出なくて、それもあってデニスとラ・ディ・ダは距離ができた気がします。ラ・ディ・ダからの手紙にはシドリーズが解散して、ヴォーカルのジョニーがアームストロングという名前でやるとも書いてありましたが、これも出なくて残念でした。

私にも少しは遠慮があったのか怪しいですが、ずうずうしくそのコンピ・レコードの話をそのまま小沢君と小山田君に伝えました。レコード会社と契約上のこともあるでしょうから、きっと困ったでしょうね。でも〈フレンズ・アゲイン（*Friends Again*）〉のロング・バージョンを提供してもらえることになり、3月20日ごろ《カメラ・トーク（*Camera Talk*）》の国内レコーディング中のスタジオにお邪魔して、マスターテープを預かりました。

メジャー・アーティストのスタジオなどはじめてだし、さすがにとんでもないところに来てしまった……と大変緊張しました。そこではじめてプロデューサーの牧村憲一さんとお会いしたのですが、自分のことなども尊重してくださり、優しく接してくれたことが忘れられません。それは今も変わってませんね。それまでメジャーなレコード会社の人には偏見もあって、我々のような学生上がりの音楽ファンとは言葉も通じないし、そもそも私たち素人

経済的には余裕
この頃ラフトレも景気が良くなかったんじゃなかったか。これで印税入るほどの規模ではないと思うので、レコードを卸してもその代金が入らないとか、あったのでは？　出すはずの新譜が出せなかったりしたバンドが多かったはず。ミディアム・クールやクローズ・ロブスターズあたりはきっと打撃を受けたんじゃないかと思っています。

ファンのことなど意に介さない、仮想敵のようにさえ思っていました。そのイメージが一気にひっくり返りました。フリッパーズのふたりが私たちのことをよく伝えてくれていたこともあったのでしょう。レコード会社の人もアーティストの意向や出自を大切にしてくれていたのを身に染みて感じました。前述しましたが、そもそも趣味全開かつ全作英語詞のデビュー・アルバムをメジャーで出させたこと自体、当時は画期的なことだったんです。

「トランスミッション」に「草の根コーナー」が誕生

4月29日には「ガレージ・フラワーズ」と「メアリーズ・ブロッサム」とHAPPY extreme合同で、Return of the King of Dance Crazeと銘打ったクラブ・イベントを下北沢のZOOで企画しています。前売りチケットを作ってがんばって販売しました。NHKBSの「トランスミッション」には3誌ともかねてからしょっちゅうプロモーションのお手紙を送っていたので、いつの間にか日本版独自の「草の根コーナー」なるコーナーまで作られて、番組でイベントの取材に来てくださいました。

Return of the King of Dance Craze フライヤー

「デリック」Vol.3
「獨協大学の広告系サークルの面々による音楽ミニコミ。3名のスタッフのうち、高橋考治はネオアコ方面、小暮秀夫はエレクトロニック方面、小島慶子はその中間あたり、という音楽趣味だったようで、記事の両極端な方向性が楽しい。2号の

ともこさんや「**デリック**」の**高橋コージ**も登場して自分たちの活動をアピールしました。MCの木ノ島さんも**土屋恵介**にかつがれるような形になってフロアで踊るシーンが放送されました。もう恥ずかしくて見返したくないんですが、高橋コージは今でも何度も見返しているらしいです。

ハウ・メニー・ビーンズ・メイク5来日

あっこちゃんのおこづかい企画第2弾はみんな大好き**クローズ・ロブスターズ**と話を進めていたのですが頓挫してしまいました。その後彼らからあまり話を聞かなくなっているのでバンドとして難しい時期だったのかもしれません。

89年の京都遠征あのらっぱでは、たまたま日本にいた**ハウ・メニー・ビーンズ・メイク5**（以下、HMBM5）のジョンと友人のニックがジョナサン・リッチマンの〈アフェクション（*Affection*）〉などを演奏したことがあり、所属レーベルのラ・ディ・ダとは懇意にしていましたし、テリーママがマメに連絡くれるという安心感もあって一気にビーンズことHMBM5の来日話

「プライマル・スクリーム言いたい放題」の記事に小出亜佐子が参加。3号には相馬章宏や薄田育宏も寄稿。4号から小暮が大勢を変えてテクノ専門誌化した」（ばるぼらさん、野中モモさんの「Ask Zinesters 3」より）。

高橋コージ
仲君のブログに詳しい偉人。

土屋恵介
ZEST店員を経て音楽ライターとしてご活躍。

クローズ・ロブスターズ
89年に解散していたようですが、2012年から再始動しています。

ハウ・メニー・ビーンズ・メイク5来日フライヤー

が進みました。シングル曲のPVは「トランスミッション」でも流れていました。

この頃から来日ネオアコ・バンドの**サポートならブリッジ**、という流れが始まってますね。6月1、2日にはヒット・パレードがヴィニール・ジャパン招へいで来日公演を行って、ブリッジがサポートしたので、同じくサポートが決まっている、6月22日のHMBM5のチラシをまいたと思います。6月17日には池袋WAVEで《カメラ・トーク》リリース後のフリッパーズのDJイベントがあり、（フリッパーズと関係なくってゴメン…と思いながら）ここでも張り切ってチラシを配りました。おかげで集客は成功だったのではないでしょうか。ビーンズの連中はライヴも楽しかったのですが、気のいい人たちで、イギリス人ってビールを底なしに飲めるんだな〜という強烈な印象を残していきました。そうそう前売りチケットは当時高校生だったネロリーズの栗原淳ちゃんがプリントごっこで作ってくれたんですよ。ネロリーズはビーンズ大阪公演昼の部のサポートで、夜の部がデボネアだったようです。

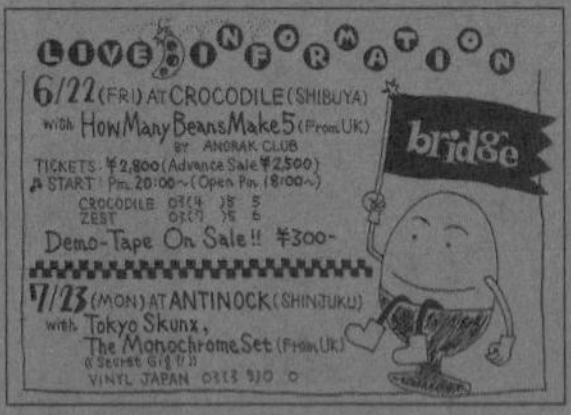

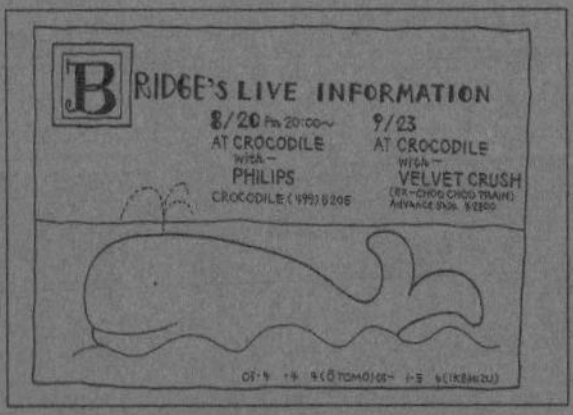

サポートならブリッジ
ここは、「ブリッジン」を副読本として一緒に読んでいただきたい。1990年のブリッジのライヴお知らせポストカード。

ヴェルヴェット・クラッシュ来日！

ほどなくして「ビーンズ呼べるならヴェルヴェット・クラッシュ呼びたい！」と、さわきさんが言い出しました。ファン・クラブの活動は始まったばかりでしたが、チュー・チュー・トレインはヴェルヴェット・クラッシュとバンド名を変えてしまいました。**チュー・チュー・トレインＦＣの最初のニュース・レター**は「突然ヴェルヴェット・クラッシュなどという知らないバンドのニュース・レターが送られてきてビックリしている人も多いかもしれません」で始まっています。おこづかい（ファンディング）企画を東京スタッフとして手伝うなか、さわきさんの思いは強くなったのです。確かに我々もヴェルヴェット・クラッシュ見たい呼びたい……！と全員の気持ちは一致して、ビーンズ来日直後の6月30日に第1回来日計画の集いがさわきさんちで開かれています。

彼女はきちんと議事録を残して配布してくれました。我々はＯＬだったので、おこづかい方式は取らず、さわきさんが25万円、かさはらさんが20万円、私とともこさんがそれぞれ5～10万円出資しています。早速クロコダイル2日分を確保。「ビーンズ公演はチラシで知って来てくれた人が多かった

ヴェルクラＦＣ号外

ようなので、とりあえずばらまく」と議事録にあり、レコード屋さんはもちろん、7月からのプライマル、モノクロ、ブルー・エアロプレインズ、アズテック・カメラなどの来日公演で手分けしてチラシまきしました。

チュー・チュー・トレインとザ・スプリングフィールズは、それぞれサブウェイとサラから出色のシングルを出していたので、当時のインディ・ポップ・ファンであれば一目置いていたと思います。でも、それがヴェルヴェット・クラッシュと名前を変えたことなど誰も知りませんから、チラシもその説明から始めなければならず、不安もありましたが、とにかく配りまくりました。

7月下旬にモノクローム・セットの初来日公演がヴィニール・ジャパンの招へいでありました。もちろんヴェルクラのチラシをまいています。アズテック・カメラFCのお友だちだったさよちゃんが、ヴィニールでバイトしていて遊び仲間になっていた縁で、ヒット・パレード来日の時から高橋コージは自主的に来日公演ボランティアをしてました。ライヴのサポートはもちろんブリッジでした。モノクロ初来日に盛り上がった結果、相馬君が〈キャスト・ア・ロング・シャドウ〈*Cast a Long Shadow*〉ジャケをデザインして、さよちゃん実家でプリントした**モノクローム・セットTシャツ**を仲間内で作

モノクローム・セットTシャツを着て集合写真。

り、ブリッジのメンバーも含めたみんなで着てライヴに行きました。高校生の学祭クラスTシャツ感覚ですね。この初来日では、ある日人手が足りなかったらしく、ビドさまを下北ZOOにお連れする使命を自分が仰せつかってしまい、話し相手になれるわけもなくひたすら困ったという個人的な思い出もあります。

ヴェルクラ来日でもコージ仕切りで**Tシャツ**を作り、これは会場で販売しました。やはり相馬君がデザインして、リックから送られてきた小さいイラストをボディの片隅に配し、さよちゃんちでプリントしました。リックたちからはXLサイズも作ってと頼まれましたっけ。ファン・クラブ・バッヂも作りました。UKバンドによくある2・5㎝くらいのサイズのバッヂが当時日本ではなかったのですが、フレデリックがそのサイズのを作っていたので相談した気がします。**チケット**はなおちゃんがシルクスクリーンで可愛いのを作りました。**ZEST**で売ってもらって結構良い売れ行きだったとか。大阪ジャンゴにも販売をお願いしました。今回も相馬君デザインで**ポスター**も作りました。

ヴェルクラのサポート・バンドはまずブリッジにお願いして、それから清水君バンドと沖野君バンドが決まり、のちにそれぞれマーブル・ハンモック

ヴェルクラTシャツ

ヴェルクラのチケット

ZEST
86年にオープンした、渋谷ノアビルの1室にあった有名輸入盤店。狭いので店員さんと顔見知りになるまではひとりでは入りにくいお店でした。のちにカジ君、仲君、土屋恵介、梶本君らが名物店員になりますが、その前の話です。瀧見さんはすでにいました。

とヴィーナス・ペーターとバンド名も決まりました。それぞれこれが最初のライヴだったようです。

マーブル・ハンモックには元ペニー・アーケードの佐鳥さんが、ヴィーナス・ペーターには石田さんが加入していました。ヴェルクラ京都公演も決まり、こちらは当初ネロリーズがサポートする話もありましたがラフィアンズというバンドが出ています。京都公演については関西のＦＣメンバーに決めてもらっていたと思うので、覚えてなくてごめんなさい。

来日直前に急遽名古屋公演も決まりました。名古屋ウッドストックの加古さんという方がファン・クラブ会員で、この方と名古屋クアトロの企画のブランド・ニュー・スキップというイベントにブリッジが出ることが決まっていて、さわきまみさんがヴェルクラ出演をダメ元でお願いしたところ決定しました。瀧見さんもＤＪで参加し、ヴィーナス・ペーターも出演してます。自分は京都公演はついて行きましたが、さすがにもう休みが取れず名古屋に行けず残念でした。仲間がたくさんついて行って、みんなすごく楽しそうでした。

リックの希望で取材をできるだけ入れ、宮子君、吉本栄さん、ひがあやこさんのほかに、ファンジンからもたくさん取材を受けたようです。ＮＨＫ

ヴェルクラ・ポスター
ずっと部屋に貼っていたヴェルクラのポスター。実家建替の際にあわててはがしたため破いてしまった。

ヴェルクラのポールと京都観光（90年9月22日）。

ＢＳの「トランスミッション」にもお願いした結果、なんとリックとポールがＮＨＫのスタジオ出演を果たしました。そしてどこから聞きつけたのか、**東京新聞からの取材**もありました。これはさわきさんへの取材でした。夕刊の「ウーマン・ナウ」というコーナーで「好きな音だから『個人輸入』」との見出し。バンドとの出会いや、あっこちゃんのことなども丁寧に書かれ、経費は自腹で「（グッズと）チケット代を合わせてもバンドへのギャラを払えるかどうか怪しい。だが、彼女たちを、チラシまきやチケット販売などでサポートした人たちは総勢40人にも及ぶ」と書かれてます。クロコダイルのステージ袖からバンド演奏を見守るさわきさんの写真と「ライヴは予想以上の大入り。（中略）ほとんどがレコード店やほ

2年)10月5日(金曜日)　東京新聞　(夕刊)

WOMAN NOW　ウーマン・ナウ

ニューライフ

•promoter

ライブは予想以上の大入り。人々は酔い、そして揺れた。ほとんどがレコード店や他のライブの会場前などでまいたチラシを見て、来てくれたという。舞台のそででステージをみつめる佐藤さん（左端）の表情にもやっと余裕が＝東京・渋谷の「クロコダイル」で

好きな音だから〝個人輸入〟

「東京新聞」夕刊90年10月5日。

かのライヴの会場前などでまいたチラシを見て来てくれたという」とキャプションも。彼女のやってきたことが的確に伝えられていて、この記事は本当にうれしかったです。ヴェルヴェット・クラッシュの初来日公演は自分たちの活動の結晶というか、最高にいい時間のひとつだったと思っています。

蛇足ながら、ヴェルヴェット・クラッシュの来日公演では少し風変わりな友だちもできました。ロス出身のデイヴィッドという早稲田大学の留学生がヴェルクラ公演に来て、仲良くなったのです。私もさわきさんも、デイヴィッドから懸命に書かれた日本語交じりの手紙を受け取っていました。今でこそ「YOUは何しに日本へ」で見られるように日本語上手な欧米人など珍しくないですが、音楽の趣味が合ううえに、苦労して英語を話さずとも日本語が通じるアメリカ人は大変貴重な存在でした。デイヴィッドはオレンジ・ジュースや**ポール・クイン**やゴー・ビトゥイーンズの大ファンで気が合ったのですが、自分なんかより数段歌詞を深く理解できるのが羨ましかったなあ。ブランクがあっても、趣味が合うので、ネット上で簡単につながりました。90年代にはOUTSIDERというローカル・パンクレーベルを主宰していました。

ポール・クイン
元ボージー・ボージーで、エドウィンと共作シングルあり。

《カメラ・トーク》のこと

ここで、1990年6月6日にリリースされた、**フリッパーズの《カメラ・トーク》**についてふれておきます。私もちゃんとお店で予約して買ってたんですよ。だから予約特典も持ってます。90年にはブリッジの眞由美さんがキーボードでフリッパーズに参加して、NHKの番組に出演したし、心待ちにしてしっかり録画もしました。フリッパーズが掲載された雑誌も買い集めていました。でも「ポパイ」や「宝島」などに連載を持つようになるあたりからコンプリートは諦めたというか、どんどん遠い存在になっていくなあ……とさみしい気持ちにもなっていました。

会社の旅行で〈恋とマシンガン〉のカセットをかけたら「**予備校ブギ**！見てましたよ！」と後輩に言われたのはよく覚えています。距離感の変化に戸惑っていたことと、自分は自分で忙しかったこと、1990年はこのアルバムそのものよりも、付随する彼らの**ネオアコ啓蒙活動**の方が自分には重要だったんですね。きっと。

予備校ブギ！
……というドラマに〈恋とマシンガン〉が使われていました。

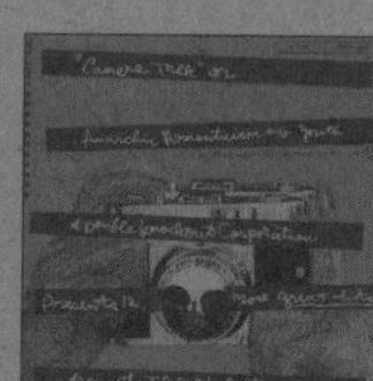

The Flipper's Guitar
"Camera Talk"

Flipper's Guitar Selection

◆ブルーベルズ/シュガーブリッジ
ポストカードレーベルに
入れてもらえなかった愛すべき人々。

◆ヘアカット100/ファンタスティック・デイ
(ボーイ・ミーツ・ガール)
昔このタイトルでカセットを作った。
(限定100本ポストカードつき)

◆カラーフィールド
/シンキング・オブ・ユー
テリー、ブレア、アンド、
アシュヌカもどうぞ。

◆ニック・ヘイワード
/ウィッスル・ダウン・ザ・ウインド
邦題「想いでを風に乗せて」。

◆ウィークエンド
/ドラム・ビート・フォー・ベイビー
ジャケットが素敵。

◆ペイル・ファウンテンズ
/ジャスト・ア・ガール
クリス・マッカフェリーに合掌。

◆ロータス・イーターズ
/ファースト・ピクチャー・オブ・ユー
透き通る男色サウンド。
プロモーションビデオがいい。

◆エヴリシング・バット・ザ・ガール
/ナイト・アンド・デイ
エヴリシング・バット・ザ・ガールといえば
信藤さん。(コンテムポラリー・プロダクション)

◆フレンズ・アゲイン/サウス・オブ・ラブ
どっかのバンドのシングルの題。

◆アズテック・カメラ
/ジャスト・ライク・ゴールド
ゴールドといえば信藤さん。
(コンテムポラリー・プロダクション)

◆オレンジ・ジュース/フェリシティー
ジェイムス・カークの作品。

◆ガールズ・アット・アワ・ベスト
/ファスト・ボーイ・フレンド
傑作コンピレーション・アルバム。
"SEEDS I POP"にも入っている。

◆ジョセフ・K/レディオ・ドリル・タイム
変なギターバンド。

◆ゴービトゥィーンズ/カトル・アンド・ケイン
やっぱり解散しないそうで、うれしい。

◆モノクローム・セット/モノクローム・セット
さらに変なギターバンド。

◆ザ・ジスト/ラブ・アット・ファースト・ナイト
ジストどうしようか。

WAVE六本木店　WAVE渋谷店　WAVE池袋店

WAVE

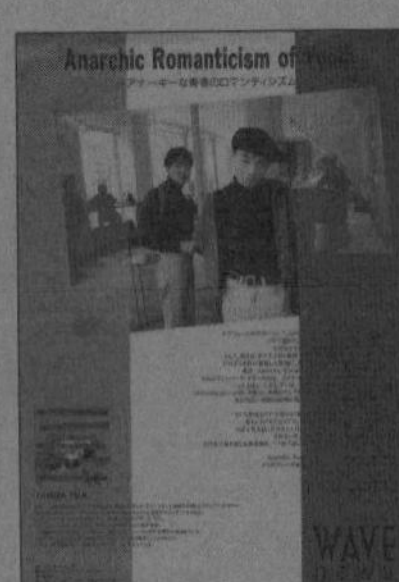

WAVE news Special Issue。フリッパーズのふたりもネオアコ啓蒙活動。《カメラ・トーク》のリリースと合わせたWAVEのニュース・ペーパーの裏で！

第10章

She Said YEAH!

東京ネオアコ・スモール・サークル・
オブ・フレンズの大躍進

1991

東京ネオアコの集大成コンピの黄金期

１９９０年10月24日と25日にはヴィニール主催サラ・ナイトとしてセント・クリストファーとフィールド・マイス来日公演が新宿アンティノックで開催され、ブリッジとルーフがサポートを務めています。**サラがクアトロレーベルから日本発売**される前のことです。

当時はブリッジ、ルーフ、ヴィーナス・ペーターたちが、ライヴを重ねるごとに良い曲を増やして、どんどん進化していくのが目に見えて感じられて、ひたすら頼もしく、勝手に誇らしく思っていました。

ブリッジも参加したフリッパーズ制作のオムニバス**《ファブ・ギア（Fab Gear）》**も12月1日に発売されました。

東京の自分たちの身近なシーンが形になってメジャーになっていく時期で、今振り返っても目が回りそうです。この頃についてはもう「デリック」や「**ガレージ・フラワーズ**」、「**メアリー・パーム**」を見ていただいた方がきっと詳しいと思います。何でも「メアリー・パーム」は仲君に「ファンジンもう作らないんですか」と聞かれて「そういう仲君がファンジンやりなよ」と答えた私のひとことで始まったらしいです（これって、マーク・ペリーが「ス

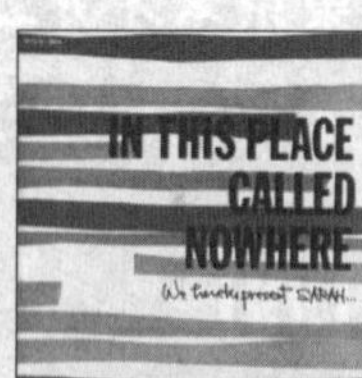

V.A.
"In This Place Called Nowheres"

《ここはブリストル》日本盤オンリーのサラ・レコードのベスト盤が出たのが92年です。92年のサラ・ナイトではマットとクレアと初対面することができたことだけ覚えています。

V.A.
"Fab Gear"

ニッフィン・グルーに寄稿させてくれ」って言われて「自分で始めなよ」って答えたって話みたいじゃないですか？　誰でもみんなが始めたくなって、動きが広がっていくのが、パンクとＤＩＹの真骨頂ですね！）。

ほっといても内なる力で動いちゃう時代って人それぞれあると思うのです。若い時特有の勢いってありますよね。自分はずっと何かに突き動かされてやってきたのだけど、90年代になり、自分にそれは足りなかった。ただ周りはどんどん動いてすごく充実していたので、受け身でも飽きることはなかったです。

明けて1991年2月になると、ヴィニール・ジャパンさんがなんとエドウィン・コリンズを呼んでくれました。これもブリッジとルーフがサポートです。大阪の師匠や、**「ロック・ストック・アンド・バレル」**というオレンジ・ジュースだけのファンジンを作ったずっくさんや、ワンサウザンド・リヴァースのまちこちゃんも一緒に〝えどいんガールズ〟となり、全公演オッカケしました。ヴィニールにさよちゃんがいたのもありがたかったですね。

楽屋で特別に歌ってくれた〈悲しき残念賞（*Consolation Prize*）〉の音源も残っています。フリッパーズ・ギター監修で**オレンジ・ジュース日本盤CD化**の話がすでにあり、この来日の時に小沢君、小山田君から聞いたと思

「メアリー・パーム」Vol.2

「ガレージ・フラワーズ」Vol.2

以下、解説は、「Ask Zine- sters 3」より転載。

「「Garage Flowers」はストーン・ローゼズのファン・クラブ会報。2号はほぼすべてローゼズネタだが、3号は「From Anorak to Flares」と題したインディ・ポップの変遷に関する特集や注目の新人バンドなど、より広範囲な英国インディ誌になっている。「Mary Palm」は現・原宿BIG LOVE店長の仲真史が小出の勧めで1990年に創刊した音楽ミニコミ。誌名は服を作っていた時につけたブランド名だった。1号を見た瀧見憲（続く）

います。のちにずっくさんはセカンド、私はミニ・アルバムのライナーを書かせてもらうこととなります。ファーストの次に好きなのは《テキサス・フィーバー》と公言していたのを覚えていてくれて、ド素人なのに人生初のライナーノーツを書かせてもらいました。本当に感謝してもしたりないような体験をさせてもらってますね。

このCDシリーズに付いていたネオアコ・レコード選からネオアコ道に入った人も多かったことでしょう。フリッパーズと瀧見さんのネオアコ推進活動は着々と実を結び、この後しばらくソレ系日本盤リリースや来日が続くことになりました。日本でネオアコを広めてやる！という彼らの姿勢と、**言葉だけでない実のある活動**は当時もうれしく心強かったし、今見てもカッコいいですね。

3月3日には下北ZOOで「anorak is not dead」というイベントがあり、私も87年にカムデンで買ってきたアノラックを引っ張り出してDJをしていました。アノラック着て来たら割引！という特典があったとかで、何をもってアノラックとしたのかは謎ですが、フリッパーズの遊び心ある普及活動の一環でしたね。

仲君が始めたレーベル**「トランペット・トランペット」**のコンピに始まり

司、小山田圭吾、小沢健二らも2号で参加。ZESTで扱っていた英国インディのさらにマニアックなネタを掘り尽くすレコード紹介コーナーは圧巻。3号の巻頭座談会の嵐のような内容は渋谷系前夜の空気を封じ込めた重要文献。」

「ロック・ストック・アンド・バレル」
オレンジ・ジュース日本盤CD化
オレンジ・ジュースのCDはまず輸入盤で2in1盤が出てました。ジャケット・デザインも変なのになっちゃって、イギリスのポリドールを憎んだものです。

言葉だけでない実のある活動
瀧見さんとフリッパーズが出演した「キャッチアップ」というTV番組のネオアコ特集が熱い。動画上がってますよ～。

（実際出たのは後でしたが企画したのはずっと早かったはず）、フレデリックのサンペー（片岡健一）さんによる《イノセンス＆ペパーミンツ》、瀧見さんの始めたクルーエルの《ブロウ・アップ》と、お仲間バンドがたくさん参加するコンピレーションが続々出され、そのすべてにブリッジが参加。**ヴィーナス・ペーターが8月に、ルーフが9月にそれぞれデビューし**、ブリッジのデビューも続いて準備されています。関連して川崎チッタでオールナイト・イベントもたびたびあって、クラブやマンチェの苦手な自分もみんなと一緒に踊って楽しかった記憶があります。とくにヴィナペはプライマルやブラーなんかとも相性が良かったのは誰もが想像できるでしょう。

インターナショナル・レスキューの〈イェー！（*Yeah!*）〉なんて曲は「トランスミッション」で知ったのか、ZESTで知ったのか、ラヴ・パレードで知ったのか忘れましたが、あの頃の典型的クラブ・ヒットでした。キャンディ・フリップなんかも人気ありましたっけ。ルッキング・グラスの〈ミラー・マン（*Mirror Man*）〉が盛り上がったのはZOO時代のラヴパレだったかな。ヴァセリンズの〈ダイイング・フォー・イット〉ももちろんですが、ニルヴァーナがヴァセリンズ〈モリーズ・リップ（*Moly's Lips*）〉をカヴァーしたサブ・ポップのシングルを瀧見さんがチッタでかけて盛り上がったのは

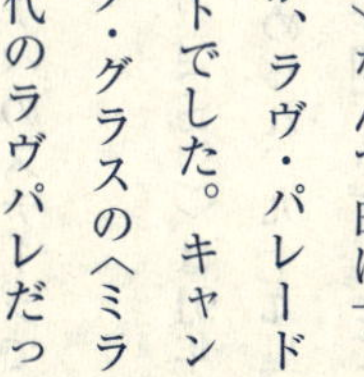

V.A.
"Blow Up"

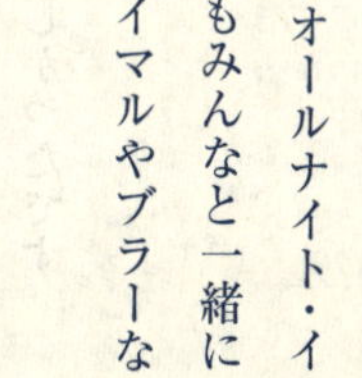

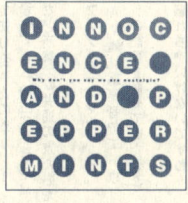

V.A.
"Innocense and Peppermints"

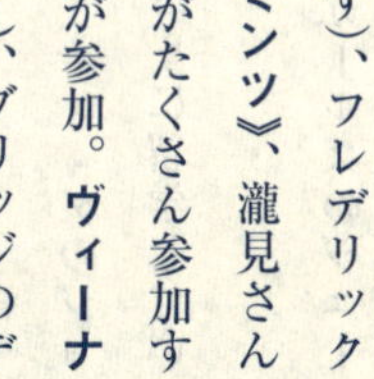

V.A.
"Television Personalities from Japan"

この頃だったか少し後だったか。あまりに激しく踊っていたので**「おおあばれ」**とあだ名がついて仲良くなった人とか、《ファブ・ギア》のジャケットの自作Tシャツを着ていて**ファブ・ギア・マン**と呼ばれた人がいたのもあの頃の良い思い出です。**チャーベ君**とも仲良くなったし、ヴィナペのステージで曲さんと小林が踊ったことも**忘れちゃいけないですね**(笑)。

フリッパーズのシングル〈グルーヴ・チューブ（*GROOVE TUBE*）〉は91年の3月20日リリースですが、3月1日に突然仲間たちが集められ、九十九里浜でPV撮影が行われています。平日だったので自分は参加できずにとても残念な思いをしました。友だちがたくさん参加して羨ましかったです。

愛は時代おくれ

3月のアノラック・クラブのおこづかい企画第3弾はラ・ディ・ダのジョン・カニンガム君でした。あっこちゃんはすでにグラスゴーに留学していて、運営はほかのスタッフが引き継いでいました。

ジョン・カニンガムは公式音源はないものの元マリン・ガールズのジェー

ヴィーナス・ペーターが8月に、ルーフが9月にそれぞれデビュー
ヴィナペは1991年8月25日、ワンダー・リリースより《ラヴマリン（LOVE-MARINE）》で、ルーフは9月21日、ポニーキャニオン内レーベルのコンフュージョンより《アウト・オブ・ブルー（OUT OF THE BLUE）》でデビュー。

おおあばれ
梶野彰一君のこと。ZOO時代でしたね。今やフォトグラファーとして活躍中。

チャーベ君
ニール&イライザやラーナーズ。ZOOで知り合ったのかな。イソさんや耳夫君（ナゴムのZIN・SAYやバッチ714など所属）が共通の友だちだった。

ファブ・ギア・マン
AV雑誌編集者でエドウィンやブリッジの記事を載せていた(笑)。

忘れちゃいけないですね
「ブリッジン」の土屋恵介の文章を読むまで忘れていました。いろんな人が集まっていたフュージョンな時代の夜明け。こうした体験から小林弘幸君はFREE FORM FREAKOUTを始めたと聞いたことがあるような。スリッツ本『LIFE AT SLITS』（スペースシャワーネットワーク）に詳しいのかも。

ン・フォックスと活動していた経験もあり、地味ですがいつも味わい深い楽曲を出していて、92年にラ・ディ・ダの日本盤が出た時にはアルバムのライナーも書かせてもらいました。彼も私の実家に泊まってバーズのレコードを見つけて喜んで聴いてたのを覚えています。

ジョンカニのチラシには「東京公演は（ヴィナペとルーフに加え）**サマーセット・クラブ・ボーイ**（last gig!）も客演！」とあります。

あっこちゃん抜きでのおこづかい企画は続かなかったのか、これが最後となりました。いつのまにかヴィニールさんが私たちの見たいバンドを呼んでくれるようになっていたからでしょうか。

この年の夏頃に自分はパステルズのTシャツとKシングル〈ディファレント・ドラム（*Different Drum*）〉を買い取って販売するという暴挙に出ています。

パステルズは89年末にfriend of the pastelsという名でファン・クラブを始め、「英国音楽」12号を送ったご縁で90年になってからお知らせをもらった自分は即入会し、日本人最初のフレンドと言われて悦に入ってました。

パステルズはスティーヴンとアギ以外のメンバーが抜け、メロディ・ドッグのカトリーナが入って変化（そして辛抱？　シーンが変化するなか、彼ら

PV撮影
1991年12月リリースのPV集「Testament」に収録されています。この撮影に参加した人たちのなかにコクサイ軍団というのがいて、そもそもはイソべ君の同級生のマサルこと村上護君が、東京国際大学に入学したことから始まった。そこに誰の目からも「ラモーンさん」にしか見えないルックスの曲さんがいて、イソさんが「マサル知ってます？」と声かけたことから輪が広がっていきました。

サマーセット・クラブ・ボーイ
高橋コージを中心に結成された2回のライヴのみの東京ネオアコ・シーン伝説の純正ネオアコ・バンド（笑）。コージ以外のメンバーは、ブリッジのカジ君、眞由美さん、ひろちゃん、サマンサの尾崎君。

もテコ入れの時で、改めて草の根的活動に立ち返っていたのです)の時でした。

「Pastelism」というファンジンも送られて、Kのカルヴィンが全面協力の内容でした。そこに入っていたのがTFC(ティーンエイジ・ファン・クラブ)のノーマンが顔はめモデルになったパステルズのTシャツのチラシです。**パステルズのTシャツ**なんて! ほんとにありえなかったので絶対買う!となりました(この頃まだインディ・バンドのTシャツは珍しかったのです。マンチェ~グランジの頃には大流行しましたが)。ZESTに相談したと思うのですが、Kからのパステルズのシングルは当時日本に流通しないと聞いて、私がある程度まとめた数を買ってZESTに買い取ってもらったと思います。

Tシャツは真っ赤なのと派手な水色の2色でシングル・ジャケのデザイン。パステルズのTシャツは存在することに意義があり、着ることにはあまり重きを置かないものでしたが、仲間内の希望者に買ってもらいました。自分のイベントもやっていなかった時なので暴挙だったと今思いますが、協力的なZESTさんのおかげで可能だったのでしょう。

「Pastelism」issue 1,2 and 3

The Pastels "Different Drum"

パステルズのTシャツとKシングル
Tシャツはパステルズから、シングルはKから直接買い取っていた。7インチのボール箱にキャルヴィン直筆で自分の名前と住所が書かれて送られてきたのが感激で、ずっと7インチ入れとして使用してます。Tシャツのモデルはティーンエイジ・ファン・クラブのノーマン!

スウェーデンのお友だち——スウェディッシュ・ポップの萌芽

「英国音楽」12号を出した後から、ずっと文通していたマーカス君というスウェーデンのファンジン・ライターがいました。彼のファンジン「Grimsby Fishmarket」はエル・レコード・ファンらしくスッキリ綺麗なデザインで、ラインナップはとってもネオアコで、90年当時、現地イギリスのファンジンではもうありえない王道ぶりだったので、言葉がわからなくても購入しました。英語も上手で手紙も綺麗でいつも可愛い猫のスタンプを押してました。移ろいやすいイギリスのシーンにはちょっと愛想を尽かしていたので、スウェーデンにはわかってる子がいるんだ！とうれしかったです。

ちなみに雑誌だとフランスの「Les Inrockuptibles」がこの頃の心の友！って感じでしたね。ほぼ1文字も読めなくても写真とラインナップだけでうれしかったです。いまだにパステルズはこの辺りの縁を大事にしていて、だからブレグジット（EU離脱）反対派なのだと思います。

ちなみにマーカスの「Grimsby Fishmarket」90年1号、3号の内容はヘップバーンズ、オレンジ・ジュース、モーマス、ルイ・フィリップ、ヘヴンリー、マイク・オールウェイ、オーキッズ、オールウェイズ、フィールド・マイ

「Grimsby Fishmarket」Vol.3

「Les Inrockuptibles」
フランスの「Les Inrockuptibles」のバックナンバー案内の広告。英国好きな雰囲気が表紙から伝わりますね。

ス、ディス・パーフェクト・デイ、マッカーシー、アナザー・サニー・デイ、セント・クリストファーという布陣。今やこういう並びは珍しくもなんともないでしょうが、当時は本当に絶滅危惧種で、スウェーデンにしかないファンジンだったのです。

私はブリッジやヴィナペなどの最新の音源を彼に送っていました。あっこちゃんがぼうしレーベルで**ヴィナペのフレキシ**を出したので、彼はそれも聴いてました。ブリッジもさわきさんの仲介で**アメリカのファンジンのフレキシ**に曲を提供してましたね。マーカスからも私に依頼があって、コンピレーション・カセットにマーブル・ハンモック、ブリッジ、ヴィナペ、ルーフの4組が参加することになりました。《ファブ・ギア》が出るか出ないかの頃（90年）の話です。

それから1年以上かかってやっとカセット付きファンジン「**Grimsby Fishmarket 4**」ができあがり、300本生産のところ100本購入しました。参加バンド・メンバー全員にあげたいと言ったらさすがに断られて各バンド1本ずつくらいの提供になってます。91年大みそかのライヴ（後述）で販売しました。マーカスは《ファブ・ギア》を筆頭にフリッパーズや関連バンドの日本のCD欲しいものリストを送ってきて、私がそれを買ってファン

Love Parade "All God's Children" / Venus Peter "New World"

ヴィナペのフレキシ
1991年の夏に最後のぼうしレーベル・リリースとなったファンジン「ジョージスクウェアから5000マイル」4号のおまけソノシート！ ヴィーナス・ピーターとラヴ・パレード（バンド）のスプリットだった。2014年にはゆがふろすとから200枚限定7インチレコードで再発されました。

Allen Clapp "Very Peculiar Feeling" / Bridge "Motorcycle Angle"

アメリカのファンジンのフレキシ
ブリッジが参加したのは「Four Letter Words」という、リックたちの友だちのアメリカのファンジンのフレキシでした。フィリップスのフレキシは、あっこちゃ

ジン購入代で相殺して残金を送金しました。

のちの92～93年頃の「Grimsby Fishmarket 5」にはエッグストーンも載っていて、いよいよスウェディッシュ・ポップの萌芽が見えます。私も彼を見習ってこういう地道なファンジン活動に精進すれば良かったのかなとも思いますが、イギリスのシーンのことは薄情だと批判するくせに自分にも移ろいやすい部分があって、彼のようにはなれませんでした。

マーカス君はその後bob hundというスウェーデンのグラミーも受賞したバンドのマネージャーをやってると聞いていましたが、ググるとのちにSci-Fi SKANEというバンドも自身でやってたようですね。元気そうで何よりです。

フリッパーズ解散

フリッパーズ解散を知ったのはいつだったんでしょう。

9月19日のFM東京の公開録音でなんとなく終焉感があったように感じているのは、それがラスト・ライヴだったと今はわかっているからかな。


んのファンジンと「samantha」というイギリスのジンとの共同制作のものがありました！　discogsにも載ってます。

V.A.
"Grimsby Fishmarket 4"

「Grimsby Fishmarket　4」
スウェーデンの文通友だちのマーカス君が作ってた「Grimsby Fishmarket」は4号で待望のカセットが付きました。

《*DOCTOR HEAD'S WORLD TOWER* ヘッド博士の世界塔》の方向性をどうライヴに落とし込むのか、まだ試行錯誤中だと感じたのかもしれません。その頃ヴィナペもルーフもデビューするし、瀧見さんのクルーエル周辺のイベントも盛んだったし、終わりというより始まることが大きくて頭は忙しかったです（「ブリッジン」と巻手帳年表参照）。

91年の中頃に**大塚幸代さんの「フェイク」**というフリッパーズのファンジンから取材を受け、ロリポップ・ソニックについて語っています。彼女たちのファンジンやペーパーはファンの作文や情報をただ載せたものではなく、「オリーブ」や「宝島」のコーナーや紙面のパロディがあったり、あくまで軽く面白く遊び心あり、その基盤には知性もあって、即ファンになり取材も快諾したのだと思います。

そのなかの「anorak is not dead」イベントについてと思われる小説風エッセイに、ZOOの前の商店街に行列ができていたとの描写があり、あのフリッパーズが出るからと、はじめてクラブに来たファンもたくさんいたことがよくわかります。自分は演者ではないこともあり、ファンの視点の方にすごくシンパシーを感じます。それが面白く読めるものだったらもう言うことナシなんです。

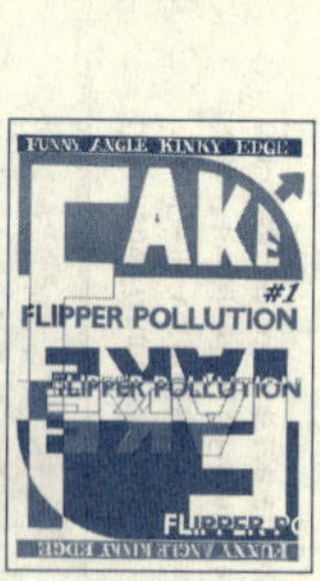

大塚幸代さんの「フェイク」
その後フリーペーパー「日々の凧揚げ通信」などを経て「クイック・ジャパン」編集部に在籍。ウェブサイト「デイリーポータルZ」で活躍されていたそうで、彼女の訃報をまったく関係ない方面からのRTで知りました……。いまだにうまく言葉になりません。

「フェイク」のようなファンジンは（もしかしたらほかのジャンルにはあるのかもしれませんが）私はほかに知りません。

10月26日に「フェイク」主催のFAKEナイト@吉祥寺ハッスルがあり、自分もDJしています。この日はチッタでクルーエル・ナイトもあって、そこからのハシゴでした。なんとこの日4バンド掛け持ちで連続出演した眞由美さんとルーフのEBさんも来てくれてます！　この頃から眞由美さんのマメさに脱帽です。しかしこの後2日後10月28日にフリッパーズの解散が発表されているんですね。なんという運命のいたずらなんでしょうか。駆け抜けるフリッパーズに世の中は翻弄されてます。

ペニー・アーケード復活ライヴ

11月2日には石田さんと佐鳥さんにインタヴューしています。これは12月7日に新宿ＪＡＭにてペニー・アーケード一夜限りの復活ライヴが決まり、佐鳥さんから「HAPPY extreme通信」を作ってほしいと言ってもらって、それに載せるためでした。

翌92年にはヴィーナス・ペーターの縁で**ワンダー・リリース**から、解散の時作ったカセットが**初CD化**されています。佐鳥さんがヴィナペにコーラスで参加したことで復活の運びとなったようです。

この**「HAPPY extreme 通信」Vol.3**のインタヴューですでに石田さんから「やっぱりフリッパー解散はイタイな」との発言が。フリッパーズの《ヘッド博士の世界塔》後の展開に期待するものがあったのでしょうか。

「EBとも話してたんだけど、今ブームのネオアコといっても皆知り合いのバンドでさほかにいないじゃん。だから僕らの周りって優秀なんじゃないかって（笑）」

佐鳥さんは「1回ペニー解散して半年くらい音楽から遠ざかってたのが逆に今真剣にやるキッカケになった」と言ってます。そして「《ブロウ・アップ》とか聴いて思ったけど、結局あの頃の皆が進化してああなったって感じで。ネオアコとかいってもすごい変化あるし。」とまとめてくださってる。

まったくその通りで、ペニー・アーケードやロリポップ・ソニックの周りに集まった仲間がそれぞれ離合集散して《ブロウ・アップ》に入ったような、そんなイメージがありました。この日の復活ライヴもルーフとデボネアとの共演で、アノラック・パーティ東京みたいなメンツとなっています。

Penny Arcade
"Penny Arcade"

Penny Arcade
"A Girl From Penny Arcade"

92年にはヴィーナス・ペーターの所属レーベル、ワンダー・リリース・レコードより1000枚の限定盤（右）としてCDで再発。2016年にはヴィナペのマネージャーだった与田さんのレーベル、キリキリヴィラ（KiliKiliVilla）よりデラックス盤で再再発されてます。何時聴いてもカッコいい。決して色あせないのがすごいです

HAPPY extreme Vol.3 通信

♥PENNY ARCADE 復活記念号!♥
1991年12月7日 新宿JAM Studio
発行:HAPPY extreme! 小出亜佐子
題字=Cool NAPOLI!(サイクル再び。)インタいらず。(失礼。)

どーもおひさしぶりでございます。
1年と10ヶ月ぶりのH.E.E.でございます。
本日はやはり約2年ぶりのpenny Arcadeも念願の同窓会だよ、全員集合!ということで、センエツながら、それに便乗コバンザメさせていただくこととなりました。ちょっと、アンタ誰?と思われるでしょうが、私は'88年まで「英国音楽」という小冊子をやっていた者でございます。皆様のご厚意でpennyのインタヴューを載せていただいたり、flexiを作らせていただいたりしたこともございました。このペーパーを通勤通学のヒマつぶしに今日の日の思い出に、楽しんで読んでいただけたらうれしく思います。

いしださん、さとりさん、エコちゃん、えとちゃん。〜ありし日のpenny arcade。

penny arcade インタヴュー!

boy & girl from

それは1986年、おりしも(というかたまたま?)英国では、個人には憧れの'80年初頭の手作りPOPを取り戻すかのように見えた。いくつかの、小さいけど希望に満ちたバンドたちやファンジンが街にあふれた年。Summer of '86! 考えただけでワクワクするこの年にpenny arcadeは始まった。pennyがいたから私たちがいる。それは決して大ゲサじゃないよ。中心人物の2人、今や人気者、Venus Peterの石田さんとMarble Hammockの佐鳥さんが語る今昔ものがたり。〈2nd of Nov. '91〉

—そもそも何で解散しちゃったの?

㋓ あのころ、バンドブームで、バンドなら何でもいい、みたいになってきて、そーゆーのがヤだ、た、って話をしたね、おね。*佐藤クンのインタヴューでね。で、ボクはしばらくやんないだろーと思ってたら、そんなことなくって、V.P.が…(ヴィーナスペーター)

—え一、やんないつもりだったの?

㋑ うん。ある程度やるコトやっちゃったなって。

㋚ 私も26になったんで、一切足を洗うって。

—みんなウソつき!

㋚ 私は今頃、幸せな家庭もって、子供も2人くらいいたらいいな一という説だったのに!

㋑ ぼくは家の仕事してたかもしれないな。

—最後のカセットなんて評判良かったでしょ、もうちょっとやっときゃ良かった、とかなかった?

㋑ それでもう1年、とか言っても、結局同じことになったんじゃないかな。ま、1年に1回くらいやるのが1番いい。今度(今日)のライヴ、デボネアも呼ぶかもよ。

—じゃ、RoofがBachelorsとしたら、まるでANORAK PARTY in 東京!みたいな。

㋑ 日本最後のネオアコ祭典(笑)。

㋚ アノラック・ジャンボリー一とか(笑!)。

㋑ あの頃の状況から考えると、今は本当に良くなったよね。

㋚ すごい恵まれてる。あの頃は何かやりたいと思っても、場所を貸してくれるとこもなかったし、人も集まんないし、自分達で何でもやって、それで失敗するってパターンで。

—オイシイ話が来ても見当違いとか?

㋚ あの頃はイカ天ブームで。

㋑ やっぱりフリッパー解散はイタイな。

㋚ でもフリッパーてのは始まりのキッカケでさ、もっともっと何かできるんじゃないかな。それで、フリッパーも何年かたって、またやりたいねーていったら、やれるような状況であるといいよね。(一同うなづく。)

㋑ その中でRoofとかさ、地道にやってきて良かったよねえ…。(しみじみ。)

—「ネオアコ」とかいうのさ、抵抗ない?

㋑ Pennyも別に「ネオアコ」ってモンでもないんだよね。

—でも雑誌とかじゃ 文脈でそーなっちゃう。

㋚ なんか、3大ネオアコバンド、Lollipop, Bachelors, Pennyってあって、Lolliはフリッパーに、BachelorsはRoofになって。pennyは何も出さずに解散したから…なんか「ネオアコ」とか言葉でくくっちゃうおもしろくないよね。

—皆つるんでたってのはホントなんだけど

㋚ 他にお友達がいなかったからでしょ。あの頃ってやってる音は違っても、ギリスで聴いてるのは同じで、レコード屋で鉢合わせしたりね—…。

㋑ それはヌキにしてもさ、僕らの周りって優秀だよね。この前もEBと話してただけど、今、ブームのネオアコとか言っても結局、皆な知り合いのバンドでさ、RoofとかBridgeとか、他にいないじゃん。だから優秀なんじゃないかって。

(EB: A.K.A. Sasaki from Roof)

㋚ 類は友を呼ぶ…ってエラソーに…でもお互い刺激的だよね。Blow Upとか聴いて思ったけど、結局あの頃の皆なが進化してああなった感じで。「ネオアコ」とか言っても、すごい変化あるし。

㋑ ぼく、Roofがああいう形でCDを出したっていうのは、自分のことのようにうれしいな。あの昔の「カツミの世界」「Ferryboat」から始まった、っていう…。(しみじみ。)

(カツミさんて、bachelorsのドラマーさんです。)

(Continued)

つづき) from previous page

…って変わらないとこあるもんね。
…さの見本を見せてくれたなって。あ、今度(今日)
…お期待して観にきてくれる人もいるかも
…いけど…ねえ。(笑)

…か達の遊び、だよね。あんまり期待したら
…ん、ってカンジだよね。そう言えば、私、
…でPennyまたやってもいいなって思ったか
…いうと、Venus Peterでさ、コーラス
…ディング) やってる時に、あー 激しい
…よっとやりたいーとか思って。その後
…だったじゃん、やらない?て話になって。

…誰、言い出しっぺは?

…トちゃん。(Dr.の外山氏デス。)前だった
…断わってたかもしれないけど、けっこう
…かなのやってて、後でV.P.とかやると、
…ゆーのもいいなあって。

…今もPennyを続けてたらどーなった?

…V.P.もマブハン(marble hammock)も
…はなかった。1回Penny解散して
…くらい音楽から遠ざかってたのが
…に今、真剣にやるキッカケになった。
…出したら、どれだけ自分に必要なもの
…って、わかったし。月〜金でハイヒールはいて
…町でOLして、眠る時間惜しんで練習
…、それでもそっちの方が楽しいなって
…っちゃう。かと言ってプロになるのはイヤ
…だなって。V.P.みたく広島行って、1日
…いて次は高知〜とか。

(い)まだいいよ、それでも1日あるんだもん!↗

(い)バンドって4人なら4人でやるから、その4人がうまくいかないと解散しちゃうけど、Pennyの場合はそうじゃなかったってのがいいあるな。

(さ)最近けっこう大人になったよね、みんな。再結成ってのもオトナなんじゃない?(笑)

(い)来年Pennyのカセットが再発になったらさ、(wonder releaseより再発予定だそーです!)今まで聴いてなかったのが聴けて良かったーとかね。でもレコードは再生すれば同じだけど、ライヴは練習しないとダメなんだよねー(笑)。

(さ)1回目の練習とか、誰も何も覚えてなくって、唯一、狩野さんが練習してきたという…。(笑) この日かりさんは会社の研修で練習お休みでした。ご苦労サマです!

一まあ皆な元気で良かったって証拠だもん。V.P.もマブハン(M.H.)も元気だ。

(さ)…思ったんだけど、今のバンドで恥かしげもなく「ネオアコ」って言うなーとかいってさ、Bridge、M.Hだ関係が恥かし気もなく「JAZZ」って言うのも、本気でJAZZ演ってる人にしたら"ふざけんじゃねえー!"みたいな。(笑!) ちなみに、これ、私のまったく…です

一「JAZZるひ」か。

(い)「JAZZるひ」が入ってんのが日本のネオアコみたいだね。eLが絡んできて、日本のネオアコ事情はそうなってきたね。

(さ)そんなモンでしょう。言葉なんてのは。

(い)ところで、Pennyのライヴで何処が印象に残ってる? (石田サン、気の利いたツッコミだぁ!)↗

…ちなみに私は下北やねうら、代チョコ、ラ・ママ…あれ一部とか。

(さ)私、楽屋とかは思い出せるんだけど、やってる最中とかってさー(笑)…(覚えてないそうです)

(い)洗面所掃除したとか?(笑)

(さ)そう(笑!)ラ・ママでさ、トイレの中まではしないけど、汚ないのは良くないって、ライヴ前にさり気なくクレンザーとスポンジ持って来て洗っちゃって(笑!)。

(い)ぼくはやっぱりデビューのAMSと —…

(さ)AMSは覚えてるねー。あとX'masパーティ!(Pennyの公式デビュー前のおともだちのパーティでの非公式デビューライヴ!)

一それはズルイ!

(い)あと、鹿鳴館とか覚えてるなー。ちょうどシングル出した後で。あの時は割れと出たんだっけな?

(さ)いわゆるネオアコとか、ちゃんとしたブームっていうか、ロリポップ以前って、割れとかと演ってたんだよね—…。(しみじみ。)あと最後の代チョコはかなり覚えてる。(きりッ) あのトキ、お客さん、パンクしそうに入って、スゴイかわいそ、とか思って。フリッパーが復帰第1回かなんかで出たんだよね…。

★ペニーのペの奥ないが部屋のひき出しから出てきた、Pennyのofficial debutのgig ticketだあ!(もしもアナタの!)ああ、1986ねんなつやすみ…。(そーゆーウタをいつかつくってやる—うっ!)

好き?好き?大好き?1986
★★★★★Kiss IN THE DREAM HOUSE★★★★
+
★8/12~15 演劇「もうひとつの鏡の夏」
★8/17~19 ライブ「Nobody Listening 3」
★スタジオAMS★

前売券 ¥800

★お問合せ 03(415)0532
<ドリームハウス・プロジェクト>

860718 9368
EGN18002775 Dream House

…と思い出ひとしきり渋谷の夜は更けゆく。お話しつつ、ああ、2人とお友達で良かったなあああ…と幸せをかみしめ。持ってこンジ(?)臭くなったる人であった。〜FIN〜

SECOND GENERATION!

1990年にベスト新人サンに挙げた方々が、頼もしく活躍した1991年も、元気自信、目からウロコの新人サンに出逢えてうれしい限り。しかも、どれもが"Summer of '86!"と叫びたくなる要素を持ってたりして。POP革命も第2世代到来か?!

melories 皆サン11月のBrand New Skipで目撃済、Por Supuestoからのミニアルバムにサインももらったコトと思いますが、生粋のAnorak Club育ち(?っぽくて。若いながら、目指すところはうれしいくらい明白。♪teenage jesus superstar! なんて歌っちゃって。春からの活動にも期待!★

Dida diDa doo(鼻にスペル分かるぅ?)今、私が切実に音源を欲しているバンドです。マジで、demoでもライン録りでもいいの。live一見にして「PUNK ROCK!」と興奮しまくり。つまり、おそらくはかつてtalulah goshについて言われたのと同じイミでのPUNK ROCK。もう一大的にラブコール!いつまでもそのままでいて下さい。

budgie jacket パーフリzine FAKEサンのお陰でdemoをいただいたら、コレがもう、グ、グレイト!! パパパコーラスは是非共、flexiで聴きたい!(shalala の poppy heads ノリ♪)しかも!正統青春歌謡路線!の胸しめつけられる切ないメロに泣けるゼードも併わせ持ち、ましたらもう大物かも!待望のドラマーも加入、12/20(金)には下北Shelterに登場。一見の価値アリよ。—と、他にも、ロリ〜パーフリ七分、Favorite Marine今更聴いています。活動して下さいね。あと長弟をだせ村件のSamantha's Favorite、大みそかのクワコは期待してるよ。ホントよ。

以下は完ペキ続ダメ、ふしぎの村仲間の…な何の役にもなかった…部のボヤキ。▷正直言いまして、今の私には語るべきことなど殆どないのです。あるとしても、長い長い夏休みを回想するような自己完結の世界でしかなくて。血気盛んな頃の私が最も忌み嫌っていたコトで…。▷「エーコク」でも再三書いてたつもりだけど、私はネオアコファンじゃないよ。当時は「青春歌謡」ファンとか「ど苦痛ポップ」ファンとかいってましたね。そのカギは「アオ(くさ)さ」!だから私には ぺれっぺよりもBoader Boysでなくちゃ、とかね。狭いのなんの。それ故、却って同世代意識に固執するのかな?HMフォー伝に出てきたヌーベルヴァーグ話、Wellerユース・インタヴューのPUNK話、これと同じ熱気が私達(PENNYと私たち)にもあった、なんてのは身勝手な錯覚?いや、愛がなくちゃね。▷フリッパー解散はだからやはり痛かった。ジェイロードの、ファンとは思えぬよしもとよしともという人の文が当たってる。客観的なのか、的確なのかな。私なんてPart Companyとmy ever changing moodsが頭の中を回ってただけで。▷私達は自由への切符を手に汽車に乗る。Could I? Could I? 疑問符だらけの人生。まるでU.S.A。それでも世界は回り続ける。life goes on.▷しかし、パーフリ反逆者Cruelが再会をくれる!「青田刈り」もアリよのご時世に、精神的かつ物理的に、真の「インディ」を始めたタキミ氏の偉大さにここに敬意を表します。併せてフリッパーもご苦労サマでした。今まで沢山の励ましをありがとう。▷結局私は自分の安心できる場所を探してきたのかなと思うこの頃。例えば、私はROOFのスタンスが大スキだ。Ferryboat やPink&Blueを聴いていると、ぬくぬくしていくのがわかる。▷I'm living very quietly…—Peter Astorの1節が泣けた。彼も今や私の安心印の1人。▷てなワケで、石田さんもオススメのBoo Radleysも初耳のウラシマさんだ×そんな私の最近買った音源たち▷おくやみ(ex-byrds) Gene Clarkの'Echoes'中ジャケめくる度、キャーッ♡♡てノリは往年のEugene Vaseline並!モチ音もグーよ♡Eugeneといえば彼のnew group、Captain AmericaもNirvanaのお陰だとかで期待!▷余りに不運ながらM.B.V.は言うまでもなくグー!私が唯一、支持し続けてきた同時代バンド!その意味をわかって。▷Teenage F.C.の活躍も大いに勇気づけられる。きっとPastelsも。▷Matthew Sweet 'Girlfriend' うつな音になってRobert Quinnたちのギタアも冴えわたる!しかし、Jonathan Richmanの新ップってホントに出てるの?!…と、ホントにアイウメでおわる…。どーも失礼しましたあ—。

あっ、あとEdwyn Prod.のA HOUSEも…

GRIMSBY FISHMARKET 4
NORRKOEPING 0

records from the cookie nose tower and Grimsby Fishmarket fanzine, presents a story about animal like persons and a compilation tape featuring the splendour of pop:

The Cherry Orchard ❋ Joe Clack ❋ Happy Dead Men ❋ Stereolab ❋ Riley's ❋ Marble Hammock This Perfect Day ❋ Brighter ❋ Macabre ❋ B.J Eagle ❋ Orchids ❋ Apple Moths ❋ Amelia Fletcher ❋ Bridge ❋ Mary-Go-Round ❋ Are You Mr. Riley? ❋ Venus Peter ❋ Surf and Destroy Kitchen Cynics ❋ Roof ...and there might be more

Out first November. Price (including p&p) 1800 Yen or 4 Pound or 15 D. Mark or 50 S.Kr. Cheques payable to Marcus Törnerantz, please. Tape and fanzine order from:

Grimsby Fishmarket Råsundavägen 108 171 37 Solna Sweden

◀お知らせコーナーです。

▶まずはお詫び。約2年前のこの誌上で、'80'sベストアンケート!なんて大それたことをもくろんだが、構想が壮大すぎて企画倒れ。皆も同様なのか回収率の悪い中、答えて下さった方、ごめんなさい。実は「80's集大成」本を、なんて考えが頭をかすめたんですが、ひょっとしたら、私、完全青春オトシマエ!なので止めたのです。
▶さて、上のチラシ、縮小×縮小!で読めたらスゴイ顔ブレ!(ここにはないけど、MOMUS、ぺれっぺ(Louis Philippe)faunもいいことあるよ!)苦節1年余、Swedenのfanzineライター Marcusクンのコンピが遂に完成!1年おあずけ(?)の音中心だけど、限定入荷できたら大みそか販売したいな—(atクロコ)。心配な人は上記住所まで国際郵便為替¥1800送ろう!▶ぽらしレーベルがLiverpoolに移りSugarfrostとなって第1弾PUREのウワモ好評ですが、春にはねるりーずのPor Supuestoとの共同れんこもとる!▶(ぱ)(pastels)のライトブルーTシャツ在庫有!(¥1400!)▶去年(ぱ)のツアーをしたBeat Happeningの(K)レーベルはFugazi縁でTime Bombに入るらしーけど、東京ではどーだろ?Heavenly出る予定もあるし、興味ある人はこいでにゲキ飛ばそう!事不精数ヶ月♪▶パーフリも愛読(笑)オレンジジュース(O.J.)zine 'L.S.A.B.'は大改訂版企画中!O.J.レア音も付く予定ながら通販onlyのウワサ。1992年要チェック!(いや私もJ.K.ラヴコール書いたモンで…)乞ご期待してます。
▲James Kirkだい!who else?!

ハロー！　1992

9月になる前にはクロコダイルの西さんから「Hello 1992」と題した大みそかのオールナイト・イベントの企画を依頼されています。企画といっても出演バンドの選定と交渉でした。ほぼ周りの知ってるバンドに声をかけました。出演バンドは、**サマンサズ・フェイバリット**、マーブル・ハンモック、**ポプシクル**、ルーフ、ロッテン・ハッツ、フィリップス、ブリッジ、ストライクス、ヴィーナス・ペーターの9組でした。

それまで自分の企画ではバンドの転換時間には編集テープを流していましたが、この頃にはイベントにはDJ入れなきゃ、という時代の空気になっていたので、瀧見さんと山ちゃん（山本展久君）にDJをお願いしています。クロコダイルにはターンテーブルがなかったので、山ちゃんからお借りして、自分が車を出して山ちゃんの保谷の家に行き来した覚えがあります。

このイベント、眞由美さんによれば、動員数498人でクロコダイル過去15年最高記録だったとか。普段ゆっくり座れるイメージのクロコが身動きとるのに苦労するほど満員だったことは覚えています。記録の意味での写真は撮ってますが、何とかシャッター切るだけ切ったという代物でした。

サマンサズ・フェイバリット
元ボイスでもあり、トゥイーザーズとブロックバスターズの尾崎浩治君のバンド。我々の目をパワーポップへと開かせたが、当初はネオアコっぽかった。尾崎はコクサイでもある。スナッフィー・スマイルからシングル、K.O.G.Aレコーズからアルバムなどのリリースも多数。

ポプシクル
クロコの推薦だったと思われます。のちにルーフのメンバーになる方が在籍していたそうです。

サマンサズ・フェイバリット

「Hello 1992」の案内ポストカード。
1991年12月31日の大みそか
オールナイトイベント。
サブタイトルはAcoustic Revolution!

フィリップス

ロッテン・ハッツ

ブリッジ

ヴィーナス・ペーター

マーブル・ハンモック

ルーフ

それからのこと

このイベントはクロコダイルさん主催で自分からの企画ではありませんでしたが、終わって自分はつくづくイベンターは向いてないな……とぼんやり思いました。そもそもが空気読めないし気が利かない。自分がやりたいと思ったことには突っ走るけれど、それがないと興味をなくし動けなくなる。ハプニングにはパニくりがちですが、周りが私のことをよく知ってる友だちばかりだったから笑ってフォローしてもらえました。周りはどんどんプロフェッショナルになっていくので、ちゃんとプロがお膳立てしてくれる。ならば自分は観客の立場で楽しんだ方がいいじゃないか……。

ちょうど92年の春に勤めていた会社の契約が切れることになっていて、失業保険をもらいながら転職活動もしないとなりません。そもそも契約が4年ということ自体、肩たたきのような腰かけのようなものでした。家からは見合いの話を勧められるので家にいるのも面倒くさくなります。いったん人生を考え直さねばならない26歳でした。

その後もキングレコードから依頼を受けて、ラ・ディ・ダの日本発売の話をつなぐようなことをしたり、稚拙なライナーを書いたり、依頼をいただければやりました。それはほかにやる人がいないからなのです。英語だって英文科卒と名乗るのがはばかられるほどの能力です。ほかに誰か有能な人がやるんだったら、自分はやる必要ないんです。私がやらなきゃ誰がやる?という状況が、これまで自分を奮い立たせてきたと思います。当時、オレンジ・ジュースやパステルズやジャズ・ブッチャーを特集したミニコミなんて見たことがありませんでした。だから、自分のミニコミに取り上げたんです。

これまで自分がやってきたことで、自分が発明したようなことは何ひとつありません。周りの友だちやこれまでの人がやっていることを見て、自分もやってみたい！とそのまま行動に移してみた、そんなことばかりです。これこそがＤＩＹの醍醐味というか、自分でもできそう！自分もやりたい！そんな気持ちが伝播するのが、ＤＩＹのＤＩＹたるゆえんでしょう。そんな気持ちになる出会いに恵まれたことに感謝です。

仲間を作って世界を広げること、するとそこからたくさんのことを学べること、それを周りに還元すること。安っぽい言い方になりますが、感謝の気持ちを忘れないようにしなければと自分に言い聞かせたいです。そして若い人たちにもこの楽しさは伝えたいと思っていました。わらしべ長者じゃないけども。

この後やりたいことがあるとしたら、スモール・サークルでつながることの楽しさを若い人に知ってほしいということでした。現在ＳＮＳでフォロワー数を競ったり、イイネをもらったりする……のも楽しいですが、当時の、郵便で送る手書きのお手紙やカセット交換でつながったり、ライヴ・ハウスやレコード屋さんで実際に顔を合わせて集うような、面倒くさくて時間のかかる関係はより密で濃厚でした。そして、当時、まさにそのスモール・サークルを実践しているビート・ハプニングとＫレコーズ（とパステルズとの強い結びつき）のことをもっと知りたいと思っていました。

まずは転職活動して、自分でどうにかやっていける目星をつけないとならない時でした。でも自分のやりたいことで食べていけるとはとても思えなかった。そもそもやりたいことでお金を得る覚悟はできていなかった。「ファン信仰」について書きましたが、自分はアーティストでも制作サイドでもなくて、あくまでファンなんです。ファンでいられなくなったら自分は何もできなくなるんです。好きなものには自分でお金を払いますよね。その普通のファンの感覚を忘れないようにしたいのです。

これからもずっとただのファンであり続けたい、面白いと思うことだけをやりたい。それが重要なことでした。

最近でいえば、コミケなどでひっそり活動する人たちに共感を覚えます。野中モモさんがZINEの定義についてよく話していたように、「誰かに頼まれなくても」「自分がやりたいから」「勝手に」「面白いから」やる。そこが大事なところなんです。それで儲けが出たならまさに儲けものですが、それを目的にしたくない。できれば赤字にしたくないくらいの気持ちです。

カッコつけた話をします。ラフ・トレードも初期はとても社会主義的だったと聞きます。売り上げから経費を差し引いて、アーティストと分け合うというやり方だったとか。ロバート・ワイアットが象徴的ですが、アズテック・カメラもロバート・ワイアットに倣って〈レッド・フラッグ（*Red Flag*）〉を演奏しています。当時は自分のしていたことが社会主義的かどうかなんて考えたこともなかったですし、現実にはラフ・トレードも経済的に立ちいかなくなって、スクリッティ・ポリッティも含め、**バブリーな商業主義**に大転換していきます。ポストパンク期の社会主義的な理想を持って、すべて自分の手をかけて管理できるDIY的インディ・レーベルの活動と、その後のメジャー・レーベルでの活動と、両方を経験しているのが、スクリッティやアズテックたちネオアコ世代です。彼らと同じ世代のトレイシー・ソーンの自伝でも、彼女のなかで相反するふたつの価値観の間で葛藤している姿が見

バブリーな商業主義
そこをレインコーツにはめっちゃ批判されてます。

られます。双方の長所も短所もわかるのが我々世代ですが、どちらかといえば、精神的に柔軟な若い頃に出会ったポストパンク的な考え方が根底にあります。パンクという火山が噴火して**「自分でやれ」というメッセージ**をまいていった。それが私たちにも届いた。カッコつけて言えばそういうことです。あれから数十年たって、実際にネルソン・マンデーラが解放されても、ベルリンの壁が壊れても、すべてが解決するわけじゃないことはわかってしまったけれど、根っこの部分でのこの理想はなかなか捨てられないと思いたいです。でもまあ、本当のところは、自分には好きなことをして稼ごうという覚悟がなかった、ということに尽きると思っています。

〈直感で分かった（*Intuition told me*）〉という曲がオレンジ・ジュースにあります。それをはじめて聴いた時に「コレは自分の曲だ！」と思ったものです。自分は直感に従って動くと間違いがなかった。しかし年齢を重ねると直感も鈍るのか、なかなかそれだけでは動けなくなりました。好きなこと、楽しいことを見失わずに続けていけるアーティストや作家などの人たちのことを心から尊敬します。

ずっと「シーン」というものに興味がありました。ファミリー・ツリーが好きだったと書きましたが、レコードのジャケットからレーベルから隅々ま

「自分でやれ」というメッセージ
ele-king Powerd by DOMMUNEの、野田努さんによるレインコーツの来日インタヴューより（2010年6月29日）。

で読み込んで、そこから浮かび上がる人脈からシーンに思いを馳せたものです。情報もほとんどありませんでした。リヴァプールのＺＯＯ、グラスゴーのポストカード、クリエイション、53rd＆３rd、オリンピアのＫ……これらのシーンにずっとひかれていました。

バンド、クラブ、ファンジン、そしてレーベル。縦横無尽につながって化学反応が起きるのです。気づいてみたら、いつのまにか私も、仲間たちもそんななかにいたのかなあ……なんて思ったりしています。

あとがき

あの頃好きだったバンドや音楽のこと

この数年、古い友人たちのバンドが一時再結成して懐かしい顔ぶれが集まることが増えました。2016年再発のペニー・アーケードのCDでは、私もライナーノーツを書かせていただきました。まとまった文章を書くこと自体、20年近いブランクがありましたが、言ってしまえば青春時代を共有した大切な友人でありバンドのことなので、とても楽しい体験でした。CDが発売されるや、当時の友人である薄田育宏君が文通していたあの頃のようなメッセージをくれて、大変うれしく手ごたえを感じました。当時の仲間の評価が何よりありがたいことです。

2017年1月のペニー・アーケード再結成ライヴでは、フィリップスとデボネアの2組が特別出演し、ここにシークレットでブリッジが再結成。さらにペニー・アーケードのギタリストとして小山田圭吾君も登場と、豪華な顔ぶれが揃い、当時を知る人には狂喜乱舞な集まりとなりました。ありがたいことに、2017年牧村憲一さんの『渋谷音楽図鑑』(太田出版)で「英国音楽」について取り上げていただきました。ペニー・アーケードの佐鳥さんと石田さんが取材を受けた話を聞いていたので、発売前からとても楽しみにしていました。フリッパーズ・ギターのプロデューサーの牧村さんに、仲間内の話をこんなふうに聞いてもらえるなんて……感激もひとしおでした。

そして、『日本のZINEについて知ってることすべて』（誠文堂新光社）は雑誌「アイデア」連載時からありがたく拝読していました。「英国音楽」をとても評価していただいて、おかげで自分の過去を誇らしく思えるようになっていたところ、ばるぼらさんと野中モモさんにお声掛けいただいて、「英国音楽」についてのトークイベントにも出してもらいました（この時配布した「Ask Zinesters 3」」は本書の参考資料です）。下北沢と神戸で2回行いました。おふたりとも広範囲のことに造詣も愛情も深いので、大変楽しく話せました。また私には自明のことであっても、違う世代には新鮮で、興味を持ってもらえるということがひとつの発見でした。こんなふうに喜んでもらえるのなら、覚えていることを書き留めておこう、そんな気持ちになりました。

ちょうどそこへ、旧知の友人である相馬章宏君からこの本の提案をしてもらいました。相馬君のように、多くを語らずとも私の意図を理解してくれて、才能も実績もある友人と組めるなら鬼に金棒です。即快諾しました。このような細かい本をちょこちょこ直す大変な作業をしながらも、当意即妙のデザインは、相馬君でなければありえませんでした。

企画はトントン拍子に進んだものの、私のブランクが長すぎてなかなかエンジンがかかりませんでした。最初の編集担当であった筒井奈々さんには、時に自虐的で悲観的になってしまう私を鼓舞していただきました。担当を引き継いだ稲葉将樹さんには、その豊富な経験からたくさんの助言をいただきました。執筆の常識もない市井の私の些末な活動や、大きく取り上げられることの少ない固有名詞を扱うのは大変なご苦労だったと思います。『安アパートのディスコクイーン――トレイシー・ソーン自伝』（ele-king books）は、今年翻訳版が出たことで周囲でも評判になっていました。私の本が影響を受けすぎても良くないと思い、だいたい書き終えてから読んだところ、共感を覚える箇所が数多くありました。そして対談を快諾してくれた小山田君に、「書店でトレイシーの本と並べてほしいから」と帯の推薦文までお願いしました。ずうずうしいお願いを聞いてくれてありがとうございます。対談に付き合ってくれた佐鳥さんと薄田君、熱いコラムを書いてくれたカジ君と仲君もありがとうございました。

本の企画が決まってから、本文に登場する友人たちに、しばらく連絡を取っていなかったような人も含めて、何かと呼び出しては失われた記憶を補完するお手伝いをしてもらいました。また、写真の掲載などにあたり、関係者には可能な限り連絡を取る努力はしたのですが、叶わなかった方もおられます。どうかご了承願います。この本にはたくさんの人が登場しますが、そのうち誰が欠けても完成できませんでした。なかにはすでに今はなき人もいます。ヴェルヴェット・クラッシュFCのさわきまみさん。バチェラーズでループのEBさん。シンク・カーネーションの優太郎さん。「フェイク」の大塚幸代さん。弟の英一郎。最近では村上護君。この本が彼らとの思い出の記念にもなればと願います。

この本にはウェブサイトへのQRリンクも載せてますが、ネットのことですので、変更になっていることもあるかもしれません。

また、できるだけ当時の記録に照らし合わせて執筆いたしましたが、記憶違いもあるかもしれません。あくまで個人の解釈であることをご了承ください。

この本によって、あの頃好きだったバンドや音楽のこと、時代の感覚など、思い出していただけたら何よりです。お付き合いありがとうございました。

２０１９年10月

小出亜佐子

...and say bye-bye to true love

ここまで読んで気付かれた方もいるかと思いますが、英国音楽は、この１２号をもちまして、終止符を打ちたいと考えています。以下声明文。
「僕は、自分達の成し遂げたことに価値を持たせたいし、時代遅れの厄介者になりたくない。堂々と最後を迎えたい。それには今が潮時だ。君達と僕らが共に築き上げてきたもの、誠実さ、情熱、エネルギー、そして若さ…これらを持ち続けることは、意味があるはずだ。僕は、このことを最初に君達に伝えたくてこれを書いている。僕らの中に信頼を見出してくれたファンのみんなにはとても感謝している。　愛と友情をこめて　英国音楽」
…なんちゃって。この出典のわかる方、文通しましょう。それはさておき、すべては私のわがままなんですが。私はぼーーっとして湯水のごとく時間を使える人間でして、この本はその結晶のようなものだったんです。ところが生来ナマケモノの私にはだんだんそのぼーーーっの時間がなくなってきた。今の私に「英国音楽」の形態は正直いって重荷です。再び、ぼーーっとして自分用にお気に入りの kinksのテープを作ったりのんびりしたいななんて思いまして。そうするうちにまた全然違ったスタイルの本で皆さんにお目にかかると思うのです。きっとその時はHAPPY extreme!の名を使うんじゃないかな、と。第二弾発売記念ギグもいつかやってみたいし…。
ま、計画性のないヤツなので何ともいえませんが。KINDA DISTRIBUTIONもこれからどんどんやっていきますのでよろしくね。そうそうバックナンバーはvol.10とvol.11のみ。内容についてはｐ．５５を見てね。ではでは皆様もお元気で。ありがとうございました。

Asako • 22.Apr.89!

tributors: akko-chan
tomoko
naoko
yukino
mariko
EB from the Bachelors
prof.Gen T.
prof. I.Susukita
minori

hank you very much!!

special thanks to:
each mamber of Lollipop Sonic
FREDERICK,the McTells(Paul & Gillian), Ric, Grant, Terrie, Derek, Stepen, Rose,Mr.Makimura from Polystar
Mami S., Isobe-kun, Sayo-chan, Vynil, Django, and...
so many people helping me!

hello to : johnny + claire, dennis, clare,&itano-chan.

K REPORT by SAKURA 桜井弓子

区　－　－　１２

fisherman's blues by masaru (thanks!)

Editor: 小出亜佐子

〒　区　－　－

ASAKO KOIDE

., Tokyo 1

JAPAN

「英国音楽」12号編集後記より。

'Goodbye our Pastels badges'

Bye! Goodbye our Pastels badges. But it means some kind of Happy Birthday, Hey, Beatnik Boys! All you blue boys! Teenage kicks can't die. A Postcard from Scotland says it's still raining hard in the highland. Though there's nothing going on, i hear the truck and train. Now, let's have our flinge hair cut. Just like James Kirk did long long long ago. But our hair-dresser should be a boy. and he should have three wishes in his heart. take, take off the badges from our anorak. put, put them into the drawer. And we swear we'll never forget that feeling. So Goodbye, Goodbye.
On the Subway sometimes so sad. But a razor appears and cuts. Yes, our lollipops were something pure. so, let's .... take off our favorite shirts!

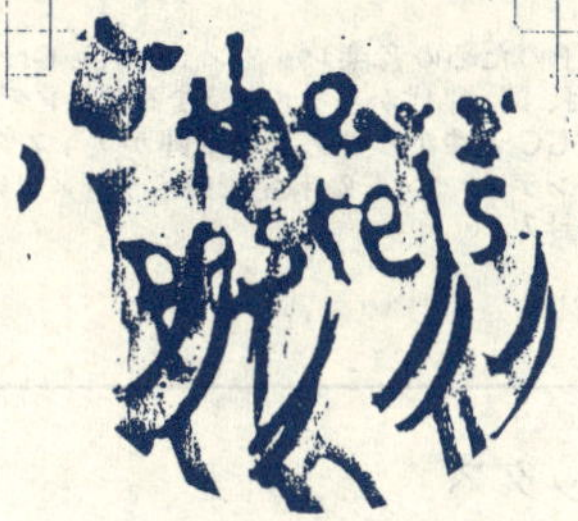

小出亜佐子
（こいで・あさこ）

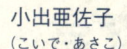

1986～1989年までミニコミ「英国音楽」主宰。最後の2号にフリッパーズ・ギターの前身ロリポップ・ソニック参加のソノシートを付けたがために、身にあまる評価を受けました。現在は、ぐ～たら主婦兼主に80年代音楽墓掘り人。

ミニコミ「英国音楽」とあのころの話 1986-1991
UKインディーやらアノラックやらネオアコやら……の青春

初版発行 2019年12月1日

著者 小出亜佐子

ブックデザイン 相馬章宏（コンコルド・グラフィック）
企画 相馬章宏、筒井奈々（DU BOOKS）
編集 稲葉将樹（DU BOOKS）
発行者 広畑雅彦
発行元 DU BOOKS
発売元 株式会社ディスクユニオン
東京都千代田区九段南3-9-14
［編集］TEL.03.3511.9970 FAX.03.3511.9938
［営業］TEL.03.3511.2722 FAX.03.3511.9941
http://diskunion.net/dubooks/

印刷・製本 大日本印刷

ISBN978-4-86647-108-2 Printed in Japan

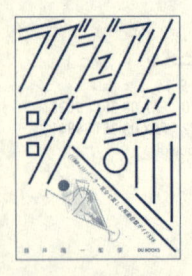